먼저 읽은 독자들의 추천사

여러 분야의 지식들을 읽으며, 정말 지식 세계관이 확장되는 것 같아 뿌듯했습니다.

― 권유진

친구들에게 '이렇대~!' 하면서 알려줄 수 있는 지식들이 가득 있어서 좋았습니다. 한 편의 글이 짧아서 간편하게 읽기 좋은 것 같아요. :)

― 나날

이 책 한 권을 읽고 나니, 유명하다는 모든 영역의 비문학 '벽돌책'을 읽어낼 수 있을 것 같습니다. 공부 잘하는 애가 요약 정리해놓은 노트처럼 보물 같은 책이에요.

― Jane. A muge

문과(심리, 상식, 정치, 철학, 역사), 이과(과학, 수학)를 아우르는 통섭형 인재상에 걸맞는 책이라고 생각됩니다. 여러분은 편중됨 없이 매일 짧은 글을 통하여 넘치는 지식을 얻을 수 있는 혁신을 경험하게 될 것입니다.

― 전준규

평소 생각이 많지만 정리해본 적 없는 분들, 삶을 넓게 보고 싶은 분들에게 추천합니다!

― 보노

평소라면 (아마 절대) 읽지 않았을 분야들을 요리조리 '찍먹' 할 수 있는 지식의 시식코너.

― 이민준

한 주제에 대해 여러 분야의 이야기를 알게 된다는 점이 좋았습니다.

— 김은미

어딜 가나 자주 듣던 이야기지만 자신 있게 말하기엔 주저하게 되는 상식을 총망라한 책!

— 차차

평소에 회사를 다니면서 그리고 가족들과의 관계에서 고민하던 내용들이 담겨 있습니다.

— 그린티

한빛비즈 코리딩 클럽(Co-reading Club)은 출간 전 원고를 독자와 '함께 읽고' 출간 과정을 함께하는 활동입니다. 이번 코리딩 클럽 독자분들의 아낌없는 도움에 감사의 마음을 전하며, 추천 메시지를 소개합니다.

나를 채우는
하루지식습관

1
홀로서기

나를 채우는 하루지식습관 1: 홀로서기

초판 1쇄 발행 2024년 5월 30일

지은이 박선영, 서진완, 이창후, 장선화, 장형진

펴낸이 조기흥

총괄 이수동 / **책임편집** 박소현 / **기획편집** 박의성, 최진, 유지윤, 이지은, 김혜성

마케팅 박태규, 홍태형, 임은희, 김예인, 김선영 / **제작** 박성우, 김정우

디자인 studio forb

펴낸곳 한빛비즈(주) / **주소** 서울시 서대문구 연희로2길 62 4층

전화 02-325-5506 / **팩스** 02-326-1566

등록 2008년 1월 14일 제 25100-2017-000062호

ISBN 979-11-5784-745-7 04300
     979-11-5784-744-0 (세트)

이 책에 대한 의견이나 오탈자 및 잘못된 내용은 출판사 홈페이지나 아래 이메일로 알려주십시오.
파본은 구매처에서 교환하실 수 있습니다. 책값은 뒤표지에 표시되어 있습니다.

⌂ hanbitbiz.com ✉ hanbitbiz@hanbit.co.kr ⓕ facebook.com/hanbitbiz
Ⓝ post.naver.com/hanbit_biz ▶ youtube.com/한빛비즈 ⓘ instagram.com/hanbitbiz

지금 하지 않으면 할 수 없는 일이 있습니다.
책으로 펴내고 싶은 아이디어나 원고를 메일(hanbitbiz@hanbit.co.kr)로 보내주세요.
한빛비즈는 여러분의 소중한 경험과 지식을 기다리고 있습니다.

나를 채우는
하루지식습관

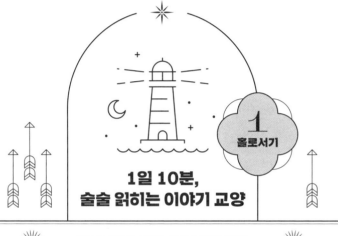

1
홀로서기

1일 10분,
술술 읽히는 이야기 교양

박선영·서진완·이창후·장선화·장형진 지음

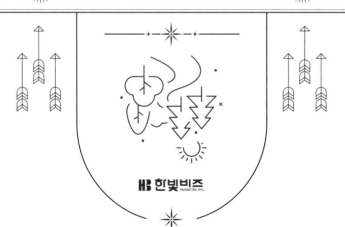

HB 한빛비즈
Hanbit Biz, Inc.

《나를 채우는 하루지식습관》은 하루 10분씩, 짬을 내서 읽기 좋은 지식을 모았습니다. 모든 것이 빠르게 변화하는 세상에서 우리에겐 '지식습관'이 필요합니다. 시류에 휩쓸리지 않기 위한 나만의 중심을 잡는 시간일지도 모르겠습니다. 하지만 오직 나만을 위한 지식은 아닙니다. 이 책은 나와 타인, 세상을 이해하는 데 조금이나마 보탬이 되길 바라는 마음으로 다섯 명의 저자가 모였습니다. 이 시대를 살아가며 최소한은 알아야 할 다양한 지식의 최전선을 주시했습니다. 그 경계를 넘나들고 종횡무진하면서 이야기하듯이 주제를 풀어냈습니다. 다양한 지식 이야기를 찬찬히 따라가다 보면, 일상에 지쳐 좁아진 시야가 트이면서 나만의 지식 세계관이 확장될 것입니다.

큰 틀에서는 인문사회, 과학기술의 시선의 균형을 갖추기 위해 주제를 선정했습니다. '호모라이터스'라는 팀으로 모인 저자들은 철학, 문학, 정치, 사회, 수학, 과학, 미디어, 예술, 도시, 건축 등 인간 생활에 필요한 전방위 지식을 서칭하고 글로 풀어냈습니다. 기획에서 출판까지 총 5년의 시간 동안 크로스되고 통섭된 방대한 지식이 《나를 채우는 하루지식습관》으로 탄생했습니다. 어지러운 일상 틈틈이 이 책의 '지식습관'이 도움이 되길 바랍니다.

| 차 | 례 |

1부 | 자립 : 스스로 선다는 것

1장 외로움

2장 인간

3장 한계

4장 쇠락

2부 | 자존 : 욕망의 균형을 찾자

5장 자존감

6장 균형

7장 마음

8장 욕구

3부 | 자구 : 고립된 스스로를 구하라

9장 고립

10장 불변

11장 기준

4부 | 자력 : 치우침 없이 힘을 쓰자

12장 에너지

13장 오류

14장 편향

5부 | 소통 : 누구와 연결될 것인가

15장 미디어

6부 | 우주 : 우리가 서 있는 세계

1부

자립

스스로 선다는 것

1장

외로움

쇼펜하우어의 거리 두기
인간은 원래 외롭다

※
※
※

인간과 인간은 어디까지 가까워질 수 있을까. 그리고 어디서 잠시 떨어져 있어야 할까. 쇼펜하우어의 이야기를 들어보자.

추운 겨울, 온기가 그리운 고슴도치 몇 마리가 모였다. 하지만 그들은 가까이 다가설 수 없었다. 뾰족한 바늘이 서로를 찔러댔기 때문이다. 날이 추워질 때마다 고슴도치는 따뜻한 온기를 찾아 다시 모이지만 여전히 일정한 거리를 유지할 수밖에 없었다. 고슴도치들은 그렇게 헤어졌다 만나기를 반복한다. 그리고 가시로 둘러싼 자신의 본성 탓에 하나가 되지 못한 채 서로에게 상처만 입힌다.

독일의 철학자 아르투어 쇼펜하우어의 수상집 《인생론》에 실린 우화로 자립과 일체감, 두 욕망이 부딪칠 때 겪는 딜레마를 설명하는 '고슴도치 딜레마'는 쇼펜하우어가 서른에 쓴 원고다. 혼자 있으면 상대가 그립고 둘이 있으면 홀로 있고 싶어지는 인간관계의 기본 원리를 설명한다. 고슴도치 딜레마는 후에 프로이트가 연구해 '발견과 채택'이라는 이론으로 심리학의 영역에 포함되었다.

참고로 쇼펜하우어는 장 폴 사르트르, 존 듀이 등과 더불어 제도권 밖 철학자들로 분류되곤 한다. 쇼펜하우어는 그의 윤리학에서 (칸트처럼 절대적인 행위 규범을 찾기보다) 실제 인간의 행위를 분석하는 방법으로 도덕규범을 찾으려고 했다. 사르트르는 각자가 처한 실존적인 상황이 객관적인 법칙보다 더 중요하다는 실존주의를 문학적인 서술로 제시했다. 프래그머티즘 혹은 실용주의 철학자로 알려진 듀이는 절대적인 진리에 기준이 있는 것이 아니라 인간이 환경과 상호작용을 하면서 끊임없이 적응하고 변화해가는 것이라는 철학을 제시했다.

그런데 당시 이들은 제도권 밖에 머물러 있었다. 왜 제도권 철학 안으로 허가받지 못했을까? 한 가지 답은 이들의 사상이 독특하고 재미도 있지만 철학을 공부하는 사람들의 원래 목적에 맞지 않다는 데에서 찾을 수 있다. 쇼펜하우어의 경우 실제 인간의 행위를 분석하는 방법으로 도덕규범을 찾으려 했다. 그런데 실제 인간이란 선한 사람들 외에도 살인자와 테러범, 각종 강력 범죄자들처럼 악인도 존재한다. 만약 나쁜 행위들이 많으면 이런 행위들을 분석해서 살인을 해도 괜찮다고 말할 것인가? 그럴 수는 없을 것이다. 사르트르의 실존주의는 또 어떤가? 각자의 실존적인 조건, 즉 발 앞에 맞닥뜨린 상황이 중요하다고 할 수 있을까? 그럼 마약을 살 돈을 얻기 위해 강도짓을 하는 사람의 상황이 더 중요한가 아니면 강도로부터 자신의 재산을 지키려는 사람의 상황이 더 중요한가? 실존주의는 이에 대해 답할 수가 없다.

다시 인간관계 이야기로 돌아오자. 인간관계에서 적정한 거리 두기의 필요성을 말할 때 흔히 불가근불가원不可近不可遠이라고 한다. 너무 가까워져도 안 되고, 너무 멀어져서도 안 된다는 뜻이다. 이른바 적정한 심리적 거리 두기. 이는 허물없는 가족관계에서도 필요한 지혜이며, 연애할 때 '밀당' 역시 불가근불가원을 현실적으로 확인하는 과정이다. 뜨거운 연애기를 지나 결혼을 하고 험한 세상 헤쳐나가는 동지로 한 집에 살아가는 부부의 관계 그리고 부모와 자녀와의 관계 역시 불가근불가원을 원칙으로 한다면 분란을 최소화할 수 있다. 부모가 자녀를 소유물로 보지 않고 동등한 인격체로 인식하며 살아가려면 적정한 거리 두기는 필수다.

'정 없다'고 할지도 모른다. 하지만 자신의 등이 가시로 잔뜩 덮여 있다는 사실을 잊은 채 다가서 봤자 하나가 되기는커녕 서로 상처만 주고받고 이내 멀어지게 될 뿐이다. 그렇다고 멀어지라는 말은 아니다. 각자 자신만의 생각을 정리할 시간과 공간이 필요하니 서로 존중하자는 의미에 가깝다.

조선시대 선비들의 로망은 세컨드하우스를 짓고 농사짓고 글 읽으며 혼자 조용히 시간을 보내는 것이었다. 외로움을 실천하며 자신을 깨달아가는 삶이다. 광해군 때 좌의정을 지낸 유몽인

(1559~1623)은 인목대비 폐비 문제에 반대하며 사직해 북한산 자락에 터를 잡고 《어우야담》을 썼다. 민가에 내려오던 짧은 이야기인 야담을 채록한 책이다. 돈 버는 이야기, 신기한 이야기, 귀신 이야기 등을 담았다.

살다 보면 "이리 보아도 내 사랑, 저리 보아도 내 사랑, 사랑 사랑 내 사랑이야"하던 격정의 심리는 이내 '가까이 하기엔 너무 먼 당신으로' 바뀌는 때가 많다. 거리 두기가 관계에 주는 이로움을 재고해보면 어떨까.

철학자도 나 혼자 산다
데카르트, 칸트의 싱글라이프

✕
✕
✕

싱글로 사는 사람들이 늘고 있다. 사랑의 감정은 사람을 행복하게 하는데 왜 혼자 사는 삶을 택할까? 인류 역사를 돌아보면 싱글 현상은 어제오늘만의 일이 아니다. 아주 오랜 옛날부터 유명한 철학자들 중에는 혼자 산 사람들이 제법 있었다.

'나는 생각한다, 고로 존재한다Cogito, ergo sum'라는 말로 유명한 철학자 르네 데카르트 역시 독신이었다. 그는 태어나자마자 결핵을 앓았을 만큼 병약했다. 집안이 부유했던 덕에 간신히 살아났지만 체력이 약해 걷는 것도 힘들어했다. 그 때문에 데카르트는 어려서부터 침대에 누워 빈둥대기 일쑤였고 잠도 많았다. 그렇게 가만히 누워 있으면서도 머리로는 다른 사람과 사물을 끊임없이 관찰하고 반성하고 의심하면서 독자적인 철학자의 바탕을 키웠다.

그런 데카르트가 어릴 때 좋아했던 여자 아이가 있었으니, 열 살 때까지 소꿉친구였던 프랑수와즈였다. 첫 우정이자 사랑이었던 그녀의 눈은 사시였는데, 데카르트는 그녀를 너무 사랑해서 혼자 놀 때에도 사시 눈의 인형을 가지고 놀 정도였다. 이를 출발점으로 데카르트는 평생 여성에게 호의적인 감정을 지녔다.

그러다 데카르트는 헬레나 얀스라는 가정부와 혼외관계에서 딸 프랑신느를 얻었다. 하지만 혼외 자식임을 감추기 위해 다른 사람들에게는 딸을 자신의 조카라고 둘러댔다고 전해진다. 프랑신느는 다섯 살 때 병으로 일찍 죽었고 데카르트는 매우 슬퍼했다고 하는데 그 이후로 데카르트는 헬레나와 끝내 결혼하지 않았고 평생 독신으로 살았다.

당시 그의 철학은 대중적으로 인기가 있었는데, 1649년에 스웨덴 여왕 크리스티나가 데카르트를 왕궁으로 초대하여 철학 강의를 해달라고 요청할 정도였다. 심지어 여왕은 새벽 5시에도 강의를 하도록 명했는데, 잠이 많은 데카르트는 이 때문에 늦잠을 자지 못하게 되어 감기에 걸려버렸고, 결국 폐렴으로 악화되어 다음 해 세상을 떠나고 말았다.

데카르트만큼이나 서양 철학사에서 지대한 영향력을 떨친 철학자 이마누엘 칸트 역시 독신 철학자였다. 사실 칸트는 결혼을 결심했었지만 실패했다고 전해지는데 그 이유가 다소 황당하다. 당시 그는 한 여자로부터 프로포즈를 받았는데 무려 7년 동안이나 고민했다. 7년의 시간 동안 칸트는 청혼을 승낙할지 고민하면서 사랑에 관한 책을 탐독했으며, 결혼해야 하는 이유 354가지와 결혼하지 말아야 하는 이유 350가지를 적기도 했다. 7년 후 고민을 끝낸 칸트가 결혼을 하기로 했지만, 이미 그 여성은 다른 남자와 결혼하고 두 명의 아이까지 낳은 뒤였다.

이후 칸트는 다른 여성에게서도 청혼을 받았지만 역시 고민을 하느라고 결혼을 결정하지 못했다. 진정 철학자다운 결혼 실패라고 말할 수 있다.

한편 칸트는 단조로운 일상으로 살았다고 전해진다. 그의 단순한 일상 속 산책에 다른 사람들이 시간을 맞췄다는 얘기는 널리 알려져 있을 정도다. 칸트는 비록 자신은 평생 독신으로 살았지만 주변인에게는 결혼을 권장했다고 전해진다.

덴마크의 철학자 쇠렌 키르케고르는 자신보다 열 살 연하인 레기네 울센이라는 연인과 약혼했으나, 1년여 만에 돌연 파혼을 선언하고 베를린으로 공부하러 떠난다.

갑작스럽게 파혼을 결심한 데에는 결혼에 대한 환멸, 자신에게 부여된 사명을 위해서는 결혼과 사랑을 포기해야 한다는 생각 등이 깔려 있었다고 한다.

여성에게 그다지 호의적이지 않았던 염세주의 철학자 아르투어 쇼펜하우어가 독신으로 지냈다는 것은 놀랍지 않다. 그밖에 스피노자, 라이프니츠, 비트겐슈타인 등의 철학자들 역시 독신이었다.

이들 모두 천재적인 능력을 평생 철학만을 연구하며 살았으며 부를 이루거나 사교적인 활동에 큰 노력을 기울이지 않았다. 그

러니 어쩌면 독신의 삶이 자연스러웠을지도 모른다. 대신 세계적
인 철학을 남겼으니, 하나를 얻고 하나를 버린 셈이 아닐까.

사회

결혼이 정말 필요해?
출산율을 높인 동거 제도

✕
✕
✕

2030년이면 결혼 제도는 사라지고 90퍼센트가 동거로 바뀔 것
이다.

프랑스 경제학자 자크 아탈리가 한 말이다. 최근 전통적인 형
태의 가족은 빠르게 해체되고 있다. 혼인율은 해마다 최저치를
경신하고, 결혼적령기는 점점 늦어지며, 이제 결혼은 '필수'가 아
니라 '선택'으로 여기는 경향이 굳어지고 있다.

대한민국의 법에서 인정하는 결혼은 가족을 만드는 하나의 방
법으로 쌍방 간의 합의에 의해 이루어지는 법률적 행위이다. 부
부관계를 맺은 남녀가 국가나 종교 기관 등에 의해 법적·사회적
공인을 받는 행위를 말한다. 넓은 의미에서 결혼은 단순히 남녀

의 성적 결합에 국한된 것이 아니라 법적, 경제적, 심리적 결합을 의미한다. 모든 사회가 형식은 달라도 혼인을 인정하고 사회 유지와 존속을 위한 인류 보편의 생존 형태로 간주했지만 결혼의 형태는 역사 단계와 각 사회의 종교적, 경제적, 민족적 요소에 따라 차이가 있다.

19세기 미국 문화인류학자 루이스 헨리 모건은 저서《고대사회》에서 원시 사회란 군혼, 집단혼의 사회라고 정의했다. 또한 오늘날 근친혼 금지, 일부일처제, 법적 결혼 제도 등이 사회적 규범으로 정착한 이유는 윤리 의식보다 사회적, 경제적 원인에 기인한다고 보았다.

프랑스 인류학자 클로드 레비스트로스(1908-2009)는 동맹의 수단으로서 결혼에 주목한다. 즉, 인간의 역사에서 우생학이나 윤리가 자리 잡기 전, 자신이 속한 부족의 딸은 인근 부족들과 우호 관계를 맺을 수 있는 교환가치의 수단이 되었다. 중국 황제들이 주변 이민족 지도자에게 평화의 표시로 딸을 주기도 했던 사례도 같은 맥락이다. 또한 일부일처제는 남성들 간의 담합이라는 분석도 있다.

경제적인 측면에서 법적인 결혼 제도를 이해하는 주장도 있다. 독일의 사회주의 철학자 프리드리히 엥겔스는 일부일처제가 사유재산의 상속을 위해 만들어졌다고 주장했다. 그는 모계 사회의 몰락과 부계 사회의 출현을 여성의 세계사적 패배로 보았다. 부계 사회에서 여성은 사적 소유의 확대와 상관없는 가사 노동 종사자로 전락했기 때문이다. 이런 관점에서 볼 때, 결혼 제도는 자기 자식에게 상속할 수 있는 근거라는 점에서 자연적 조건이 아니라 경제적 조건에 기초한 최초의 가족 형태라고 할 수 있다.

지금까지 당연하게 여겼던 일부일처 기반의 결혼 제도에 위기가 찾아왔다. 핵가족화, 여성의 사회 진출, 출산 기피 등의 사회 변화 속에서 결혼에 대한 생각이 바뀌고 있다. 동성 부부의 등장이 새롭지 않으며, 결혼을 하지 않고 아이를 갖는 싱글맘도 낯설지 않다. 그럼에도 불구하고 대부분의 사람들은 결혼하고 아이를 낳고 가정을 이루며 살아가는 기존의 결혼 제도를 당연하게 생각하고 있다.

원론적으로 보면, 결혼 제도는 당사자에게 책임을 부여하고, 그와 관련된 사람들을 보호하는 사회적 약속이다. 인간은 혼자 살 수 없으며, 자기 생명과 재산을 지키기 위해 공동체의 힘이 필요하다. 가장 작은 규모의 사회인 가족은 그 자체로 유용하고 합리적인 수단이 된다. 혈연을 기반으로 하는 가족은 결혼 제도를 통해 유지되는 점에서 결혼의 필요성이 있다.

그러나 여성 인권이 발달하기 이전 여성은 의무와 복종을 따라야 했으며, '안정된 가정'이라는 미명하에 성평등이 실현되고 있는 현재에까지 서로를 구속하는 구시대의 관습적 제도로 보는 견해도 있다.

또한 최근 결혼 제도에 대한 논란은 이성 간의 일대일 관계만을 상정하기 때문에 발생한 측면도 있다. 누군가는 혼자 살고 싶고, 누군가는 동성과 함께 살고 싶고, 누군가는 자유롭게 여러 사람과 함께 살고 싶어 한다. 이런 관점에서 보면 인간에게는 타인에게 피해를 주지 않는 한 이성과 결혼해서 아이를 낳아야 할 의무는 없다. 개인은 각자 자기 행복을 추구하고 국가는 이를 도와주어야 한다.

한편 전 세계적으로 동성결혼을 합법화하는 국가들이 늘어나고 있으며, 동거나 사실혼이 이미 가족의 형태 중 하나로 인정받아 결혼과 동등한 법적 보호를 받고 있다. 대통령이나 총리가 되는 데도 배우자가 '법적 혼인 상태'인지 '동거 상태'인지 여부가 의전상 고민거리일 뿐 도덕성을 판단하는 기준이 되지 않는다. 또한 1인 가구 비율이 증가하면서 (2022년 기준 34.5퍼센트로, 세 집 중 한 집은 1인 가구) 자유로운 생활을 만끽하기 위해 비혼을 선언하는 사람도 늘고 있다. 이제 더 이상 비혼을 특정 개인의 일탈로 보지 않으며, 세대가 거듭될수록 오히려 주류의 지위를 획득하는 경향이 있다.

하지만 우리나라는 전통적인 가족만을 위한 결혼 및 출산을 장려하는 일차원적 수준에 머무르고 있다. 다양한 가족 형태를 제도권 내로 끌어들이는 정책의 변화가 필요하다. 프랑스에서는 통상 가구 형태를 결혼, 싱글맘, 싱글대디, 단순동거, 시민연대협약 등으로 세분화한다. 여기서 단순동거는 법적 신분은 아니지만 자녀를 가질 수 있고, 정부로부터 결혼 가정과 거의 동일한 지원을 받는다. 대신 경제적으로 완전히 분리되어 있고 상대에 대한 의무도 없으며 일방적 이별 통보가 가능하다.

시민연대협약은 동거 계약서를 작성하고 법원에 제출하면 사회보장, 납세, 임대차계약, 채권, 채무 등 결혼과 같은 권리와 의

무를 보장받는다. 계약을 3년간 지속하면 유산도 상속받을 수 있다. 다만 결혼과 다른 점은 서로 원할 경우 이혼 절차 없이 쉽게 갈라설 수 있다. 프랑스는 이 제도를 도입한 후 결혼 건수는 20퍼센트 줄었지만 출산율은 OECD 국가 중 가장 높은 수준이 되었다. 북유럽과 서유럽에서도 결혼 외 동거를 위한 입법이 이루어져 있다. 이런 국가들은 OECD 국가의 평균 이상으로 높은 출산율을 보이고 있다. 단순동거로도 자녀를 가질 수 있으며 결혼과 거의 동일한 지원을 받기 때문이다.

결혼 제도는 인류 역사에서 형식은 달랐어도 끊임없이 반복되어온 과정의 산물이다. 미국 인류학자 헬렌 피셔는 "과거 1만 년보다 최근 100년간 결혼 관습이 더 변화했으며, 앞으로 변화는 더욱 극적일 것"이라고 전망했다. 한국 사회도 개인이 어떤 선택을 하든 그것이 '틀리다'는 것이 아니라 '다르다'라는 사실을 인정해야 한다.

혼자 있는 시간

비교의 급행열차에서 내려라

×
×
×

누군가 함께 있을 때, 그는 온전한 자기 자신으로 존재할 수 없다. 홀로 있다는 것은 어디에도 물들지 않고 순수하며 자유롭고, 부분이 아니라 전체로서 당당하게 있음이다. 전체적인 자기일 때, 우리의 삶에도 생기와 탄력과 건강함이 배어나온다. 여기 비로소 홀로 사는 즐거움이 움튼다.

《홀로 사는 즐거움》, 법정

인간은 근본적으로 마음의 불안을 안고 삽니다. 고향에 살면서도 나그네 같은 심정을 한구석에 지니고 있는 것이 인간입니다. (중략) 인간은 빈 그릇과 같습니다. 왜 그럴까요? 인간은 영원을 향해 만들어졌기 때문입니다. 우리의 빈 그릇은 영원을 향한 것입니다.

《바보가 바보들에게》, 김수환

완전한 삶이란 무엇일까. 홀로 있으면서 자신의 존재를 확인하고 불안을 잠재울 때 비로소 삶이 완전해진다는 것. 법정과 김수환 추기경의 삶이 이를 말해준다. 나약함에는 한없이 너그러웠지만, 잘못된 것에 대해서는 엄격했던 것도 공통점이라고 할 수 있다.

특히 법정은 현대인들의 고통은 지나친 소유가 출발점이라는 점을 자주 말했다. 냉수 한 잔을 마시며 아침을 시작해 손수 밥을 지어먹으면서 일상을 간결하게 유지했다. 선불교의 가르침대로 홀로 고요히 살면서 법정이 도를 깨우치고자 산에 머무는 시간이 많았던 반면, 김수환 추기경은 한국의 현대사에 어려움이 있을 때마다 목소리를 높였다. 1987년 전두환 정권 당시 박종철 고문치사 사건이 터졌을 때 그는 추모 미사에서 '카인의 대답'이라는 강론으로 정부를 강하게 압박하며 민주화 운동을 이끄는 우리 사회의 리더이자 종교 지도자로 역할을 한 주인공이기도 하다.

종교인의 삶은 간결하다. 가진 것이 없어서일 수도 있다. 그러나 이웃의 고통을 함께 아파하면서 그들과 마음을 나누기에 더 그렇다. 두 사람의 가르침을 따라가다 보면 인간은 어차피 홀로 태어나 홀로 세상을 떠나게 된다는 해묵은 진리가 불현듯 떠오른다.

행복은 많이 가지고 또 인정받는 데에서 느낄 수 있다. 문제는 소유와 인정의 한계를 정해놓지 않고 스스로 저울 위에 올라 비교의 대상이 되면 불행의 급행열차를 타게 된다는 데 있다. 법정은 이렇게 말하고 있다.

불행은 외부적인 여건보다는 묵은 틀에 갇혀 헤어날 줄 모르는 데에 그 요인이 있을 것이다. 마음에 걸린 것이 있어-본마음인-따뜻함을 잃으면 불행해진다. 마음을 따뜻하게 해야 그 속에 행복의 두 날개인 고마움과 잔잔한 기쁨이 펼쳐진다. 비워야 채워진다. 홀로 비우면 세상은 더 커지고 고마움과 기쁨이 충만하게 될 것이다. 당신은 마음이 따뜻한가. 모두가 따뜻한 마음으로 행복하기를 빌어 본다.

성인이 되어 가장 힘든 일이 무엇이냐고 물어보면 한결같이 인간관계라는 답이 돌아온다. 대학을 졸업하고 직장을 구하면 장밋빛 미래가 펼쳐질 것 같지만, 그렇지 않다. 삶은 문제해결의 과정이며, 행복과 불행은 늘 함께 있는 게 아닐까? 불행이라 여겨지는 일이 벌어진다고 해도 나의 숙고 끝에 행복으로 바뀔 수 있다는 가능성에 무게를 두고 홀로 되어 깊이 생각해보자. 굳이 법정 스님과 김수환 추기경이 남긴 경구를 되새기지 않아도 내 마음속에 해답이 있다는 경험을 하게 된다.

2장

인간

다시 휴머니즘으로
인간 중심이라는 한계

✕
✕
✕

휴머니즘humanism만큼 널리 통용되는 사상이 있을까. '인본주의' 혹은 '인문주의'로 번역되는 이 말의 정의는 정확히 무엇일까. 그리고 그 내용은 어떤 것일까.

휴머니즘을 둘러싼 오해부터 먼저 살펴보자. 휴머니즘은 '인간 중심주의'가 아니다. '인간다움'을 중시하는 사상이라 할 수 있다. 과거 종교가 지배하던 중세 시대에는 신神 중심주의에 대항하는 사상이었다. 국가와 민족을 중시하는 아시아에서는 정치 이데올로기에 대항하는 사상이며, 현대 자본주의 시대의 관점에서 본다면 자본의 논리나 물질 만능주의에 대항하는 사상이기도 하다.

휴머니즘은 주로 서양에서 강조되었다. 중세시대에 종교적 신 중심으로 발전되었던 주류 문화와 제도에 대조되는 사상으로 휴머니즘이 대두되었기 때문이다. 즉 휴머니즘이 선명해질만한 조건이 분명했다.

중세 말에 시작된 서양의 휴머니즘은 고대 그리스의 인간 중심주의를 재발견하면서 시작되었다. 중세 시대의 신학이 주로 플라톤의 이데아론을 원용하면서 구성되었다는 점에서 보듯이 그리스의 고전은 중세에도 라틴어로 번역·연구되었다. 하지만 르네상스 시대에는 중세의 신학적 그림자를 걷어내면서 원전에 더욱 집중해 인간 중심의 문화를 발굴하려 애썼다. 르네상스_{Renaissance}는 '다시'라는 의미의 접두사 re-와 '태어나다'는 뜻의 라틴어 nasci의 복합어로 '다시 태어나다'는 의미다. 사전적 의미에서도 알 수 있듯이 르네상스 시대는 고대 그리스와 로마 문명을 다시 인식하고 수용하면서 인간에 대해 재조명하기 시작한 시기라고 할 수 있다.

현대의 휴머니즘은 사회 구조에 대척되는 개인으로서의 인간 중심주의를 의미하기도 한다. 다른 한편으로는 무신론, 진화론을 바탕으로 한 인간 평등주의를 의미한다. 또한 좌파적 휴머니즘은 유물 변증법을 토대로 일부 과학 이론을 수용하기는 하지만 지나친 과학에 경도되는 것을 반대하는 주장을 포함하기도 한다. 반면, 우파적 휴머니즘은 인권을 강조하지만 자본주의와 그 밖의 기득권 체제를 적대시하지 않기 때문에 온건하다는 평가를 받고, 그러다 보니 정체성이 선명하지 않은 문제점도 있다. 이처럼 휴머니즘은 인문주의, 인도주의, 인본주의, 인간주의 등 포괄하는 바가 넓다 보니 경우에 따라 정의를 달리할 수밖에 없다.

이 와중에 인간 중심을 가장하고 휴머니즘의 탈을 쓴 사이비 휴머니즘도 있다. 우생학이 대표적이다. 우생학의 경우는 '인간 다움'을 자의적으로 정의해버린다. 예를 들어서 지능이나 신체능력에서 열등한 인간은 인간다움과는 먼 존재라고 간주해버리는 식이다.

동양에서의 휴머니즘은 주로 지배계급에 대한 피지배계급의 중요성을 강조하는 인본주의, 즉 민본주의를 뜻하는 경우가 많았다. '민심은 천심이다'는 말에서 나타나는 유교적 정치 사상의 인본주의는 정치 권력이 백성들의 뜻에 따라서 달라지며 또 그래야 한다는 의미다. 만약 이것을 인본주의로 본다면 다수의 사람을 더 우선시하는 사상으로 볼 수 있다.

맹자도 천시天時와 지리地理, 인화人和 중에서 가장 중요한 것은 인화라고 말했다. 역시 서양의 개인 권리를 각각 보호하는 휴머니즘과는 차이가 있다. 맹자의 인화는 더 많은 사람의 정치적 의견을 존중하라는 뜻이다.

단군신화에서도 인본주의를 찾을 수 있다. 환웅은 하늘의 신이었지만 인간이 되기를 열망했고, 널리 인간을 이롭게 한다는 정치이념으로 고조선을 건국했다고 하니 인본주의라 할 수 있다. 이렇게 휴머니즘의 흔적은 동서양 여러 곳에서 발견되며, 그 스펙트럼도 매우 다양하다.

르네상스가 뭐길래

인간이 모이는 광장

╳
╳
╳

앞서 소개했듯이 르네상스는 유럽에서 교회 중심의 중세가 쇠퇴하고 인간다움을 중시하는 휴머니즘 운동이 일어난 시기를 말한다. 부활을 의미하는 르네상스는 이탈리아에서 고대 그리스 로마 문화를 다시 재연하는 부흥운동으로 일어났다. 지적이면서 예술적인 문예 부흥으로서 르네상스는 1350년경에서 1650년까지 약 300년간 이탈리아에서 시작하여 유럽 전역으로 확산되었으며, 이후 종교개혁으로 이어진 정신 운동이기도 하다.

이 시기의 특징은 모든 것을 종교에 두는 세계관에서 벗어나 인간이 모든 것의 중심이었던 고대 그리스와 로마 시절로 돌아가자는 것이었다. 르네상스가 고대 로마제국이 영광을 누렸던 피렌체, 베네치아 등 북이탈리아 도시를 중심으로 시작된 것도 이러한 맥락에서 이해된다.

르네상스는 좁은 의미에서 문예 부흥 운동이라고 하지만 크게 보면 중세를 지배하던 세계관, 인생관의 결정적 변화를 의미하는 새로운 사조로 볼 수 있다. 이런 관점에서 르네상스 운동을 휴머니즘 운동으로 평가한다.

르네상스 시대에는 더 이상 교회가 중심이 되지 못했다. 인간이 세상의 중심으로 인간 스스로 세상을 만들 수 있고, 선하고 아름다운 것을 창조할 수 있다는 믿음이 작동하기 시작했다. 휴머니즘이 르네상스 시기에 나타난 다양한 변화의 중심에 있는 이유이기도 하다.

휴머니즘은 인간 존재와 인류 사회의 존엄을 중시하는 인간중심적 사상으로 인간을 가장 우선적인 가치로 여기는 정치이념이기도 하다. 인문주의, 인간주의, 인도주의, 인본주의 등 다양한 용어로 표현되는 휴머니즘은 라틴어 후마니스타humanista 후마니시모humanisimo에서 따온 말이다. 하지만 오늘날 '인간성'을 의미하는 단어로서 더 널리 쓰이는 휴머니즘은 르네상스에서 출발하는 것으로 보는 것이 일반적이다.

르네상스의 휴머니즘은 기독교, 고전주의, 경험주의, 도시 운동 등 르네상스를 이끌었던 다른 개념들과 깊게 연관되어 있다. 르네상스 시대의 기독교는 인본주의로 새롭게 정의되었다고 보는 것이 좋다. 르네상스에서 기독교는 중세 때의 유일한 초월성으로서의 권위를 잃고 다양한 인간 매개 방식의 하나로 편입되었고, 이에 따라 르네상스의 사상가, 학자, 예술가들은 어떻게 하면 기독교를 더 인간적 매개로 정의함으로써 신의 존재를 경험적으로 느낄 수 있는가에 관심을 두었다.

르네상스 인본주의에서 파생된 중요한 세계관으로 인간이 중심이 된 경험주의를 예로 들 수 있다. 이는 철학이라기보다는 기독교가 중심이 된 중세의 초월주의로부터 탈피한 보편적 의미의 일상 활동을 의미한다. 르네상스 경험주의는 인간이 중심이 된 현세적 문화 활동을 통칭하는 말이다. 르네상스 시대부터 본격적으로 발전하기 시작한 관찰, 실험, 측정 등의 근대적 과학 방법론까지도 포함한 개념이다. 결국 르네상스 시대의 과학 발전은 인본주의적 경험주의가 가져온 산물로 볼 수 있다. 또 중세까지 철학이나 신학보다 열등한 것으로 여겨지던 예술, 공예, 기술, 공학, 과학 등이 각각 하나의 독립된 가치를 갖는 분야로 인정받게 된다.

새로운 경향은 인문적 분위기가 강하게 지배하던 르네상스 건축에서 고전주의가 자리 잡는 데 중요한 역할을 했다. 그리스 로마 시대를 모방해 돔 형식의 성당을 짓는 것도 그런 노력의 일환이었다. 판테온, 피렌체의 두오모, 로마의 성 베드로 성당 등을 보면 이해하기 쉽다. 르네상스인에게는 하늘에 닿기 위한 뾰족하고 높은 지붕의 고딕양식은 더 이상 필요하지 않았다. 이런 새로운 변화는 건축의 궁극적 목적, 혹은 건축을 주관하는 최종 주체가 하늘에서 인간으로 옮겨온 것을 의미한다.

이후 르네상스 도시에서는 중세에 없었던 새로운 도시 공간들이 생겨났다. 광장과 가로가 넓어지면서 도시 부르주아들을 위한 공간이 형성되었다. 중세 시대 도시의 중심이던 성당은 배제된 채, 세속 활동만을 위한 광장들이 새로이 조성되었다. 이런 공간들은 도시 부르주아의 등장과 맞물린 건축적, 도시적 현상으로 이해될 수 있다. 도시 부르주아 계층이 스스로를 위해 새롭게 만든 공간은 이들의 경제 활동을 위한 기능적 공간인 동시에 시민정신, 공공성, 공화정의 이상 등 휴머니즘적 가치들을 위한 상징적 공간이 되었다. 그 결과 르네상스 도시는 인간이 중심이 되고 나아가 스스로 주인이 되는 구도가 만들어졌다.

실용 학문과 새로운 예술이 꽃을 피울 수 있었던 르네상스 시대는 바로 이러한 휴머니즘이 발현되던 시기였으며, 휴머니즘을 바탕으로 인간의 의미를 새롭게 정의하여 인간을 이롭게 하는 다양한 노력이 나타났던 시기였다.

로봇의 어원과 인간

SF 속 깡통 로봇들

✕
✕
✕

이야기의 구성 요소 중 하나인 등장인물, 그중에서 조연은 이야기를 맛깔나게 이끌어가는 역할을 맡는다. SF영화에서는 종종 로봇이 조연으로 등장하는데 대표적인 로봇 조연으로 스타워즈의 알투디투(이하 R2-D2)가 있다. 쇠붙이, 전선 그리고 회로기판으로 이루어져 외형은 한낱 깡통에 불과한 R2-D2에 사람들은 감정을 이입한다. 로봇에 마치 감정이라도 있는 듯 그들의 생로병사를 걱정하며 이야기에 빨려 들어간다.

로봇은 컴퓨터로 프로그램이 장착된 기계를 의미하는데, '강요된 노동'이라는 뜻의 체코어 'robota'를 어원으로 하고 있다. 1921년 체코 출신 작가 카렐 차페크가 SF 희곡 《로섬의 만능로봇》에서 처음 쓰면서 세상에 알려졌다. 작가가 정의한 로봇이란 기계적으로 완벽하고 지능도 높지만, 영혼이나 감정은 없으며, 반란을 도모해 인류를 종말에 이르게 하는 캐릭터다.

이야기 속 깡통 로봇은 상반된 모습으로 등장한다.《오즈의 마법사》(1900)의 깡통 나무꾼은 사랑을 할 수 있는 심장, 즉 마음을 원한다. 쇠로 된 나무꾼이 마법사를 찾아나서는 위험한 모험 길에 따라 나선 이유는 감정과 영혼 얻기 위해서다. 깡통 나무꾼이 스토리텔링 속 최초의 로봇이라고 평가하기도 한다.

R2-D2와 같이 친숙하고 인간에게 우호적인 캐릭터가 있는가 하면, 대량 학살에 동원되는 무자비한 기계도 있다. 미래에서 온 킬러 로봇 터미네이터가 대표적이다. 인간의 피부를 덮어썼을 뿐 입력된 명령대로 움직이는 그야말로 차가운 쇳덩어리다.

인공지능을 탑재한 로봇의 시대, '입력된 명령을 수행하는 기계'라는 약 인공지능weak AI 단계에서 벗어나 스스로 판단하는 강 인공지능strong AI이 도래할 것이라는 과학자들의 예측과 더불어 로봇과 인간은 분명 다르다는 인문학자들의 인식론적 담론도 있다. 인간과 로봇을 구분하는 기준이 무엇이냐에 대한 논란이 분분한 가운데 자유의지의 유무, 영혼과 감정의 유무 등이 대표적인 기준으로 제시되고 있다.

17세기 프랑스의 사상가이자 과학자인 르네 데카르트가 '나는 생각한다. 고로 존재한다'고 선언한 명제가 로봇과 공존해야 하는 현대 사회에도 통할까? 과학혁명이 시작되던 시기, 데카르트는 정교하게 만든 자동 인형과 인간을 비교하면서 결국 생각한다는 것이 기계와 다른 인간의 대표적인 특성이라는 결론을 내렸다.

하지만 동물도 생각을 한다는 사실은 과학적으로 증명되었고, 체스에 이어 바둑에서 기계가 인간을 제쳤다. 인공지능 기술의 발전 속도는 이전의 여러 가지 기술과는 달리 그 속도가 무척 빠르다. 인간의 행동 중 단순반복적인 것이 대체될 것이라는 몇 년 전 전문가들의 분석은 이미 옛날이야기가 되고 있다. 이 책이 나온 뒤에도 분명 인공지능의 이슈가 분명 다르게 바뀌겠지만, 현재 가장 뜨거운 이슈는 생성형 인공지능일 것이다. 말 그대로 인간이 명령에 따라 텍스트, 오디오, 이미지, 동영상 형태의 새로운 콘텐츠를 만들어내는 딥러닝 모델의 한 유형이다. 복잡한 주제를 학습하도록 인공지능에게 명령하면 학습을 끝내고 수초내에 결과물을 내놓는다. 게다가 무인 자동차는 경미한 추돌사고 외에는 순조롭게 도로를 달리고 있어 상용화를 앞두고 있다.

인간과 기계의 지식 습득 과정과 사고 방법은 어떻게 다를까. 이를 나누는 기준으로 암묵지TK, Tactic Knowledge와 형식지FK, Formal Knowledge가 있다. 암묵지는 헝가리 화학자 겸 과학철학자 마이클 폴라니가 처음 제안한 개념으로 인간은 말할 수 있는 것보다 더 많은 것을 알고 있다는 것을 강조했다. 암묵지는 학습과 경험을 거쳐 개인이 터득하지만, 말이나 문자로 표현하기 어려운 내재된 지식을 말한다. 형식지는 언어나 문자로 표현된 지식으로 문서화, 데이터화 된 지식을 의미한다.

2016년 3월 알파고와 이세돌의 세기의 대국에서 구글 딥마인드의 인공지능 프로그램 알파고가 이겼지만, 정작 알파고는 승리를 만끽하지 못한다. 알파고 대신 바둑판에 돌을 놓았던 딥마인드의 아자 황 박사가 대신 기뻐했을 것이다.

《오즈의 마법사》의 깡통 나무꾼이나 스타워즈의 R2-D2는 인간이 만든 캐릭터들이다. 모든 사물에 영혼을 불어넣는다는 애니미즘에서 애니메이션이 탄생한 것처럼 조연으로 깡통 캐릭터를 만들었을 뿐이다. 17세기 처음 인간이 자동 인형을 만들었을 때 인공적인 지원 없이 스스로 잘 작동하는 기계를 원했으나, 가까운 미래에 실현 가능성은 불투명해 보인다.

철학

인간의 다음 행보
트랜스휴머니즘은 어디로 가는가

✕
✕
✕

인간은 태어날 때부터 공격적인가.

지금까지 과학자들의 연구결과에 따르면 그 답은 '그렇다'이
다. 어떤 상황에서 공격적으로 돌변하는가. '통섭cosilience'의 개념
을 창시한 사회생물학자 에드워드 윌슨은 인간의 공격적인 본능
이 드러나는 경우를 다음과 같이 정리했다. 소유한 땅을 지키고
때로는 남의 땅을 빼앗아 영토를 확장하려고 할 때, 집단 내에서
서열을 찾을 때, 짝짓기를 할 때, 성적으로 흥분할 때, 먹이를 구
하고자 할 때, 자신을 공격하는 대상을 방어할 때, 그리고 국가나
조직의 질서를 위해 지배계층이 피지배계층을 다룰 때.

겉으로는 평화를 외치지만 본질적인 공격성을 감추고 있는 존

재, 게다가 최근 등장하는 인공지능과 비교해 지적 능력조차 밀리면서, 인간은 합리적이며 이성적이라고 생각했던 철학으로서의 휴머니즘이 도전받고 있다. 비합리적이며, 비이성적일 뿐 아니라, 비일관적이며 편견에 의한 결정을 한다는 근거를 과학자, 인문학자들이 제시하고 그들의 주장을 받아들이고 있는 것이다. 대니얼 카너먼, 리처드 탈러 등이 비주류학파였던 행동경제학으로 노벨경제학상을 받는 등 인간을 바라보는 관점이 점차 바뀌고 있다. 휴머니즘 그 너머를 생각하는 포스트휴머니즘이다.

인공지능, 나노기술 등 첨단 과학 기술의 융합으로 유한한 생명체인 인간을 극복하려는 시도가 곳곳에서 진행되고 있다. 기술이 인간을 넘어서 인간이 기계가 되고, 기계가 인간이 되는 시점이 온다는 레이 커즈와일의 '특이점singularity' 주장이 대표적이다. 상상력이 풍부한 발명가의 미래 전망에 그칠 수 있는 특이점은 구글과 같은 빅테크 기업과 미국항공우주국NASA 등이 지원하면서 인간의 미래도 과학적으로 연구하고 결실을 맺을 수 있다는 기대와 우려가 교차하게 되었다.

첨단 기술이 가져올 낙관론을 근거로 연구하는 새로운 영역을 테크노퓨처리즘이라고 한다. 테크노퓨처리즘을 바탕으로 만든 인간의 이름은 트랜스휴먼. 스웨덴 출신의 옥스퍼드대 교수 닉 보스트롬이 인공지능, 나노기술, 인체냉동보존, 정신전송 등을 실현시켜 인간의 유한성을 극복할 수 있다는 의미에서 트랜스휴먼이라는 용어를 처음 썼다.

그의 사상을 체계적으로 펼쳐내는 철학을 트랜스휴머니즘이라고 부른다. 보스트롬이 1998년 세계트랜스휴머니스트협회를 결성하면서 트랜스휴머니즘은 주목받기 시작했다. 트랜스휴머니즘이 나아가려는 방향은 암과 같은 난치병으로부터의 해방, 언젠가는 죽는 존재적 유한성 등을 기술로 극복하는 데 있다. 이른바 미래 인간의 탄생이다.

첨단과학기술의 융합으로 트랜스휴머니즘에 대한 관심과 연구는 더욱 확산되고 있다. 2002년 미국 과학재단은 NBIC(나노Nano, 바이오Bio, 정보Info, 인지Cogno) 등 첨단 과학 기술의 영역을 확장하는 보고서 '인간 성능 향상을 위한 융합기술'을 제시하면서 불을 붙였다.

현재 트랜스휴머니즘은 여러 갈래로 연구되고 있다. 구글과 같은 자본을 지원을 하는 기업들이 가장 관심을 가지는 부류는 레이 커즈와일과 같은 특이점주의자singularitarian이다. 구글은 아예 2008년 NASA와 협력해 레이 커즈와일을 총장으로 한 특이점 대학교 설립과 운영을 지원하면서 인재 양성에도 힘을 쏟고 있다. 기존의 교육 체계로는 트랜스휴머니즘 실현이 불가능하다고 본 것이다.

커즈와일은 국제 네트워크를 구성하고 미국 정부의 미래 정책에도 영향을 끼치고 있다. 2013년 5월 방한해 '창조 경제'를 자문하는 순회강연을 펼치기도 했다. 레이 커즈와일은 2045년이면 특이점을 만나게 될 것으로 예측하고 있다.

그렇다면 트랜스휴머니즘과 포스트휴머니즘의 차이는 무엇일까. 근대 철학과 인문학을 벗어나 역사의 새로운 방향을 모색하고자 했던 사조인 포스트모더니즘을 떠올려보자. 기존 휴머니즘의 시각에서 벗어나려는 새로운 시도가 중심이 된 포스트모더니즘은 세상이 인간 중심으로 돌아간다는 극단적인 인간 중심주의를 해체하려는 시도였다. 포스트휴머니즘은 휴머니즘 그다음을 생각하는 철학적 사상이지만 현재 진행형의 연구로 트랜스휴머니즘과 뒤섞여 사용되고 있다. 포스트휴머니즘은 근대의 휴머니즘을 해체하고 극복한다는 의미에서 나온 것이다. 반면 트랜스휴머니즘은 현재의 인간 이후를 지칭하는 새로운 인간이라는 의미로 이념이 완전히 다르며 상반되는 사상이다.

심장박동, 걸음, 수면시간 등을 종합해 생체리듬을 확인하고 건강을 관리해주는 손목시계, 음성으로 간단한 작동을 척척 해내는 스피커 등 간단한 인공지능 도구가 생활 깊숙이 들어와 편리함을 더해주고 있다. 물밑에서 활발하게 연구되고 있는 트랜스휴머니즘, 언제 특이점이 현실이 될지는 알 수 없다. 스마트폰이 인간의 삶을 전면적으로 바꿔놓았듯이 한순간 세상을 뒤엎을지는 좀 더 지켜봐야 하지 않을까.

3장

$\ggg$ ——— $\lll$

한계

행동을 끌어내는 넛지
나를 움직이게 하는 것

╳
╳
╳

인간 자율성의 한계는 어디일까. 이 한계를 인지한 심리적 장치를 알아보자. 예시 하나. TV 화면 가득 '마감임박, 주문폭발' 텍스트가 반복적으로 반짝거린다. 심장이 두근거리고, 마음이 흔들린다. "지금 바로 구입하세요"라는 쇼호스트의 직접적인 푸시 앞에서는 오히려 꼿꼿이 지켰던 멘탈이 간접적인 정황 설명 앞에서 탈탈 털린다.

예시 둘. 해와 바람이 나그네의 외투 벗기기 시합을 한다. 바람이 아무리 불어대도 나그네는 외투를 움켜잡고 버틴다. 벗겨지지 않으려 온 힘을 다해 버텨낸다. 이어서 해님 등판. 나그네는 스스로 외투를 벗는다. 모두가 아는 이솝 이야기다.

예시 셋. 암스테르담 스키폴 공항 남자 화장실에 설치된 변기 이야기다. 파리 한 마리가 변기 속에 난입했다(사실은 그려 넣은 것이다). 남자들은 그 파리를 조준하기 위해 온 멘탈을 집중한다. 소변기 밖으로 튀어나가는 소변량이 이전보다 80퍼센트나 줄었다.

이야기의 공통점은 '행동을 이끌어내는 은근한 개입'이다. 반발을 일으키는 직접적인 힘이 아니라, 스스로 느끼게 하여 행동하게 이끄는 것, 넛지Nudge를 말한다. 미국의 행동경제학자 리처드 탈러와 법률학자 캐스 선스타인이 쓴 책《넛지》(2008)에 나오는 이론으로, 이로 인해 얻을 수 있는 이익을 넛지효과라 한다. 넛지는 '팔꿈치를 슬쩍 찌르다' '주의를 환기시키다'는 뜻이다. 팔을 잡아끄는 것처럼 강한 제제와 지시가 아닌, 팔꿈치로 툭 치는 것 같은 부드러운 개입을 말한다.

직접적인 행동지시가 아닌 정황 설명으로 구매 버튼을 누르게 만들거나, 스스로 필요에 의해 외투를 벗어던지게 만드는 행위, 그리고 아무리 경고 문구를 써두어도 소용없던 변기 사용자 행동개선도 모두 넛지효과로 설명된다.

일상에서 활용되는 예는 무궁무진하다. 손톱을 물어뜯는 아이를 혼내기보다는 손톱에 고춧가루를 묻혀 스스로 깨우치게 하는 것도 넛지효과이고, 지하철 계단에 피아노 무늬를 그려 넣고 디딜 때마다 소리가 나게 해 걷기를 유도하는 것, 상습 쓰레기 투기 지역에 CCTV를 늘리는 것보다는 화단을 만들어 쓰레기 투기를 없앤 것 등등. 모두 '선택 설계자'의 개입으로 이뤄지는 넛지효과다.

"넛지는 '선택 설계자'가 취하는 하나의 방식으로, 사람들에게 어떤 선택을 금지하거나 그들의 경제적 인센티브를 크게 변화시키지 않고 예상 가능한 방향으로 그들의 행동을 변화시킨다. 넛지 형태의 간섭은 쉽게 피할 수 있는 동시에 그렇게 하는 데 비용도 적게 들어야 한다. 넛지는 명령이나 지시가 아니다. 과일을 눈에 잘 띄는 위치에 놓는 것은 넛지다. 그러나 정크푸드를 금지하는 것은 넛지가 아니다"라고 책에서 설명하고 있다.

리처드 탈러는 넛지 이론으로 2017년 노벨경제학상을 수상했다. 2008년 출간 이후 십수 년이 흘렀지만 넛지에 대한 관심과 활용은 여전히 진화하고 있다. 최근 넛지가 가장 많이 활용되는 분야는 마케팅과 공공 캠페인 분야다. '똑똑한 선택을 이끄는 힘'이라는 책의 부제처럼, 대체로 개인에게 긍정적인 효과를 미치는 것으로 해석되고, 사용되고 있다.

그러나 아무리 좋은 이론도 명과 암이 있는 법. 넛지효과를 이용해 비합리적인 구매를 유도하는 예도 있는데, 이를 다크 넛지 효과라 부른다. 대표적인 예로 우리가 무심코 사용하는 자동결제 시스템을 들 수 있다. 이 시스템은 소비자에게 처음 몇 달간 무료 이용 기간을 제공한다. 선택 설계자가 개입된 것이다. 그러나 이용 기간이 지난 후 별도의 고지 없이 유료로 전환해 이용료를 내게 한다. 일단 선택한 사항에 대해서는 귀차니즘이 발동하는 사람들의 심리를 파고든 다크 넛지효과에 해당된다. 보이지 않지만 우리는 이미 누군가가 설계해둔 넛지에 걸려들었을 수 있다.

학문에 한계는 없어
심리학, 인지과학, 진화심리학

╳
╳
╳

주로 사하라사막 이남에 사는 검은머리베짜는새의 수컷은 둥지 짜기 전문가다. 암컷이 나타나면 자랑이라도 하듯 수컷은 둥지에 거꾸로 매달려 요란하게 날개를 퍼덕거린다. 관심 있는 암컷은 둥지로 들어가 재질이나 안전성 등을 꼼꼼히 살핀다. 둥지가 마음에 안 들면 암컷은 미련 없이 가버린다. 암컷에게 계속 퇴짜를 맞은 수컷은 둥지를 새로 짓기도 한다.

동물의 행동과 심리상태의 기원을 진화 과정에서 찾고자 하는 진화심리학Evolutionary psychology의 이론에 따르면 짝짓기 전략은 생존을 위해 선택한 진화의 산물이다. 인간도 마찬가지다. 결혼을 앞둔 여성이 안정적인 직장과 안락한 집이 있는 남성을 선택하는 이유도 더 나은 경제적 자원을 선호하는 오랜 진화의 산물이라는 해석에 이른다.

1950년대 연구가 시작된 진화심리학은 인간을 포함한 유기체의 심리를 진화학적이고 생태학적인 관점에서 이해하려는 학문이다. 철학에 기원을 두고 있는 심리학이 과학의 영역으로 들어온 시기가 19세기였으니, 진화심리학은 가장 활발하게 변화하고 있는 학문이다.

심리학의 연구 대상은 인간의 마음이다. 인간의 마음은 문명의 탄생이 시작된 고대에도 탐구의 대상이었다. 다만 동양에서는 수련의 대상으로 갈고닦으면 도의 경지에 이른다는 종교와 명상으로 발전했고, 서양에서는 몸과 마음이 별개라는 심신론으로 출발해 보편타당한 지식을 얻게 하는 주체로 간주되어왔다. 20세기 들어서는 마음은 뇌와 연결되어 있다는 인지과학의 발전에 힘입어 실험을 통한 검증으로 가설을 증명할 수 있는 과학의 영역으로 들어왔다.

마음을 연구하는 심리학이 학문의 영역으로 들어오기 시작한 건 19세기 독일에서였다. 하지만 인간의 마음과 정신을 과학적으로 증명해 보이기란 쉽지 않았다. 과학만능주의가 득세하던 시기였지만, 여전히 죽은 자의 영혼과 만날 수 있다는 심령술이 대중의 마음에 파고들어 있었기에 심리학은 합리적인 과학에 편입되기가 어려웠다.

그러나 학자들의 연구는 계속되었다. 독일의 헤르바르트를 비롯해 영국의 흄과 밀 부자, 즉 제임스 밀과 존 스튜어트 밀 그리고 베인 등 철학자 겸 사회학자들은 인간의 복잡한 정신세계 속에서 공통의 원리를 찾고자 했다. 새로운 학문이 필요하다는 학자들의 움직임으로 심리학은 탄생했으나, 인간의 정신을 철학의 관념으로 해석하고자 해 '영혼 없는 심리학'이라 불리기도 했다.

철학, 사회학, 의학, 생물학 등과 연계된 심리학이 꽃을 피운 계기는 프로이트와 융에 이르러서다. 의식이 무엇인지조차 과학적으로 증명되지 않은 상태에서 의식을 지배하는 것이 무의식이라는 개념으로 정립한 스위스 출신의 정신과의사 프로이트와 그의 제자 융에 이르러 심리학은 실험실의 객관적인 조건하에서 사람들의 행동을 측정할 수 있는 과학적 학문으로 서서히 틀을 잡기 시작했다.

학문에 한계는 없다. 다만 융합만이 있을 뿐이다. 미국으로 건너가 실용주의pragmatism 철학의 영향으로 꽃을 피우기 시작한 심리학은 인지과학과 만나면서 본격적으로 자리를 잡게 된다. 여기에 20세기 자기공명영상MRI과 같은 영상기술의 발전으로 뇌가 인간의 마음을 좌우하고 행동을 결정한다는 학문으로 발전하게 되었다. 1950년대 들어 진화심리학도 분파로 인정받기 시작했다. 실용적 학문의 대표주자인 심리학은 생활 전반에 걸쳐 널리 통용되었다. 그래서일까. 베스트셀러에 유독 심리학 관련 책이 많다.《긍정의 심리학》《화성에서 온 남자 금성에서 온 여자》등은 세계적인 밀리언셀러가 되었다.

그러나 진화심리학은 여전히 논란의 중심에 서 있는 학문 중 하나이다. 가설 자체가 선정적이며 때로는 실험과 탐구 과정에서 지나친 일반화의 우려가 제기되기 때문이다. 이를테면 (1)남성은 왜 금발을 좋아하나, (2)여성은 왜 빨간 립스틱을 바르나, (3)남성은 왜 더 폭력적인가, (4)사람은 왜 술을 좋아하는가 등의 가설을 제시하고 진화학과 생태학적 관점으로 증거를 찾다 보니 우려스러운 결론에 이르기도 한다.

답이 궁금한 사람을 위해 위의 가설에 진화심리학 차원의 결론을 소개한다. 수다거리는 될 수 있지만, 과학적 증거는 아직 불충분하다는 전제를 미리 밝힌다.

(1) 금발과 밝은 피부는 여성의 연령과 건강상태를 잘 알 수 있게 해주기 때문이다. 자신의 유전자를 안전하고 널리 퍼뜨리고자 하는 생명체의 본능에서 터득했다.

(2) 이성에게 선택되기 위해 자신의 건강상태를 과장해서 표시하기 위한 선택. 붉은 립스틱을 바르면 더 젊고 건강하게 보인다.

(3) 짝짓기와 가족 부양이라는 역할 분담에서 사냥으로 먹거리를 확보해야만 했던 고대로부터 물려받은 유전인자의 작용이다. 먹이를 빼앗기지 않기 위한 사생결단을 하다 보면 자연스럽게 주먹이 나가게 된다는 것.

(4) 대 수렵채취의 단계에서 먹을 수 있는 음식의 단서는 당분과 에탄올이다. 당분은 냄새로 알 수 없지만, 에탄올은 냄새로 먹을 수 있다는 신호를 보내기 때문이다.

수학

나는 수학에서 한계를 생각해
극한과 무한, 집합론

╳
╳
╳

'한계'를 생각하면 우리에게 친숙한 수학 분야인 극한이 자연스럽게 떠오른다. 극한에 대한 연구는 생각보다 오래되었는데, 이것이 현대적으로 자리 잡은 수학 분야를 '해석학'이라 한다.

최초로 극한의 개념을 밝힌 인물은 고대 그리스의 철학자 제논Zenon이다. 그는 거북이와 아킬레스라는 인물이 달리기를 할 때 '거북이가 적당한 거리 앞에서 출발하면 아킬레스가 아무리 빨리 달리더라도 거북이를 따라잡을 수 없다'는 논리를 설파했다. 아킬레스가 처음 거북이가 있는 곳까지 가는 동안 거북이도 언제나 조금 앞으로 갈 것이고, 다시 아킬레스도 다음 거북이 위치까지 가는 동안, 거북이도 역시 조금 앞으로 가는…, 패턴이 무한 반복된다는 것이다.

제논의 이런 논리는 오랫동안 '말장난'으로 간주되다가 17세기 이후, 뉴턴과 라이프니츠에 의해 미분적분이 발전하면서 다시 수학의 중요한 화두로 대두된다. 물론 그 전에도 원의 면적 등을 정확히 구하는 방법을 연구하면서 극한 개념이 쓰이지 않았던 것은 아니지만, 당시의 수학자들은 극한의 개념을 다소 회피해왔다.

하지만 미분과 적분에서는 반드시 극한 개념을 써야 하는데, 특히 무한히 0에 수렴한다는 것이 문제였다. 이것을 '무한소'라고 부르는데, 무한소가 0인가 아닌가 하는 문제가 나타나는 것이다. x가 0의 값에 무한히 다가간다면 x는 0이란 말인가, 아니란 말인가? 극한 계산을 잘 살펴보면 어떤 때는 x가 0처럼 처리되고, 어떤 때는 0이 아닌 것처럼 처리된다.

이처럼 미분적분학이 발달하던 17~18세기에는 극한을 직관적인 수준에서 이해하면서 '아마도 어떤 모순이 있겠지만 또 다른 모순이 서로 상쇄시키면서 큰 문제가 없이 진행되는 것이겠지'라고 여겼다. 하지만 극한과 관련된 모순들이 발견되면서 수학자들은 극한에 대해서, 즉 '무한히 어떤 값에 다가간다'는 것에 대해서 수학적으로 엄밀하게 정의할 필요성을 인식하게 되었다. 이때 수학자 코시가 '엡실론 델타 정의'를 도입하여 극한의 논리적인 문제점을 해결했다. 이것이 초창기의 해석학인데, 이후에 칸토어가 집합론으로 무한의 문제에 대해 사고하는 방법을 제시했고 데데킨트 등의 수학자들이 실수계를 엄밀하게 정의해서 현대의 해석학을 발전시켰다.

엡실론 델타 정의를 도입한 오귀스탱 루이 코시는 프랑스의 수학자로, 에콜 폴리테크니크를 수석으로 졸업하고 이후 토목기사로 일하면서 수학을 연구했다. 그러다 1815년에 수학자로서 인정받아 교수가 되었다. 그러나 1830년에 프랑스 7월 혁명이 일어나고 새 국왕에게 충성서약을 하지 않았다는 이유로 이탈리아 토리노로 피신하는 위기를 겪는다. 하지만 나폴레옹 3세가 즉위하자 프랑스로 복귀하여 소르본 대학의 교수로 취임하여 수학 연구를 계속했다.

코시는 어릴 때부터 수학을 위해 태어난 인간처럼 보였을 정도로 오직 수학에만 극도의 흥미를 가졌다고 한다. 그의 아버지는 코시가 모국어도 제대로 못 하는 사람이 될까 봐 걱정하여, 한때 수학 공부를 금지시킬 정도였다. 근대 수학에서 희대의 천재 수학자인 오일러와 가우스 이래로 더 이상은 수학의 큰 발전이 없을 거라고 생각하던 때에 이런 기대를 기분 좋게 뒤엎은 사람이 코시였다. 코시는 이전 철학자들이 수학적 문제들을 풀어내느라고 관심을 적게 기울였던 엄밀성 분야에 크게 기여했다. 수학 외에도 기계공학 및 유체역학, 광학 등에서도 큰 업적을 남겼다.

코시 이전까지 근대 수학은 과학기술과 결합하여 응용 중심으로 발전했다. 그렇게 발전한 새로운 수학들을 코시를 기점으로 본격적으로 엄밀한 이론 체계로 발돋움했다. 응용과학의 도구로 발전한 근대 수학들이 코시로 수렴하고 코시에서부터 이론적으로 엄밀한 현대 수학이 다시 시작했으니, 근대 수학의 극한이 오귀스탱 루이 코시였던 것이다.

상식

행동을 결정하는 공간 법칙
장소가 바뀌면 사람이 바뀐다

✕
✕
✕

성당과 같은 종교시설에서는 옷깃을 여미고 성스러운 표정을 짓다가도 놀이공원에서는 이내 천진난만한 개구쟁이의 얼굴이 된다. 또 직장에 가면 본성은 감춘 채 조직이 요구하는 다소 긴장된 표정으로 돌변한다. 왜 그럴까.

장소가 주는 분위기에 감정이 바뀌면 태도까지 변하게 마련이다. 공간은 애초 인간의 행동을 규제하는 권력power이 내재되어 있기 때문이다.

인간을 규범에 따르게 하는 힘이 공간의 위치에 내재되어 있다는 주장은 프랑스 철학자 미셸 푸코(1926-1984)에 의해 정립되었다. 한눈에 모든 것을 볼 수 있는 구조의 건물을 칭하는 파놉티콘(프랑스어 panoptique, 영어 panopticon)이다. 파놉티콘은 그리스어로 '모든'을 뜻하는 'pan'과 '보다'를 의미하는 'opticon'의 합성어다.

파놉티콘이라는 용어를 처음 쓴 사람은 영국의 공리주의자 제러미 벤담(1748-1832)이다. 파놉티콘 구조는 주로 한눈에 들어오는 감시시설, 원형감옥으로 드러나는데, 최소의 비용으로 최대의 감시효과를 얻을 수 있는 것으로 악명높다.

푸코는 수감자들이 누구에게 감시받는지 알지 못한 채 스스로 규범에 맞춰 행동하게 된다는 자기 검열적 행동논리를 통틀어 파놉티시즘이라고 정의했다. 현재의 위치를 확인할 수 있다면, 생존을 위해 사회를 이루고 사는 인간은 그 공간에 맞는 행동을 스스로 알아서 하게 된다는 논리다.

이 같은 인간의 행위에 대한 기원은 고대 그리스 철학자 아리스토텔레스에서 찾을 수 있다. 인간이 사회 질서 유지를 위해 스스로 알아서 행동을 통제한다는 것을 간파한 아리스토텔레스는 인간의 생물학적 생존 전략을 위한 군집생활을 보면서 인간은 태생적으로 '사회적 동물'이라고 보았다.

파놉티시즘은 감독, 병원 등 감시가 필요한 공간에만 적용되는 것이 아니다. 20세기 초 과학혁명을 근거로 한 대량생산의 시대가 열리자 공장이나 사무실의 레이아웃 설계에도 큰 영향을 주었다. 대표적인 사례가 테일러주의다.

테일러주의는 미국의 경영학자 겸 기계공학자인 프레드릭 W. 테일러가 만든 경영 관리법으로 경제적 효율성과 노동생산성 증진에 집중된 과학적 관리법을 의미한다. 컨베이어벨트라고 불리는 생산라인은 노동자들이 움직이지 않고 제품을 만들 수 있도록 설계했으며, 사무실은 직급별로 배치하는 표준화를 실시했다. 직급이 높은 사람이 입구에서 떨어진 가장 안쪽에 위치하고, 나머지는 직급이 낮은 순서대로 입구를 향해 배치하는 레이아웃이다. 입구 가까이 앉은 낮은 직급의 직원과 안쪽에 앉은 높은 직급의 직원 간 권력구조가 사무실 공간에서 정해지면, 이에 따라 사람들은 스스로 알아서 행동규범을 맞춘다는 것이다. 즉, 한 공간에서는 하나의 지식체계가 작동하기 때문에 그 공간에서 살아남기 위해서는 공간에 맞는 지식과 언어 행동의 규칙에 따라야만 한다. 공간에 있는 사람들이 자유롭게 네트워크를 형성하지 못하는 이유이기도 하다.

코로나 19 팬데믹 당시 테일러주의를 근거로 한 레이아웃에도 변화 조짐이 있었다. 사회적 거리 두기로 인한 재택근무가 자리 잡으면서 기존의 입구 안에서부터 밖으로 서열화된 권력구조가 파괴되기 시작한 것이다. 2024년 4월, 코로나 19는 4년 3개월여 만에 엔데믹을 맞이했지만, 재택근무, 원격수업 등은 기업과 학교에서 자연스럽게 받아들이게 되었다. 근태관리, 수업운영 등을 온라인으로 처리할 수 있는 시스템이 신속하게 자리 잡았기 때문이다. 게다가 효율 극대화에 초점을 맞춰 설계한 공장의 레이아웃 또한 기업의 이윤 극대화에는 효과적이지만, 현장 노동자의 생명을 앗아가는 사고로 이어지면서 대안이 시급하다는 비판이 일고 있다.

푸코는 같은 공간 내부에서 힘을 얻기 위해서는 지식이 있어야 한다는 전제조건을 제시했다. 지식은 사회정치적 권력과 불가분의 관계에 있기 때문에 권력을 사용할 때에는 반드시 책임이 따르고 권력을 가질 수 있는 지식은 개인의 윤리와 사회의 정의가 뒷받침되어야 한다고 강조했다. 푸코의 이 같은 철학과 사상은 외면한 채, 이윤추구를 위한 효율성에만 집중한 것은 아닌지 돌이켜봐야 할 때다.

4장

쇠락

면역에 관한 모든 것
건강을 결정하는 면역 시스템

╳
╳
╳

건강하다는 것은 무엇일까? 겉으로 보기에 건장하고 반사 신경과 힘이 좋아 보이는 국가대표 선수들은 과연 일반인들보다 더 건강한 것일까?

아마도 대부분의 사람들은 당연히 운동선수, 특히나 국가대표급 운동선수라면 일반인보다 훨씬 건강할 것이라고 여기기 쉽다. 그러나 국가대표 운동선수는 일반인들보다 감기에 더 잘 걸린다는 연구 결과도 있다. 이는 국가대표가 되고 자신의 신체 능력을 유지하기 위하여 혹독하게 연습하고 몸을 혹사하는 과정에서 몸의 면역체계가 약화된 것으로 추정된다. 아이러니하게도 건장한 신체 이면에 약화된 면역체계는 감기와 같은 바이러스의 침투에 속수무책이 되는 것이다.

면역 반응이란 우리 신체가 외부에서 들어오는 낯선 물질을 이겨내기 위해 스스로 힘을 일으켜 싸우는 신체의 반응이다. 우리는 면역이라는 생리적 시스템을 통하여 정체불명의, 몸 내부에서 어떤 일을 벌일지 모르는 외부의 잠재적 위험 물질 혹은 이미 몸에 손해를 끼친다고 알려진 독성 물질이나 세균, 바이러스를 퇴치하려고 한다. 그렇게 함으로써 우리 몸은 항상성을 유지하여 어떠한 환경 변화에 대하여도 정상적으로 반응하고, 내부적으로 일어나는 여러 물질대사도 원활하게 수행함으로써 잘 살아갈 수 있다.

건강이 육신의 항상성이 유지되는 상태라면, 면역은 이러한 신체 항상성을 유지하기 위하여 외부로부터 들어오는 침입자, 즉 세균이나 바이러스에 대항하는 생리적 방어기제다.

그러나 생존에 꼭 필요한 면역 반응이 너무 과도하게 나타나면 오히려 질병을 유발하는 경우도 있다. 이를테면 알레르기, 천식, 아토피, 류머티즘 등의 면역계 관련 질병이나 생명까지 위협하는 사이토카인 폭풍이 올 수도 있다.

주사나 약물 복용 시에 나타날 수 있는 사이토카인 폭풍 발생 여부는 개인적 관심을 지나 사회적으로나 국가적으로 중요한 체크 포인트다. 주지하다시피 지난 코로나 19 국면에서 백신 접종 후의 사이토카인 폭풍 발생 여부는 전 국민적 관심사였다. 실제로 20세기 초, 스페인독감 때의 엄청난 사망률은 이 사이토카인 폭풍으로 면역체계가 과민 반응을 일으켜 신체조직을 파괴하는 과정에서 발생한 2차 피해가 컸으며, 조류 독감에서도 사이토카인 폭풍 때문에 사망률이 증가했다.

이렇게 우리 신체 내에서 과도한 면역반응을 유발하는 유해물질 중에 대표적인 것은 환경오염물질이 있다. 인스턴트식품, 튀긴 음식, 동물성 지방성분, 술, 담배 등도 빠뜨릴 수 없는데, 정신적 스트레스 또한 면역체계를 약화시키는 주범 중의 하나이다.

면역세포는 우리 신체를 구성하는 약 60조 개의 세포 중 약 2조 개를 차지하며, 무게로는 약 1킬로그램 정도에 해당한다. 이들 60조 개의 세포 중 3,000억 개 이상의 세포가 매일 죽고 또 다른 새로운 3,000억 개의 세포가 만들어지는데, 이 중에서 면역세포는 약 100억 개가 매일 새롭게 만들어진다.

우리 몸이 외부의 낯선 물질에 대하여 반응하는 면역체계는 크게 두 종류로 구분된다. 선천적으로 갖고 있는 자연면역과 태아 때부터 몸이 경험하면서 얻게 되는 획득면역이다. 자연면역체계에는 자연살해세포NK세포, 과립구 등이 있고, 획득면역체계는 T-세포, B-세포, 항체 등이다.

통상적으로 면역기능은 나이 들수록 쇠퇴하는데, 면역의 주된 세포를 생성하는 흉선과 비장이 다른 장기에 비하여 이른 시기에 너무 빨리 위축되기 때문이다. 또한 면역에 큰 연관성이 있는 원소로는 아연Zinc(원소기호 Zn)이 있는데, 아연은 300가지 이상 효소에서 필수 성분이고 200여 가지의 효소 작용에 반드시 필요할 뿐만 아니라 정상적인 면역기능에 필요한 물질이다. 무엇보다 염증반응을 유발하는 사이토카인(염증물질)의 분비를 억제한다.

그러나 면역기능을 활성화시키는 약 혹은 식품이라는 과장 광고를 어렵지 않게 볼 수 있지만 우리 신체의 기능은 여러 형태와 기능이 복합적으로 작동하기 때문에 면역체계를 결정적으로 도와주는 특정한 물질은 없다고 생각하는 것이 합리적이다. 오히려 특정 물질에 의존하기보다는 규칙적인 생활 습관과 운동 그리고 스트레스를 받지 않도록 정신적 건강을 유지하며 균형 잡힌 식생활을 하는 것이 더 중요하다.

키케로의 노년 원칙
몸의 쇠락과 나이 듦

╳
╳
╳

나는 늙는다는 것이 왜 불행한지 이유 네 가지를 찾았다네. 첫째는 일을 할 수 없게 하고, 둘째는 몸을 더욱 약하게 하고, 셋째는 거의 모든 쾌락을 앗아가고, 넷째는 죽음으로부터 멀지 않다는 사실을 깨닫기 때문이지.

로마 최고의 웅변가이자 정치가이며 문인이었던 키케로(B.C. 106~43)가 쓴 《노년에 관하여》의 한 대목이다. 노년의 삶에 대한 지혜를 얻고자 찾아온 두 청년에게 노인은 이렇게 운을 떼더니 그들에게 조목조목 이유를 짚어가면서 유쾌하게 반론을 펼쳐나 간다.

키케로는 정치 지도자인 콘설(로마의 고위 관리로 독재관, 법무관, 시정관, 재무관 켄소로 등으로 구분되며 모두 민회에서 선출된다)에 오르기도 했지만 50세에 정치에서 물러나 철학에 몰두하며 정치적 좌절감을 달랬다. 원로원 중심 체제를 옹호한 키케로는 종신 독재관에 오른 카이사르의 정치적 노선에 강력히 반대하다 암살당해 생을 마감하게 된다.

죽기 1년 전에 쓴 이 원고는 로마의 위대한 정치가 카토(B.C. 234-149)를 내세워 이야기를 풀어나간다. 정치에서 물러나 나이듦에 대해 생각이 깊었던 키케로는 노년의 삶이 현인에게조차 가벼운 일이 아니라는 것을 말한다. 그때나 지금이나 나이 든 사람은 뒷방 늙은이 취급받기 쉬웠다. 그러나 키케로는 깊은 생각 끝에 나이 듦이 무엇이고 어떻게 대체해나가야 하는지 네 가지 법칙을 스스로 정리했다. 자신의 악덕과 결점을 극복하기 위해서다.

첫 번째, 먼저 나이 들어 일하지 못해 불행하다는 대목에서 그는 흥미와 부지런함을 잃지 말아야 한다고 했다. 여기서 일이란 일상의 반복되는 노동과는 거리가 있다. 전쟁터에 나가 승리를 하고, 대의명분을 쌓아 세상에 이름을 떨치는 그런 차원의 일이다. 당시의 노동은 주로 노예들의 몫이었으니 그들의 일은 좀 더 정치적인 일이었다. 키케로는 나이 들어서도 일을 할 수 있다는 점을 강조하면서 소포클레스, 호메로스, 플라톤 등 모두 나이 들어서도 탐구생활을 멈추지 않았다고 역설한다. 실제 그리스 극작가 소포클레스는 〈오이디푸스왕〉 〈엘렉트라〉 등을 60세 이후에 무대에 올렸다. 즉, 노년의 시기에 할 수 있는 일은 보다 창의적인 일이어야 한다는 의미다. 들판에 농부처럼 씨를 뿌리고 곡식을 거둬들이는 노동은 어렵지만, 젊은 세대에게 이익이 되는 나무는 심을 수는 있다는 것.

두 번째, 노년에 육체가 쇠약해지는 것은 자연의 법칙이다. 그러나 그는 자신의 장점을 살려나가기 위해 단련을 멈추지 않았다. 웅변가로 명성을 떨쳤던 청년기의 목소리와는 다르지만 많은 사람들 앞에서 울림이 있는 목소리를 멀리까지 퍼질 수 있도록 끊임없이 단련해왔다면서 나이가 들어도 자신의 재능을 발휘하기 위해 훈련하고 연습해야 한다고 강조한다. 되레 청년기의 방탕하고 무절제한 생활이 노년기의 신체를 망가뜨리는 원인이라고 진단했다. 청년기의 격렬함과 중년기의 장중함을 거쳐 노년기의 원숙함이 노년의 삶을 더욱 풍요롭게 한다고 그는 말한다.

노년기를 명예롭게 보내기 위한 조언도 아끼지 않는다. 자신을 스스로 지켜나갈 것, 자신의 권리를 유지해나갈 것, 누구에게도 예속되지 말 것. 마지막 순간까지 자신의 것을 다스려나갈 것. 이 네 가지만 실천할 수 있다면 자존감 넘치는 노년의 삶을 누릴 수 있다고 조언한다.

세 번째, 노년이 되면 쾌락을 즐길 수 없다는 명제에 대해 그는 반대의 의견을 제시한다. 노년이 되면 마음과 몸이 하나가 되는 시기라면서 육체로 인한 쾌락과 혼돈 그리고 만족을 모르는 욕망과 욕정에서 벗어날 수 있는 시기라고 한다. 집 나간 마음이 돌아오는 시기가 노년이라고 정의한 것이다. '쾌락이 넘치거나 지나치게 오래 지속되면 영혼의 빛을 소멸시키고 만다.'

그는 노년기가 되면 욕망과 야망 그리고 열망과의 전쟁이 끝나고 평정한 마음을 찾게 되고 말초신경을 자극하는 쾌락의 강도에서 벗어날 수 있어 노년의 삶이 행복해진다고 말한다. 이것이 바로 노년이 즐길 수 있는 쾌락이다.

네 번째, 노년이 되면 죽음으로부터 멀지 않다는 것을 깨닫게 된다. 그래서 나이가 들어가면서 초조해진다. 한편으로는 자녀들에게 더 많은 재산을 물려주지 못할 것 같아 불안한 마음은 더욱 커지게 마련이다. 그는 죽음을 항구에 비유한다. 오랜 항해 뒤에 마침내 항구에 들어서는 것이 노년의 삶을 정리하는 과정이다. 스스로 올바른 마음으로 행하여 이뤄낸 것만이 남을 뿐 모든 지나간 과거는 사라져버린다는 것을 그는 말한다. 지나간 시간이 결코 돌아오지 않으니 애달파할 이유가 없다. '배우가 관객을 즐겁게 해주려고 막이 오른 후 계속 무대에 있을 필요는 없다. 어떤 장면에 출연하든 인정받으면 된다.' 각자가 잘하는 바가 있으니 그것을 찾아 최선을 다하고 조용히 물러나 세상을 바라보는 것이 노년의 삶이다. 모든 물질은 사라지게 되어 있다. 자연이 만든 인간은 자연이 해체할 것이다. 오래된 것은 쉽게 해체된다.

살아 있는 동안 찰나에 집중해 최선을 다하면 지나간 시간에 미련을 둘 여유가 없다. 삶이란 그런 것이다. 청년이라면 지금 열정적이고 격렬한 삶을 살고 있는지 되돌아볼 것이며, 장년이라면 중후하며 장중한지를 살펴봐야 할 것이다. 그래야 완숙한 노년이 되어 안정된 마음으로 존경받을 수 있기 때문이다.

과학

수명의 역학 관계
몇 살까지 살 수 있을까

✕
✕
✕

다른 생물체와 달리 인간이라는 생물 종의 수명은 시대에 따라서 크게 변해왔다. 또한 동시대 속에서도 세계 각지의 지역별, 국가별 수명은 다르다. 공중보건의 수준이나 식생활, 유행하는 질병 등의 이유로 큰 차이가 나는 것이다.

또한 로마제국에 대한 연구에 따르면 당시 평균수명이 21세에 불과하지만, 5세까지만 살아남으면 평균 사망 연령이 42세로 급격하게 증가했다. 유아 사망률에 따라 평균수명은 크게 달라진다.

의학이 발달하고 이전 시대에 비하여 상대적으로 전쟁과 같은 대규모 사망을 초래할만한 일들이 적은 현대인의 수명은 지속적으로 늘고 있다. 동시대 다른 지역에 비하여 더 발달했다고 여겨지는 1840년대 유럽에서도 인간의 평균수명은 40대 초반에 불과했지만, 2015년 WHO의 조사를 기준으로 보면 전 세계 모든 국가의 기대수명이 50세 이상으로 올라왔다. 그러나 아프리카 지역에서는 걸리면 단명하는 에이즈AIDS가 기대수명에 엄청난 영향을 끼치고 보건정책과 의학적 치료가 잘 이루어지고 있지 않아서, 평균수명 최하위권은 모두 아프리카 국가들이다. 참고로, 일본의 기대수명은 85.3세이고, 우리나라는 2022년을 기준으로 82.7세이다.

같은 나라 내에서도 민족 간에 수명의 차이를 보이는데, 이는 문화적 요인이 수명에 영향을 미치기 때문으로 보인다. 미국 내에서 가장 오래 사는 사람들은 아시아계 미국인으로, 평균수명이 87세에 달한다. 이것은 유럽계 미국인보다 거의 5년, 아프리카계 미국인보다 거의 10년이 많은 수치로, 민족 간에 분명한 차이를 보여준다.

위에서 평균수명의 순위는 남녀의 수명을 평균한 값인데, 여자와 남자를 비교할 때 평균수명이 큰 차이를 보인다. 대개의 국가에서 여자가 남자보다 약 5~7년 장수하며 사망률도 낮은 편이다. 단지 중년기나 노년기에만 적용되는 것이 아니라 전 연령층에서 나타나는 현상이고, 심지어 아직 태어나지 않은 태아마저 그렇다고 한다. 이렇게 여자의 평균수명이 남자보다 높은 경향은 비단 인간에게만 국한되지 않고, 다른 동물 종에서도 거의 동일하게 나타나는 것으로 보아 성에 따른 생물학적인 요인이 크게 작용하는 것으로 추정된다.

그러나 아프리카의 일부 국가들과 같이 여성이 극심한 차별을 받고 있는 지역이나 불평등한 시대에서는 여성의 평균수명이 남자와 비슷하게 나타나기도 하는데, 사회적인 요인이 얼마나 인간의 평균수명을 갉아먹을 수 있는지를 통계적으로 잘 보여주고 있다. 이러한 맥락에서 보면 여성의 평균수명이 자연스러운 수준에서 남자의 평균수명보다 길지 않은 지역이나 나라를 여성 차별적 사회로 가정해도 되지 않을까?

수명에 대하여 알아둘만한 용어로 평균수명 외에 자연수명이라는 개념이 있다. 사회문화적인 특수성 그리고 질병이나 전쟁과 같은 급격한 환경 변화를 제외하고, 보건이나 의학과 같은 외부적 처치도 고려하지 않을 때 그 생물 종이 천수를 누린다고 가정할 때의 수명이다.

분자생물학이 발달하면서, 여러 생물 종에 대한 자연수명을 미시적인 수준에서 들여다보는 연구가 있었다. 오스트레일리아 연방과학원의 분자생물학자 벤저민 메인과 웨스턴오스트레일리아 대학 연구진은 'DNA 메틸화' 현상을 분석해 사람을 포함한 포유동물의 자연수명을 계산해냈다.

연구진은 인간의 자연수명이 약 38년이라는 결과를 얻어냈는데, 그동안 인류학자들은 초기 인류의 수명이 40년이라고 추정했던 수치에 가깝다. 참고로 연구진이 알아낸 침팬지의 자연수명은 39.7년, 고대인류인 데니소바인과 네안데르탈인은 둘 다 똑같이 37.8년으로 나왔으며 북극고래의 자연수명은 무려 268년으로 가장 높게 나왔다.

자연수명 외에 인간이 생물학적으로 최대한 살 수 있는 한계수명의 개념을 잠깐 들여다보면, 연구자에 따라서 값이 꽤 다르다. 혹자는 115년 정도로 말하고 다른 연구자는 150년 정도까지 예상한다. 인간의 한계수명이 늘어난다는 것은, 과연 인간 사회가 발전하는 것으로 볼 수 있을까? 개인의 행복이 늘어나는 것일까?

2부

자존

욕망의 균형을 찾자

5장

자존감

멋지지 않아도 괜찮아
자존감과 자존심의 관계

✕
✕
✕

자존감은 '나'를 사랑하고 긍정적으로 받아들이는 감정을 말한다. 이른바 자아존중감으로, 스스로를 가치 있는 존재로 바라본다. 그런데 이 자존감은 자존심과 다르다. 자존감이 '나'를 들여다보며 타인이 나를 존중해주기를 바라는 것과 달리 자존심은 '나'를 돌아보지 않고 타인의 경의를 기대하는 이기적 개념이기 때문이다. 자존감은 바람직한 심리적 자원으로 마음의 건강과 실제 인생의 성취에 긍정적인 영향을 미친다.

한편 자존감은 자신감과도 구분된다. 자신감은 '자기효능감'과 비슷하다. 자기효능감은 능력에 대한 평가로서 능력의 종류에 따라 높아지기도 하고 낮아지기도 한다. 자기효능감이 높은 사람은 확실히 자존감이 높고, 자존감이 높은 사람이 자기효능감이 높다. 그러나 자신의 능력은 대체로 괜찮은 편이라고 생각하지만 여전히 난 내가 괜찮은 사람인지는 모르겠다고 하는 사람이 있다. 이처럼 자존감은 주관적 평가로서 실제 능력치와는 차이가 있다. 자격조건이 좋다고 꼭 자존감이 높은 것도 아니고 나쁘다고 해서 꼭 자존감이 낮은 것도 아니다. 상위 1퍼센트에 속하는 사람이라도 자기 주변 사람들과 비교하면 여전히 부족하다고 좌절하는 사람들도 있다.

이러한 자존감은 사회적 관계의 질을 나타내는 지표가 되기도 한다. 자존감을 개인이 지각한 자신의 사회관계를 반영하는 척도로 보는 이론이 있다. 만약에 누군가가 원만한 사회관계를 유지하고 있다면 그는 자존감이 높을 것이고, 반대로 사회관계가 원만하지 못하거나 최소한 자신이 원만하지 못한다고 느낀다면 자존감이 낮을 것이라는 것이다. 이러한 사회관계측정이론은 2000년에 듀크 대학 심리학과 교수 마크 리어리가 진화심리학의 관점에서 제시한 바 있다.

인류가 지금까지 살아남기 위해서는 서로 협동할 필요가 있었고, 그러기 위해서는 사회적 관계를 돈독하게 할 필요가 있었으며, 사람들은 사회적 관계를 강하게 하도록 진화했다. 일부 연구에서는 자존감이 낮은 사람일수록 타인이 자신을 수용하는지에 더 민감하게 반응했다. 또 다른 연구에서는 사람들은 타인에게 거절당할 경우 자존감이 낮아지는 것으로 밝혀졌다.

한편 피진스키 등은 공포관리이론으로 자존감과 사회관계를 설명한다. 자존감은 자신의 가치로서 자신이 타인에게 인정받는 경우가 많다면 당연히 자신의 가치를 높이 평가하고 자존감이 올라갈 수밖에 없다. 사회적 관계가 불안정한 은둔형 외톨이보다 사회적 관계가 원만한 일반인들이 자존감이 더 높은 것은 당연하다.

한편 아이를 키우는 많은 부모들은 본인의 자존감이 낮아 아이들과의 관계가 감정적으로 치우친다고 자책한다. 사회적으로는 자존감을 둘러싼 언설이 많기 때문이다. 친구들과 적극적으로 어울리지 못하는 아이들을 보고 자존감이 낮은 게 문제라고 우려하며, 중요한 회의나 심사에서 편안하게 자신의 능력을 발휘하지 못하는 회사원을 향해서도 자존감을 탓한다. 하지만 이러한 생각은 바로 자존감의 높고 낮음이라는 단 하나의 기준으로 사람의 다양한 면모를 납작하고 단순하게 해석할 공산이 크다. 많은 자기계발서나 미디어들은 엄마의 자존감이 아이의 성격, 대인관계를 결정한다며 그렇지 않아도 낮은 부모의 자존감을 더 휘청거리게 한다.

자존감을 높이기만 하면 대인관계도, 성취도, 양육도 수월해질 거라는 생각은 잠시 내려두자. 이러한 맥락에서 혹자의 권고는 참고할만하다. 단순히 자존감 하나만 높이려고 하는 것은 사실 별 의미가 없고, 우선 더 넓은 의미에서 행복하고 만족스러운 삶을 살아야 한다는 것이다. 자기 자신에게 너그러워지자. 비교적 정확하게 현실 인식을 하자. 항상 잘하는 것은 불가능하다는 사실 또한 인정하고 또 자신을 멋진 사람이라고 생각하기보다는 '인간이 완벽해지는 것은 불가능해. 멋지지 않아도 괜찮아'라고 스스로 너그러운 태도를 갖자. 늘 멋지게 보이려고 노력하기보다 지금의 자기 모습을 감싸안으려는 태도도 중요하다. 이것이 건강하게 자존감을 지키며 사회관계를 유지하는 방법이다.

도파민을 조심하라
자아존중감의 인지부조화

※
※
※

1985년 미국 텍사스주 휴스턴에 위치한 중견 천연가스 유통사 인터노스와 휴스턴 네추럴 가스가 합병을 한다. 2001년 12월 분식회계로 파산하게 되는 기업, 엔론이 탄생하는 순간이다.

16년간 엔론은 2만여 명의 직원을 거느리며 천연가스와 전기는 물론 통신 및 금융 산업에 이르는 문어발식 경영으로 매출 1,100억 달러에 이르는 세계 16번째 기업이 되었다. 하지만 이후 엔론은 파산하게 되면서 당시 회계를 맡았던 굴지의 글로벌 컨설팅사 아서앤더슨이 해체되는 등 미국 역사상 최악의 회계부정 사건으로 역사에 기록됐다. 16년간 무소불위의 권력을 휘두르던 최고경영자 제프리 스킬링은 엔론 사태를 주도한 혐의로 구속돼 12년간 복역하고 지난 2019년 출소했다.

복잡한 회계부정의 그림자가 짙어지고 있었지만 사건이 터지기 전까지 스킬링은 사업확장을 멈추지 않았다. 심지어 날씨 파생상품까지 개발해 미리 설정한 강수량이 하한선보다 낮을 경우 천연가스 가격과 연동된 재무보상을 제공해 3년짜리 강수량 거래를 체결하기도 했다. 게다가 다른 에너지 자원들의 가격과 연동시키면서 회계는 더욱 복잡해져만 갔다.

이미 충분한 성공을 거뒀는데 왜 스킬링은 회사를 벼랑 끝으로 몰고 갔을까. 승자효과winner effect에 원인이 있다. 아일랜드 인지신경과학자 이안 로버트슨은 저서《승자의 뇌》에서 과다분출하는 뇌의 신경전달물질 도파민에 대한 보상체계가 망가져 인지부조화가 일어났기 때문이라고 진단했다.

도파민은 혈압조절, 운동조절 등에 필요한 뇌신경 전달물질로 쾌감, 즐거움 등의 신호를 전달해 행복감을 느끼게 한다. 도파민이 적게 분비되면 우울감 등이 생기고, 과다분비가 되면 환각 등 정신분열증에 걸릴 수도 있다. 도파민은 뇌에서 동기, 보상, 쾌락 등에 작용한다. 즐거운 행동을 습관으로 만들기도 하지만, 도파민을 10배 이상 분비시키는 마약 등을 동원해 중독에 빠트리기도 한다. 같은 자극에는 더 이상 반응을 하지 않는 뇌에 더 큰 자극을 주기 위해 마약을 투여하게 된다.

스킬링은 스릴을 좇는 모험가였다. 핵심 고객과 함께 멕시코 비포장도로 1,600킬로미터를 쉼 없이 달리는 오토바이 여행을 즐기고, 유럽의 오지 트래킹도 수시로 다녔다. 여기까지는 건전하다. 문제는 경영자로 돌아와 신규 사업을 벌일 때에도 스릴을 좇는다는 데 있었다. 왜 그럴까. 성공의 맛을 본 뇌가 더욱 큰 성공으로 짜릿한 쾌락을 느끼고 싶었기 때문이다. 마치 도박에서 판돈을 키우며 분명히 성공할 것이라는 자신감에 차게 되는 것과 같다.

한때 84.06달러까지 치솟았던 엔론의 주가는 문을 닫던 날 0.60달러로 휴지 조각이 되었다. 스킬링은 계속된 성공에 취해 도파민 과다분출 상태에 이르렀고 스스로를 합리화하며 주변의 말을 무시한 채 거만함과 도도함으로 무장한 고집불통이 되어 있었다. 희대의 도박꾼이 거대한 판돈을 잃고도 도파민 수치의 농락으로 고통과 우울감을 경험하지 못한 것에 비유할 수도 있다. 승리를 얻기 위해 저지르는 부정부패에 무감각해지고 자신에게 충고하는 혹은 도전하는 경쟁자를 보복의 대상으로 여기게 된다. 인지부조화로 친구도 적으로 만들기 쉬운 상태에 이르게 된 것이다.

또한 자신은 선한 사람이라 믿고 부정부패를 저지르면서도 잘못을 인정하지 않고, 다른 사람들에 대한 인식은 자신에 대한 태도로 결정하게 된다. 스스로를 합리화하며 결국 상대방을 괴롭히며 원하는 대로 행동을 하면서도 죄의식을 느끼지 못하게 된다.

자아존중감이 높으면 자기 주장이 강한 측면이 있어 한계 상황에 부딪치면 자신의 판단을 믿고 이를 밀어붙인다. 반대로 자아존중감이 낮은 사람은 스스로의 판단을 자신하지 못하고 주저하게 된다. 어린 시절 자아존중감을 높여주는 교육은 반드시 필요하다. 하지만 여기에 전제조건이 있다. 그건 바로 이웃과 함께

해나가면 더 큰 이로움을 만들어낼 수 있다는 공동체 정신이다.

스킬링에게 부족한 건 이것이 아니었을까?

동서양 자존감 배틀
사마천과 브루노 이야기

✕
✕
✕

자존감의 극단은 자신이 옳다고 믿는 것에 삶을 바치는 것이라 할 수 있다. 이런 극단적인 자존감을 보여준 인물을 동서양에서 한 명씩 찾는다면 서양에서는 조르다노 브루노를, 동양에서는 사마천을 꼽을 수 있을 것이다.

이탈리아의 도미니코회 수도자이자 철학자인 브루노는 무한 우주론을 주장했다가 화형을 당한 인물이다. 그는 1548년 나폴리에서 태어나 도미니코회의 수사로 활동했으나 후에는 개신교인 칼뱅파로 개종했다. 라틴어와 희랍어에 능통하고 그리스 고전문학과 논리학 및 변증법 등 다방면에 박식했다.

브루노가 활동하던 당시는 코페르니쿠스의 이론이 유럽 전역에 알려지고 있었는데, 브루노는 가장 선구적으로 지구 중심설과 천동설을 버리고 코페르니쿠스의 이론을 수용한 사람이었다. 그의 우주론에는 여러 가지 특징이 있지만, 코페르니쿠스적 지동설, 우주가 무한히 크다는 무한우주설, 우주가 여러 개 존재한다는 복수우주설이 눈에 띈다.

그는 가톨릭 교회로부터 이단 처형을 받는 것을 피해 나폴리를 떠나 여러 나라를 돌아다니며 연구를 했으나 1591년에 베네치아공화국에서 체포되었다. 그는 삼위일체를 부인하고 그리스도의 신성과 인성을 부인했다는 등의 죄로 유죄판결을 받았다. 자신의 주장을 철회하라는 교황청의 협박에 대해 브루노는 "내 주장을 철회해야 할만한 이유가 없고 그러지도 않을 것입니다"라고 말했고 결국 턱에 재갈을 물고 쇠꼬챙이에 혀와 입천장을 꿰뚫린 채 모라 거리를 끌려 다니며 구경거리가 되었다가 발가벗겨진 뒤 불태워졌다.

훗날 빅토르 위고를 비롯한 유럽 지식인들은 1899년에 그가 화형 당했던 광장에 동상을 건립하고 "그대가 불에 태워짐으로써 그 시대가 성스러워졌노라"라는 글귀를 헌정했다. 1979년 교황청은 공식적으로 사형 판결을 취소했으며 2000년에는 교황 요한 바오로 2세가 브루노의 화형집행에 대해 사과했다.

죽음으로 자존감을 지킨 동양의 인물로는 사마천을 들 수 있다. 중국 한나라의 역사가 사마천은 집안 자체가 역사인 가문 출신이었는데, 그의 부친 사마담은 병으로 죽으면서 자신이 편찬하던 역사서를 완성해줄 것을 부탁했고 이에 사마천은 그 역사서인 《사기》를 편찬하는 일에 생을 바치게 되었다.

사마천이 생식기를 제거하는 궁형을 받은 연유는 흉노를 정벌하러 갔다가 포로가 된 장군 이릉을 변호했기 때문이었다. 정벌 실패에 분노한 임금 한무제는 극대노하고 회의를 열었는데 모든 신하들이 이릉을 비난했지만 사마천은 이릉의 충절과 용맹을 찬양하고 두둔했다. 그러자 이릉을 질투하고 있던 이광리가 사마천을 모함하여 사마천은 관직에서 파면당하고 사형을 언도받게 되었다.

당시 사형을 면하기 위해서는 어마어마한 벌금을 내거나 궁형을 받는 두 가지 대안만이 가능했다. 사마천에게는 벌금을 낼만한 돈이 없으니 부친의 유업인《사기》편찬을 계속하기 위해서는 궁형을 받아들일 수밖에 없었다. 당시의 시대적 분위기는 궁형을 극도로 수치스러워하는 분위기였기 때문에 대부분의 사람들은 차라리 죽음을 택했으나 사마천은 역사서 편찬을 위해서 자신의 수모를 감내했다.

죽음보다 더한 고통과 치욕을 감내했던 인물들의 행적은 마음 속 깊은 곳에 있는 신념과 그로부터 생겨나는 자기 자신에 대한 신뢰를 보여준다.

6장

균형

정치적 이상주의 실험
국제 평화주의가 가능할까

✕
✕
✕

나는 평화의 위대한 과업이 우리가 속한 개별 국가의 좁은 이해
가 아니라…, 옳고 그름의 더 거대한 원칙에 달려 있다는 점을 환
기하고자 한다. 이제 연맹은 끝났다. 국제연합이여 영원하라.

1946년 4월 8일 스위스 제네바 국제연맹 본부에서 회원국 34
개국 대표가 참석한 가운데 마지막 총회가 개최되었으며, 이날
연맹 창설 주역으로 1937년 노벨평화상을 수상했던 영국의 수상
로버트 게스코인-세실이 마지막 연설에서 했던 말이다. "세계평
화와 안전, 협력의 촉진"을 위한 인류 최초의 포괄적, 정치적 국
제기구였던 국제연맹League of Nations은 이후 청산 절차를 거쳐 열
흘 뒤 제네바 본부 건물을 포함한 2,200만 달러 상당의 자산을 국

제연합United Nations에 넘기고 공식 해산했다.

국제연맹의 역사를 살펴보자. 1918년 11월 11일, 독일이 연합국에 무조건 항복함에 따라 4년 3개월간 진행되었던 제1차 세계대전이 끝났다. 이 전쟁에서 2,000만 명이 사망하고, 2,000만 명 이상의 사람이 다치는 비극적인 경험을 통해 사람들은 처음으로 두 번 다시 전쟁이 일어나지 않고 평화롭고 자유로운 국제 사회가 실현되기를 희망했다. 또한 제국주의 열강의 식민지배에 고통을 받아온 사람들은 이번 기회에 제국주의로부터 독립을 열망하게 되었다.

국제연맹은 이러한 분위기 속에서 제1차 세계대전 이후 1920년, 연합국이 중심이 되어 설립되었다. 국제연맹규약은 회원국의 전쟁 호소를 원칙적으로 금지하고, 상호간의 분쟁을 평화적으로 해결할 것을 명시했다. 또한 평화유지의 조건을 만들기 위해 무기, 즉 군비 축소의 필요성을 승인하고, 연맹총회는 적용이 불가능하게 된 조약의 재심의, 계속되면 국제평화를 위태롭게 하는 경우의 심의를 회원국에게 요구하기로 했다. 또한 연맹규약을 무시하고 전쟁에 호소한 회원국에 대해서는 다른 모든 회원국이 경제제재를 할 것을 규정했고, 군사적 제재에 대한 가능성도 예정했다.

국제기구에 대한 구상은 영국과 프랑스가 전쟁 중에 이미 구상했으며, 1918년 1월 미국 우드로 윌슨 대통령이 미 의회에서 세계평화를 위하여 비밀외교의 폐지, 민족자결주의, 무병합과 무배상 등을 담은 '평화를 위한 14개 원칙'을 발표했다. 이 원칙은 세계최강국으로 올라선 미국이 발표했다는 점에서 전 세계 많은 사람들에게 희망과 위안을 주었다.

1919년 1월, 전쟁 후 문제를 처리하기 위하여 파리강화회의가 개최되었고 연합국 대표들에 의해 베르사유조약이 체결되었다. 이후 1920년 집단안보와 국제분쟁의 중재, 무기감축, 개방외교를 원칙으로 하는 국제연맹의 규약이 정해지고 드디어 국제연맹이 출범했다.

국제연맹은 설립된 후 10년간 국제평화와 안전을 위하여 나름의 역할을 수행했으며, 국제협력 분야에서는 상당한 성과를 거두기도 했다. 그러나 제창국이며 당시 가장 중심에 있던 미국이 국제연맹에 가입하지 못하는 사태가 일어났다. 먼로주의의 불간섭 외교원칙을 내세운 미의회 상원이 베르사유조약 비준을 거부한 것이다. 패전국 독일과 오스만제국(터키), 그리고 소련도 가입이 불허되는 등 출발부터 문제가 많았다. 또한 국제연맹의 실질적인 주도국인 영국과 프랑스 간의 이견이 많이 노출되었다.

국제연맹의 설립 당시 회원국은 제1차 세계대전 승전국과 초청된 중립국을 포함하여 42개국이었고, 추가로 가입하려는 국가는 국제의무의 준수와 군비축소를 조건으로 총회의 3분의 2 이상의 다수결로 가입을 결정했다. 국제연맹 상임이사국은 영국, 프랑스, 일본제국, 이탈리아 왕국 4개국이었다. 가맹국 수가 63개국에 이르렀으나, 연맹규약에 따라 2년 전 탈퇴를 예고하면 탈퇴가 허용되어 연맹기간 중 16개국이 탈퇴했다. 일본이 만주사변을 계기로 1933년 3월 탈퇴하고, 그해 10월에 독일이, 1937년

이탈리아가 탈퇴했으며, 1939년 소련은 핀란드 침공 직후 제명되었다.

1930년대에 들어서서 독일, 이탈리아, 일본, 소련 등의 침략 행위에 대해 집단적인 제재 등 합당한 조치를 취하지 못하는 수준으로 국제기구로서의 기능이 취약해졌다. 결국 제2차 세계대전이 발발하면서 더 이상 역할을 할 수 없게 되었으며, 마침내 1946년 개최된 연맹총회에서 해체를 결의하고 국제연맹의 구조와 형식, 목적을 이어받은 국제연합을 발족시키면서 역사 속에서 사라졌다.

국제연맹에 대한 후세의 평가는 대체로 박한 편이다. 국제연맹의 창설은 제1차 세계대전 이후, 세계 평화와 안전이라는 이상을 실현하기 위해 출발했음에도 불구하고 국제연맹은 첫 출발부터 한계가 분명했다. 국제연맹 자체가 제1차 세계대전의 패전국에 대한 전승국의 전후 처리문제 등을 유리하게 이끌고 가려는 기구로서의 기능을 지니고 있었으며, 이로 인해 이후 각국의 침략정책에 효과적으로 대처할 수 없게 된 측면이 있다. 그러다 보니 현실적 갈등에 대한 효과적인 해결책을 제시할 수 없었다. 다만 국제기구로서 처음으로 모든 회원국의 의견을 수렴하는 정도의 수준에 머물렀다.

회원국들이 대등한 입장에서 의사결정에 참여할 수 있도록 하여 평등의 견지에서 이상적으로 설계된 측면이 있지만, 실제로는 강대국이 약소국을 움직이게 하여 국제연맹의 여론을 만들 수 있었다는 비판도 있다. 무엇보다도 연맹 규약의 규정에 많은 허점도 있었다. 물론 일부 분쟁의 평화적 해결, 침략전쟁의 방지, 군비 축소 등을 위한 집단안전 보장제도를 도입하여 몇몇 국지적 분쟁에 개입해 해결한 성공적 사례가 있기는 했다. 하지만, 군사적 제재 수단이 없었고, 경제적 재제 역시 부분적으로만 작동했으며, 최고 의사결정기구인 총회는 다수결이 아닌 만장일치제였다.

전쟁을 방지하고 평화를 유지하기 위하여 여러 나라가 하나의 조직을 만들려는 이상적인 생각은 역사 속에서 발견된다. 기독교적 유럽에서도 국제기구를 계획한 바 있다. 일부 성직자와 칸트와 같은 철학자 역시 영구평화를 위하여 국제기구를 제기했다. 국제기구로 발전하지는 못했지만 평화유지를 목적으로 결성된 신성동맹(1815년)이나 헤이그 평화회의에서 설립된 상설중재재판소(1899년) 등의 사례도 있다. 국제연맹은 국제적으로 그렸던 이상적인 모습을 실현한 첫 번째 국제기구로서 의미를 갖는다. 이후 힘의 논리가 작용하는 냉엄한 국제질서에서 국제연합을 통한 현실주의 시대를 맞게 된다. 사실상 국제연맹을 통한 이상주의 실험은 실패로 끝난 것이다.

물리적 평형의 힘

강체, 유체, 고체

✕
✕
✕

'강한 몸'으로 번역되는 강체剛體 rigid body는 물리학적으로 단단한 것을 넘어 조금도 그 형태가 변하지 않는 이상적인 물체를 가리킨다. 물리학적으로는 강체를 이루는 구성 요소의 상대적인 위치가 변하지 않는다고 표현할 수 있다. 물체를 이루는 상대적인 위치가 불변이라면 형태는 변형되지 않는다.

강체를 던지면, 구성 요소 각각의 위치가 시간에 따라 이동하게 된다. 하지만 구성 요소 간의 상대적인 위치는 변하지 않는다. 액체나 기체와 같은 유체流體 fluid는 구성 물질의 상대적인 위치가 변하는 물체를 뜻한다. 그래서 유체는 용기의 형태에 따라 흘러가면서 형태가 변한다.

이상적인 강체와 현실적으로 비슷한 물체는 고체固體 solid다. 고체는 강체처럼 딱딱하고 형태를 유지하지만, 강한 힘을 가하면 부러질 수 있고 높은 열에는 녹을 수도 있다. 고체에는 철, 얼음 등이 있다.

강체는 고체와 비슷하지만 부러지거나 녹지 않는, 즉 모든 형태적 변화를 허용하지 않는 이상적인 물체를 말한다. 현실세계에서 고체에 변형을 일으킬 정도의 힘이나 열이 가하지 않으면 고체를 강체처럼 취급할 수 있다.

건축물이나 책상, 막대기, 사다리 등과 같이 흔히 보는 고체 혹은 모양을 유지해야 하는 터널이나 다리가 역학적으로 평형을 이루기 위해서는 무엇이 필요할까? 역학力學 mechanics은 물체의 운동을 다루는 학문이다. 역학적 평형이란 물체의 운동 상태가 변하지 않고 유지되는 상태를 말한다. 물체가 정지해 있든, 움직이든 물체의 운동(직선 운동이든 회전 운동이든)이 그대로 유지되는 것이다.

물체의 운동 상태는 움직임의 정도, 즉 속도로 나타내진다. 회전 운동에 변화를 주는 것은, 회전 중심으로부터의 거리와 힘을 곱한 '돌림힘(회전력)'이었다. 물체는 돌림힘을 받아 회전 운동에 변화가 일어난다. 그리고 직선 운동을 변화시키는 것은 힘이다. 힘은 $F=ma$로 표시된다.

정리하자면, 크기를 가진 물체는 직선 운동을 할 수 있고, 어떤 회전축을 중심으로 회전할 수도 있다. 회전의 중심이 물체를 통과하든 혹은 물체 바깥에 있든 상관없다. 자전自轉은 물체를 통과하는 축을 중심으로 회전하는 운동이고 공전公轉은 물체 바깥에 있는 축을 중심으로 회전하는 운동이다.

　정지해 있는 건축물이나 구조물에 현실에서 역학적 평형이 자주 사용되는 이유는 운동 상태(혹은 속도)가 변하지 않아야 하기 때문이기도 하다. 강체가 운동할 수 있는 두 개의 운동(직선 운동과 회전 운동)이 변화하지 않기 위해서는, 알짜 힘(힘들의 총합)과 알짜 돌림힘(돌림힘들의 총합)이 0이어야 한다. 단순한 물체를 예로 들어서 생각해보자. 막대기가 하나 있다. 막대기에 아무런 힘과 아무런 알짜 힘이 작용하지 않는다면, 운동 상태는 그대로 유지되어 역학적 평형조건을 만족한다.

　그런데 힘(F)이 작용하면, 물체는 결과적으로 가속도(시간에 따른 속도의 변화)가 0이 아니게 되어 속도의 변화, 즉 운동 변화가 일어나므로 역학적 평형을 이룰 수 없다. 막대기에 작용하는 힘을 상쇄하기 위해 반대 방향에서 같은 크기의 힘을 준다고 가정해보자. 앞선 힘이 작용하는 곳이 막대의 오른쪽 끝인데, 나중에 작용한 힘이 앞선 힘과 반대 방향인 왼쪽 끝에 작용한다면 물체는 회전할 것이고 힘이 계속 주어지는 한 회전이 점점 빨라지고 회전 운동도 변할 것이다. 두 힘의 방향이 반대이기 때문에, 힘의 평형조건을 만족시켰지만 돌림힘의 평형조건을 만족시키지 못했기 때문이다.

　힘의 평형이 이루어진 상태라서 물체의 질량 중심점은 속도를 유지하지만, 크기를 갖는 물체는 회전하고 또 회전 속도도 달라진다. 돌림힘의 방향은 회전축의 중심에서 힘이 작용하는 점까지의 거리와 힘에 대해서 '오른나사의 법칙'처럼 방향을 갖기 때문이다. 막대 중심을 축으로 볼 때, 막대의 오른쪽과 왼쪽은 반대 방향이고 양 끝의 힘이 또한 반대 방향이기 때문에 돌림힘은 상쇄되지 않고 같은 방향으로 두 배가 된다.

일반적으로 강체로 취급할 수 있는 물체가 역학적으로 안정된 평형 상태를 이루기 위해서는, 먼저 물체 자체가 변형되지 않을 정도로 튼튼해야 하며, 힘의 평형과 돌림힘의 평형을 유지할 수 있어야 한다.

설계와 건축 등 일상에서 물체의 역학적 안정화는 공학의 기본적인 요건이다. 다리를 건설할 때 다리 자체의 무게는 물론이고 다리를 지나는 차량이나 사람들의 움직임에 따른 무게까지 고려해야 한다. 이외에도 바람이나 외부의 돌연한 충격 등 여러 힘이 작용하는 다리(물체)를 어떻게 역학적으로 안정화시킬 수 있을지를 수치로 계산하고 이를 실현함으로써 현대문명은 과거에는 상상할 수 없는 구조물들로 채워진다.

중용의 덕을 아시나요?

삶의 균형을 찾아라

✕
✕
✕

생활의 모든 것에 나름의 균형이 필요하지만, 가장 중요한 균형은 삶 전체의 균형일 것이다. 어떻게 삶 전체의 균형을 잡을까? 철학자들의 해답은 동서고금을 뛰어넘어 동일했다. 바로 '중용'의 덕을 쌓는 것이다. 비슷해 보이지만 한 걸음 더 들어가보면, 생각에 대한 접근 방식이 다르다.

중용의 개념을 보자. 주자朱子는 중용의 뜻을 이렇게 설명했다.

중용은 치우치지 않고, 한쪽으로 기울어지지도 않고, 넘치거나 모자라지 않는 것의 이름이다.

서양 철학자들의 설명은 다르다. 서양에서 중용을 설명한 철학자는 아리스토텔레스다. 중용에 대한 다른 서양 철학자들의 사상은 그리 많이 알려진 것이 없는데, 그것은 아리스토텔레스가 워낙 대단한 철학자여서 거의 모든 것을 말했기 때문이다. 아리스토텔레스는 그저 우리가 생각할만한 상식적인 이야기를 말하듯이 설명했다.

> 중용이란 어디까지나 두 악덕 사이의 중간이다. 하나의 악덕은 과도함에 의존하고, 또 다른 하나의 악덕은 결핍에 의존한다. 그리고 중용이 중간인 까닭은, 악덕이 우리의 감정과 행위에 있어서 옳은 것에 미치지 못하거나 지나치게 넘어서지만, 중용이라는 덕은 중간의 것을 발견하고 선택하기 때문이다. 그러므로 중용은 실체와 본질의 규정에서는 중간이지만, 최선의 것을 추구함에서는 극단을 따르는 것이다.

과도함과 부족함의 중간, 그것이 중용이다. 아리스토텔레스에 따르면 그것이 가장 좋은 결과를 얻는 방법이다. 예를 들면 용기의 중용은 비겁함과 만용의 중간이다. 비겁함은 싸우고자 하는 성향이 부족한 것이고 만용은 그것이 지나친 상태다.

동양의 개념은 보다 간접적이고 심오하다.

> 하늘이 인간에게 명命한 것을 이르러 성性이라 하고, 그 성을 따라서 잘 지켜나가는 것은 도道라 하고, 그 도를 잘 닦아 나가는 것을

교敎라고 한다 天命之謂性 率性之謂道 修道之謂敎.

동양의 중용사상을 이해할 수 있는 《중용》의 첫 구절이다. 하늘의 도리가 인간의 마음속에 있으니 교육을 통해 그것을 실현하라는 말이다. 웅장한 설명이다. 그런데 이것이 중용이랑 무슨 상관이 있는 것일까? 설명이 너무나 간접적이다. 중용에 관련된 설명을 좀 더 찾아보자.

군자는 그 자리에 처하여 합당한 행동에 최선을 다할 뿐, 그 이상의 환상적인 것에 욕심을 내지 않는다. 부귀에 처해서는 부귀에 합당한 대로 도를 행하며, 빈천에 처해서는 빈천에 합당한 대로 도를 행한다.

상황에 따라 적절하게 처신하라는 '합당'이라는 말로 요약할 수 있다. 구체적으로 어떤 것이 합당한 것일까? 이 대목에서도 유교에서는 성실함誠을 강조하는 것으로 대신할 뿐 구체적인 설명은 없다. 유교 교육을 받는 사람들은 사회적인 맥락에 따라서, 특히 유교의 중요한 덕목인 '예법禮法'에 따라서 중용이 무엇인지 알 수 있다고 믿는 것이다. 어느 정도는 그렇다.

정리하자면 동양의 유교에서는 중용을 취하기 위해서 어떤 마음 자세로 행동해야 하는지에 대해 도덕적인 감화를 하고자 한다. 반면 서양에서는 중용을 취하기에 앞서 보다 명확하게 실천 방향을 판단하기 위한 기준을 제시하는 경향이 크다. 동양의 중용은 심오하지만 막연하고, 서양의 중용은 구체적이지만 다소 피상적이라 할 수 있겠다.

필라테스로 균형 찾기

내 몸을 느껴 봐, 신체 인식

✕
✕
✕

필라테스를 최초로 만든 사람은 독일 뮌헨 출신인 요제프 후버투스 필라테스다. 체조선수 아버지와 자연요법 치료사 어머니 사이에서 아홉 자녀 중 둘째로 태어났다. 다른 형제들과 달리 선천적으로 약했던 그는 류머티즘, 천식, 구루병 등 각종 질병을 달고 성장했다. 특히 약한 호흡기는 늘 그를 괴롭혔다. 선천적으로 나약했던 탓에 그는 일찍부터 신체와 정신을 건강하게 단련하는 일에 관심이 많았다.

필라테스의 나이가 삼십대에 접어들던 1914년, 제1차 세계대전이 일어났다. 전쟁 발발 당시 그는 영국을 여행하고 있던 바람에, 전쟁 기간 동안 영국과 아일랜드 사이에 위치한 맨아일랜드의 포로수용소에 외국인 포로로 수용되었다. 수용소에서도 그의 건강에 대한 집념은 계속되었고, 동료 수용자들까지 모아 매일 운동을 했다. 여기서 한 가지 에피소드가 전해진다. 1918년과 1919년에 유럽에서는 전염병이 돌았는데 이때 필라테스를 비롯해서 함께 운동했던 수용자들은 병에 걸리지 않았다고 한다.

감독자들의 주목을 받게 된 필라테스는 수용소 내 병원에서 환자들을 돌보는 일을 하게 되었는데 그는 30여 명의 환자들을 돌보며 환자 개개인에 맞는 재활방법으로 회복을 도왔다. 이때도 그가 돌본 환자들은 2차 감염이 현저히 적었다고 한다. 신체를 움직일 수 없는 환자들에게는 침대 스프링을 이용해서 운동을 시켰는데, 이 침상 같은 장치가 후에 필라테스 기구의 주요 부분 중 하나인 '캐딜락'으로 발전했다.

필라테스는 종전 후 미국으로 향하는 배에서 일생의 동반자 클라라를 만났다. 두 사람은 함께 뉴욕 8번가에 작은 스튜디오를 오픈하고, '컨트롤로지'라고 스스로 정의한 운동법을 가르치기 시작했다. 우리가 알고 있는 '필라테스'의 시작이다. 이곳에서 하나둘 개발된 기구들이 지금까지 널리 쓰이고 있다.

필라테스가 의학계로부터 정식으로 인정받게 된 것은 1983년의 일이다. 미국의 정형외과 의사 제임스 게릭이 스포츠의학센터와 무용재활센터에 필라테스 프로그램을 도입한 것이 계기가 되었다. 이후 수많은 병원과 일상에서까지 치료방법으로 필라테스가 활용되고 있다.

필라테스 동작들은 전반적으로 골격계를 지지한다. 그리고 신체의 '파워하우스' 역할을 하는 복부, 등, 둔부의 근육들을 강하게 발달시킨다. 그리하여 중심부를 강화하고, 척추를 늘려주며, 근육의 긴장을 길러주어 신체가 유연성을 갖게 한다. 또한 등, 무릎, 엉덩이 및 어깨 부상과 반복사용 스트레스 증후군에도 뛰어난 재활 치료법이다. 현대인들의 만성적인 근육 뭉침, 오십견 등에도 꾸준한 필라테스가 도움이 된다.

결국 필라테스가 지향하는 것은 신체의 균형감각을 유지시키는 데 있다. 조셉 필라테스는 이를 위해 여덟 가지 원칙을 정했다. 조절, 호흡, 유동적 움직임, 정확성, 중심화, 안정성, 가동 범위, 대립이다.

그리고 아홉 번째 원칙 '신체 인식body awareness'이 마지막에 추가되었다. 우리는 대부분 몸을 인식한다는 행위가 낯설다. 배운 적이 없기 때문이다. 앉거나 서거나 혹은 걷는 방법에 이르기까지 정확한 방법을 배운 적이 없고, 몸이 고장 나도 스스로 고치는 방법을 알지 못한다. 제9원칙으로 추가된 '신체 인식'은 바로 이런 행위와 인식에 대해 가르쳐 주는 것이다. 척추와 관절, 근육에 대한 기본 원칙, 다치지 않는 법과 스스로 신체를 활용하는 방법 등이 이에 해당한다.

국제연합의 지속가능한 발전
인류 문명의 균형

✕
✕
✕

아프리카 남부 칼라하리사막 일대에 살고 있는 원주민 부족은 사냥과 채집으로 살아가는데, 사막에서 장기간 물이 없이도 생존할 수 있는 그들만의 지식을 갖고 있었다. 절대적으로 물이 부족한 이 지역에 해외원조로 관개사업이 이루어지자 물을 공급받을 수 있게 되었다. 그러나 사막에서 생존해야 하는 이들에게 풍부한 물은 오히려 사막에서 생존하는 데 어려움을 주게 되고, 마침내 사막에서 살 수 없게 되었다. 지금은 부족원들이 여기저기 정착촌에 흩어져 살고 있다.

레비스트로스, 〈슬픈 열대〉 강의 중

지속가능한 발전에 대한 논의는 산업혁명 이후 본격화된 자본주의 시장경제의 확산과정에서 수반된 이윤극대화 우선 경제성장이 인류 문명의 사회환경적 균형을 파괴하는 것에 대한 우려에서 출발한다.

국제연합은 1972년 스톡홀름에서 개최된 유엔인간환경회의 UNCHE에서 환경보존과 경제성장의 상호 연계성에 주목하고 지구환경보존을 위한 국제연합기구로 유엔환경계획 UNEP을 설치하면서 지속가능한 발전을 강조하기 시작했다. UNEP는 1982년 지속가능발전을 논의하기 위해 세계환경개발위원회 WCED를 조직하고 1987년 보고서, 〈우리들의 공통 미래〉를 발간한다. 보고서에 따르면 지속가능발전은 미래 세대가 그들의 필요를 충족시킬 수 있는 능력을 저해하지 않으면서 현재 세대의 필요를 충족시키는 발전이라고 정의할 수 있다.

환경적으로 건전하며 지속가능한 발전이 국제적인 사회경제 발전논의의 주류를 형성하게 된 계기는 1992년 리우에서 열린 유엔환경개발회의에서다. 환경과 개발에 관한 리우선언과 의제21을 채택한 것이다.

27개의 리우원칙을 담은 리우선언의 실천계획에 해당하는 의제21은 주요 이해관계자의 역할, 이행수단을 담아 글로벌 차원의 지속가능발전을 위한 기본 이행전략을 제시했다. 특히 리우회의를 계기로 이어지게 된 후속논의 과정은 국가별 이행여건의 격차를 고려해 각 나라가 글로벌 지속가능한 발전 원칙과 전략을 실천할 수 있도록 세부정책목표와 이행지침을 마련할 수 있도록 했다.

2000년 국제연합 55차 총회에서 개최된 '새천년정상회의'는 2015년까지 개발도상국의 빈곤퇴치 및 개발을 위한 7개 실천 목표로 구성된 새천년개발목표MDG를 채택했다. 2012년 6월 리우에서 개최된 유엔지속가능발전회의(RIO+20회의) 의결에 따른 정부 간 국제연합 지속가능발전목표SDGs 설정논의를 진전시켰다. 이 회의는 빈곤퇴치와 지속가능발전 관점의 녹색경제 이행과 이를 위한 국제연합기구 강화방안으로 '우리가 원하는 미래'를 채택하여 지속가능발전과 관련된 국제사회의 기존 공약을 확인하고 후속 개발체제를 구축하기에 이른다.

지속가능한 발전은 경제적, 사회적, 환경적으로 세 가지 축을 동시에 추구하는 활동이다. 이전까지 '발전'이란 경제성장을 목표로 기술과 사회제도를 최적화시키는 것이었다면, 지속가능한 발전은 경제성장뿐만 아니라 사회적, 환경적 차원까지 확장시키는 개념으로 기존의 발전을 새롭게 정의한 것이다. 더 나아가 2015년 제70차 유엔총회에서 192개 회원국 만장일치로 빈곤, 기아, 퇴치, 불평등 감소, 기후변화 대응, 해상오염 저감, 혁신적 기술개발과 경제성장 등을 포함한 17개 지속가능발전 목표를 채택했다. 국제연합의 지속가능발전 목표는 2030년까지 전 세계가 함께 추구하는 인류 공동의 목표가 되었다.

우리나라도 국제사회의 공동목표 달성에 기여하기 위해 한국형 지속가능발전목표K-SDGs를 2019년 수립했다. 그동안 외형적으로 높은 경제성장에도 불구하고 소득의 양극화, 미세먼지 등 환경오염의 심화, 양질의 일자리 부족 등 국민의 삶은 그만큼 나아지지 않은 문제에 주목했다.

　기성세대는 경제, 사회, 환경의 자원을 낭비하거나 기능을 저하시키지 않으면서 경제성장, 사회안정과 통합, 환경보존을 균형있게 추구하고자 노력해야 한다. 이는 미래 세대를 위해서 반드시 실행해야 한다는 점에서 모든 국가가 참여하고 노력해야 한다.

7장

마음

과학

마음도 진화의 산물일까?

진화심리학의 현재와 미래

✕
✕
✕

과학이 발달하고 사회가 복잡해질수록, 인간의 심리를 들여다보는 심리학의 역할이 커지고 있다. 우리 자신을 비춰보는 거울로서 또는 사회적 갈등을 해소하는 방법으로서 심리학의 영역은 넓어지지만, 영향력이 커질수록 의심의 눈초리도 커진다. 심리학이 과연 객관성을 지닌 학문인가에 대한 질문들, 심리학이 과학인가에 대한 논쟁들이다. 그리고 1990년대 들어 비로소, 이 질문과 논쟁에 대한 다양한 대답들이 도출되었다.

점성술이 천문학으로 거듭났듯이, 심리학도 심리과학이 되어야 한다는 주장의 중심에 '진화심리학'이 있다. 인지심리학과 진화생물학의 현대적 원리들을 종합한 분야라고 요점 정리할 수 있지만, 연구가 거듭될수록 행동생태학, 인공지능, 유전학, 동물 행동학, 인류학, 고고학, 생물학, 동물학 등과도 통섭이 일어나고 있다.

최초의 진화심리학자로는 찰스 다윈을 꼽을 수 있다. 그가 진화론의 바이블,《종의 기원》말미에 남긴 예언 때문이다. "먼 장래에 나는 훨씬 중요한 연구를 위한 분야들이 열릴 것이라고 본다. 심리학은 새로운 기반 위에 설 것이다." 그리고 150여 년 후 그의 예언대로 진화심리학이라는 과학이 등장했다.

찰스 다윈이 제시한 진화론의 중심 개념은 자연선택과 적자생존이다. 생물이 생존경쟁에서 이기려면 환경에 '적응'하는 능력을 갖춰야 하는데, 적응이란 자연선택이 오랜 세월 지속적으로 작용하여 생물의 기능 중에서 효과적인 부분만을 선택하여 진화시키는 것을 뜻한다. 진화심리학에서 주목하는 것 역시 자연선택설의 '적응'에 대한 것으로, 사람의 마음도 '적응'의 산문이라고 간주하고 있다.

하버드 대학 심리학과 교수이자 진화심리학의 대표주자로 꼽히는 데이비드 버스의《진화심리학》서문을 보면, 진화심리학의 목표는 명확히 다음과 같다. 바로 '진화론의 관점에서 사람의 마음(뇌) 기제를 이해하는 것'이다. 즉 우리가 알고 있는 세계에서 가장 복잡한 유기적 구조물인 사람의 뇌를 이해하고, 마음의 기제를 이해하는 것이 이 학문의 목표다. 그리고 다음 네 가지 핵심 질문을 통해 진실에 접근하고자 노력한다.

1 '왜' 마음은 이렇게 설계되었을까.

2   현재와 같은 사람의 마음은 '어떻게' 설계되었을까.

3   뇌를 구성하는 요소들의 기능과 조직 구조는 '무엇'인가.

4   현재의 환경과 애초에 설계된 사람의 마음은 '어떻게 상호작
용'하여 관찰 가능한 행동을 낳는가.

마음의 수수께끼를 풀려는 시도는 아주 오래전 고대 그리스
아리스토텔레스 시대부터 있어온 일이다. 프로이트나 카를 융,
스키너 같은 현대의 심리학자들도 여러 이론을 내세워 마음을 연
구했다. 그러나 모두가 자신의 학문 안에서 뇌와 마음을 이해했
을 뿐, 통합적 이론의 틀 안에서 개념적 도구를 얻지는 못했다. 이
에 반해 진화심리학은 뇌 영상, 학습과 기억, 의학, 윤리와 도덕,
문화와 의식을 포함해 마음을 다루는 모든 분야에서 나온 발견을
모두 종합한다. 그리하여 모든 인류가 공유하는 것으로 간주된
행동 특성들, 즉 언어, 폭력성, 짝짓기, 미적 감수성, 질투심, 기만
행위, 이타주의 등이 자연선택에 의한 적응의 산물임을 과학적으
로 규명하기 위해 애쓰고 있으며, 일정 부분 성과를 내고 있다.

많은 학자들이 진화심리학은 점점 더 뜨거운 학문이 될 것이
라고 예언한다. 진화심리학은 기억, 언어, 생각, 습관적 행동 등
인간의 심리 특성들이 어떻게 인류를 살아남게 했는지, 그 메커
니즘을 연구하는 학문이기 때문이다. 늘어나는 인구수만큼 극심
해지는 경쟁심, 인공지능에 밀려 입지가 좁아지는 인류의 위기
감, 다양한 양상의 스트레스, 그리고 면역체계를 시험에 들게 하
는 팬데믹 등이 향하는 문제의 해답은 진화심리학으로 향하고

있다. 이렇듯 마음도 진화의 산물이라면, 그 치유 방법도 우리 안에 내재되어 있는 것이 아닐까. 진화심리학의 미래가 기대되는 이유다.

마음이 합니다
데카르트의 심신이원론

✕
✕
✕

'멘탈'은 마음을 의미한다. 요즘 가장 흔한 말로 '멘붕'은 '멘탈이 붕괴한다'의 줄임말인데, 굳이 우리말로 풀어서 써보면 '마음이 무너졌다'는 뜻이다. 이런 생각과 표현이 우리 생활의 곳곳에 자리 잡고 있다. 그런데 마음이 무너질 수 있을까? 마음이 뭔데? 이런 생각이 마음에 대한 철학으로 이어진다.

이 생각은 말꼬리 잡기로 들리겠지만 좀 더 진지한 문젯거리가 있다. 명절이 다가오고 가족들이 한자리에 모이면 우리는 성묘를 간다. 돌아가신 부모님이 계신 곳에 가서 머리를 숙이기도 하고 산소에 계시는 부모님께 말씀을 올리기도 한다. 그런데 한번 생각해보자. 그런 행동들이 의미가 있을까? 우리는 의미가 있다고 믿는데, 거기에 부모님의 영혼이 있다고 생각하기 때문이다. 그럼 영혼은 무엇이며 어떤 형태로 있는가?

마음과 영혼은 서로 다른 말이지만 많은 경우 그것을 같은 것이라고 생각한다. 돌아가신 부모님께 우리가 말을 건네는 것은, 부모님의 육신은 사라졌어도 살아계실 때의 마음은 그대로 남아 있다고 믿기 때문이다. 육신이 없이 남은 마음이 영혼인 것이다. 전설로 이어지는 귀신 이야기를 보면, 죽어서도 저승으로 가지 못하고 구천을 떠도는 영혼들은 바로 절실한 마음을 가졌던 사람들이다. 그 사람들이 억울하게 죽거나 너무나 사랑하는 사람을 남기고 죽어서 그 강렬한 마음이 사라지지 않고 이승을 헤매는 거다. 이것이 우리의 일상적인 사고방식이다. 하지만 정말 그럴까?

이런 의문에 동감해야 마음에 대한 철학을 이해할 수 있다. 그 대표적인 내용이 심신이원론이다. "나는 생각한다, 고로 나는 존재한다"로 유명한 철학자 데카르트가 바로 심신이원론을 제시했다. 그 내용은 사실 놀라울 정도로 평범하다. '무엇이 근본적으로 존재하는가?'에 대해서 '물질과 영혼 두 종류가 근본적으로 존재한다'라고 답하는 내용이기 때문이다.

이 생각에는 두 가지 의미가 내포되어 있다. 하나는 물질과 영혼은 어떤 측면에서도 같을 수가 없다는 의미, 또 하나는 그 외의 다른 것들은 이에 의존해서 존재하는 속성이라는 생각이 다른 하나이다. 두 번째 뉘앙스는 철학자들에게 쉽게 동감을 얻었다. 침대의 색깔이라는 속성은 물질이 없으면 존재할 수 없을 테니까. 하지만 첫 번째 뉘앙스도 그럴듯해보이지만 곰곰이 생각하면 여기에서 곤란한 문제가 생겨난다. "근본적으로 다른 것들이 어떻게 서로 상호작용하지?"

이 문제는 귀신 이야기를 곰곰이 돌이켜 보면 알 수 있다. 전설의 고향 이야기에서 귀신은 왜 무서운가? 일단 무섭게 생겼기 때문에 무섭기도 하지만, 사람들이 물리적으로 공격을 해도 귀신에게 영향을 줄 수 없기 때문에 무섭다. 악당의 칼에 억울하게 죽어서 나타난 귀신은, 그 악당이 다시 휘두르는 칼에 상처 입지 않는다. 다행이다. 그런데 문제는? 그러면 귀신도 악당의 몸에 영향을 줄 수 없지 않은가. 맞다. 그래서 억울한 귀신을 만난 악당은 귀신의 칼이나 물리적 힘에 죽는 것이 아니라 악당 자신의 마음이 충격을 받고 죽는다. 여기까지는 괜찮았다. 그럼 내 마음으로 내 몸을 움직이는 것은 어떻게 된 거지? 이건 상호작용해야만 가능한 것이 아닌가?

그래서 나온 것이 심신일원론이다. 마음과 물질 중에서 근본적으로는 하나만 존재한다는 생각이다. 물질만 존재한다는 생각이 유물론이고, 마음만이 존재한다는 생각이 유심론이다. 유물론은 과학적인 입장과 연결되고 유심론은 종교적인 입장과 주로 연결된다. 나머지 세부 사항은 개념적이고 논리적인 내용일 뿐이다.

심리

마음과 뇌는 닮아 있다
이 정도는 알면 좋은 인지과학

✕
✕
✕

보고 만질 수 있는 육체와 달리, 정신은 보이지 않고 만질 수 없어 신비의 대상으로 여겨왔고 지금도 그렇다. 시간을 거슬러 올라가 보자. 과학이 제자리를 잡기 전, 불과 400년 전의 세계만 하더라도 '자연' 역시 정신과 마찬가지로 이해할 수 없는 '그 무엇'이었으며 밤하늘의 변화는 신기하고 비밀스러운 세계였다.

인간 너머의 초월자가 지배하는 것으로 치부하던 과거와는 이제 다르다. 지금은 제한된 인간의 감각 영역보다 훨씬 더 넓고 깊은 범위의 자연 현상에 대하여 과거와 비교할 수 없을 만큼 정확하게 자연을 기술하고 이해하고 있다.

뉴턴의 단순한 역학체계는 복잡하고 다양한 자연 현상들을 놀라울 정도로 정확하게 이해하고 기술할 수 있다는 것을 보여주었다. 뒤이어 사회 현상과 인문적 주제도 과학적 방법으로 이해하려는 움직임으로 확산되었다. 경제나 정치 등 집단적 대상과 현상들을 연구하는 학문을 사회과학이라고 부르고, 언어, 문학, 예술 등과 같이 개인이 주가 되어 표현되는 것들을 연구하는 학문을 인문과학이라고 부르는 것도 자연과학의 방법론을 중시하기 때문에 쓰는 용어로 이미 낯설지 않다.

1879년에 이르러서야 정신을 객관적으로 관찰하고 과학적으로 다루어보고자 하는 시도가 구체적으로 일어났다. 독일 출신의 과학자 헤르만 에빙하우스는 기억에 대해 선구적인 실험으로 기억을 실험대에 올렸다. 이후 '심리학의 아버지'라 불리는 빌헬름 분트는 세계 최초로 심리학 연구소인 정신물리실험실을 개설했다. 이로써 심리학은 철학에서 분리되었으며, 다른 학문에 비하여 꽤 늦게 영역을 확보했지만, 점차 현대인의 여러 정신적 문제를 꽤 효과적으로 치료할 수 있을 정도로 발전하고 있다.

이제 육체의 병이나 상해를 치료하는 분야와 마찬가지로 정신의 병과 뇌의 이상을 진단하고 치료하는 진료는 현대의학에서 빼놓을 수 없다. 또한 광고나 마케팅과 같은 산업 그리고 교육과 예술 등 현대문명에서 광범위하게 퍼지면서 이미 일상으로 들어온 심리학 및 심리학과 연관된 여러 학문들을 다 열거하고 소개하기도 쉽지 않은 일이다.

뇌의 특정한 영역을 자극하면 개인에 따라 자신에게 익숙한 종교적이고 신비한 체험을 한다든가, 결정의 방향에 따라서 활성화되는 뇌의 영역이 다르게 보여서 결정사항을 표현하기 전에 관찰자가 미리 알 수 있다든가 하는 실험과 자료는 쌓여가고 있다. 이제는 뇌를 촬영하여 객관적으로 관찰하고 정교하게 고안된 실험을 거쳐 마음의 일부를 이해하는 단계에 이르렀지만, 아직 갈 길은 멀다.

몸무게의 약 2퍼센트를 차지하는 뇌는 우리 몸에서 사용하는 전체 에너지에서 무려 20퍼센트를 사용하며 유지 비용이 많이 드는 기관이다. 신비한 정신의 작용을 볼 수 있는 뇌의 해부적 형태와 구조, 신경망의 구성과 뇌에서 발현되는 현상을 이해하려고 하는 신경과학neural science(뇌과학이라는 용어는 한국에서 사용되지만 국제 보편적인 용어가 아니며, 일반적으로 신경과학이라고 한다)에서 많은 성과가 나오고 있다. 현대의 정신에 대한 탐구는 마치 2,600년 전 고대 그리스의 자연 철학자들이 자연을 인간의 영역 안에서 이해하려고 했던 탐구와 비슷한 수준일지도 모른다. 하지만 정신 현상을 우리가 쉽게 이해할 수 있는 구체적 원리로 이해하는 것은 적지 않은 시간이 걸릴 것이다.

860억 개의 신경세포 하나하나가 수천 개씩 서로 연결되어 구성되는 150조 개 정도의 시냅스가 우리의 정신이라고 추정되고 있으며, 광대한 우주보다 더 넓고 깊어 보인다. 그렇지만 이미 과학의 방법론을 잘 습득하고 있는 인간은 정신영역을 이해하는 여정에서 과거와 같이 오래 걸리지 않을 것이다. 자연을 개척하면서 인간의 문명과 정신이 달라진 것처럼, 정신의 영역을 개간하면서 얼마나 인간의 문화와 마음이 달라질 것인지 짐작하기조차 어렵다.

인간의 감성에 집중하라
퓨전학문 행동경제학

╳
╳
╳

나는 생각한다 고로 존재한다Cogito, ergo sum.

데카르트가 정의한 이 명제는 인간이란 이성을 바탕으로 확실한 지식에 도달할 수 있는 존재라는 선언이다. 이렇게 이성적이고 합리적인 인간이라는 전제조건으로 탄생한 학문 중에는 경제학이 있다. 산업혁명을 통한 대량생산과 금융산업의 발전으로 이어지면서 시장을 뒷받침하기 위해 프랙털 이론 등 수학과 물리학적 요소를 적용해 자본주의 경제학의 이론을 확장해왔다. 여기에 인간은 이기적이라는 전제조건이 하나 더 붙는다. 자신의 이익을 추구하기 위해서는 법의 테두리 내에서 타인을 배려하지 않고 자신의 이익추구에 몰두하는 존재다. 이른바 경제적 인간, 즉 호모

이코노미쿠스는 수지타산을 고려해 자신을 통제하고 '나'에게 이익이 된다면 상대방을 따돌리고, 혼자서 이익을 가로채기 위한 행동에도 서슴지 않고 나선다.

주류경제학계에서 처음부터 인간을 호모 이코노미쿠스로 정의하지는 않았다. 경제학의 아버지 애덤 스미스는《국부론》(1776)에 앞서 출간한《도덕감정론》(1759)에서 자제심, 공감, 이타심의 중요성을 강조했다. 하지만 스미스는 이기심이야말로 인간의 한 모습이며 이기심이 실제 자신이 원하는 결과를 가져다주는 원동력이라고 주장했다.

하지만 사람들은 늘 보고 싶은 것만 보는 법인지, 이후 학자들은 애덤 스미스의 사상에서 인류애, 박애정신보다는 이기심을 핀셋으로 끄집어내 동기유발에 의한 시장성장 논리에 적용했다. 그 결과는 인류 문명사를 통틀어 근대 이후 가장 가파른 경제성장으로 이어졌다. 애덤 스미스 이후 인간의 심리를 경제학에 도입한 알프레드 마샬, 존 케인즈, 프리드리히 하이예크, 베블런, 피셔 등이 있었지만, 대세를 이루지는 못했다.

인간이란 존재가 한 치의 오차 없이 합리적이라면 오류로 가득한 '나'는 대관절 어떻게 이해할 수 있을까. 다이어트를 해야 할 정도의 몸무게를 걱정하지만 음식 앞에서는 늘 약해지고, 노후대책의 필요성은 절감하지만 '지름신 강령'을 핑계로 충동구매를 억제하지 못하니 말이다.

새로운 학문적 조류가 형성되기 시작한 시기는 1950년대부터이다. 심리학, 뇌과학 등의 발전으로 인간의 본질에 관련된 새로운 과학적 사실이 드러나면서 경제학의 영역이 심리학과 연계하면서 통합되기 시작했다. 행동경제학이다.

행동경제학은 심리학과 경제학이 재결합되면서 등장한 연구 분야다. 기존의 경제학보다는 심리학적 특징이 강한 경향이 있다. 1956년 9월 11일 MIT에서 개최된 심포지엄을 계기로 인지심리학에 대한 관심이 높아지게 되었다. 경제학에 접목된 것은 20여 년이 지난 뒤인 1979년이다. 심리학과 경제학의 크로스오버로 행동경제학의 발전은 계속되었다. 심리학자가 경제학적인 측면을 연구해 노벨경제학상을 받기도 했다. 2002년 대니얼 카너먼은 인간의 문제해결법으로 휴리스틱heuristic(간편 추론법)과 편향bias 탓으로 벌어지는 보편적인 인지오류의 이론적 토대를 만들었다. 연구 성과를 인정받아 2002년 심리학자로 2002년 노벨경제학상을 수상했다. 이를 계기로 행동경제학 연구는 급물살을 타면서, 주식이나 부동산 등 자산 가격이 정치·사회·심리 등 다양한 비이성적인 요인에 영향을 받으며 인간의 비합리적인 판단과 행동이 시장의 왜곡을 초래한다는 연구 성과를 제시한 로버트 실러 예일대 교수는 2013년 노벨경제학상을 받았다. '넛지' 이론으로 시카고대 경제학과 교수 리처드 세일러가 2017년 노벨경제학상을 수상하는 등 현대경제학의 주류로 자리 잡고 있다.

주가가 이유 없이 오르면 언론에서는 예외 없이 '경제는 심리다'라는 말을 사용한다. 이 또한 행동경제학에서 기인한 것이다. 행동경제학의 최고 주제는 감정의 적극적인 움직임에 있다. 감정과 직관에 의해 판단하는 인간의 결정이 때로는 비이성적이면서 이것이 시장을 움직이는 원동력이라는 행동경제학에 대한 연구는 신경경제학으로 확산되고 있다.

행동경제학이 인간의 마음에 집중되었다면, 신경경제학은 마음의 근원이 뇌작용에 의한 것으로 보고 이에 대한 연구를 경제학과 접목하는 연구 분야다. 자기공명영상법MRI과 양전자단층촬영법PET 등의 발전으로 뇌과학의 연구 성과가 두드러지면서 경제학과의 융합은 계속될 것으로 전망된다. 신경경제학은 뇌를 블랙박스로 취급했던 종래의 경제학에서 개인의 인센티브, 선호, 신념 등이 경제적인 판단에 주요한 변수로 등장하고 있다는 것을 근거로 한 연구 분야다. 1999년 M. L 플래트와 P.W 그림셔의 논문이 기점이 되었고, 이후 무서운 속도로 발전하고 있다.

8장

욕구

심리

우리는 언제 행동하는가
매슬로우의 욕구이론

✕
✕
✕

'내가 왜 그랬을까?' 우리가 자주 하는 생각이다. 이처럼 인간은 자신이 한 행동을 완벽하게 설명하지 못할 때가 많다. 특히 특정 행동을 유발하게 된 주요 요인, 즉 동기를 설명하는 것이 쉽지 않다. 그 이유는 바로 사람들의 모든 행동 뒤에는 '욕구'가 자리하기 때문이다.

욕구는 동기와 달리 1차원적이며 동기와 뒤섞여 있어서 이 욕구를 동기와 대체해도 좋다. 욕구는 인간의 동기에 영향을 미치지만 그것이 동기를 결정짓는 유일한 요소는 아니다. 그래서 동기는 욕구뿐만 아니라 보상과 압력이라는 환경적 영향도 받는 것이 일반적이다. 일하기 싫은 사람에게 일찍 집에 가고 싶은 욕구가 있지만 야근수당이나 근무평정에 따른 승진의 가능성을 고려하여 욕구에 반한 야근을 하게 된다. 물론 욕구에 충실하여 집에 가는 사람도 있을 수 있다.

결국 사람은 동기만으로 행동하지 못하는 경우가 있다. 그 동기를 충족시켜주는 목표나 대상이 있어야 한다는 것이다. 배가 고파서 짜증을 낸 적이 있는가? 밥을 먹고 나면 내가 왜 짜증을 냈었는지 생각해본 기억들이 있을 것이다. 욕구나 동기가 생겼을 때 그 대상이 없어지거나 원하는 대로 행동을 하지 못하면 통상 그 상태를 '욕구불만'이라고 표현한다. 이 욕구불만 상태를 통해 우리는 자신이나 다른 사람들의 행동을 이해할 수 있다. 욕구 혹은 동기는 우리를 행동하게 한다. 그리고 그러한 행동을 통해 욕구가 충족되는 과정을 거치게 된다. 나는 어떤 욕구를 가지고 있을까?

1943년 아브라함 해롤드 매슬로우는 인간이 갖는 욕구를 5단계로 나누어 설명했다. 인간의 욕구는 1단계 생리적 욕구, 2단계 안전욕구, 3단계 소속과 애정욕구, 4단계 존중욕구, 5단계 자아실현욕구 등이 피라미드의 구조로 구성되어 있으며, 하위 욕구가 충족되면 점차적으로 상위의 욕구에 대한 관심이 높아지고, 오직 그 욕구들에 의해서 동기가 유발된다고 보았다. 생리적 욕구가 충족되지 않고 안전 욕구가 먼저 발생할 수 없으며, 안전이나 애정 욕구를 충족하지 않고 자아실현 욕구만 우선적으로 실현하기 어렵다고 본 것이다.

매슬로우에 따르면 1단계 생리적 욕구는 인간이 가지는 가장 기본적인 욕구다. 배가 고플 때 음식을 먹고 싶은 욕구, 물을 마시고 싶은 욕구, 화장실에 가고 싶은 욕구, 졸리고 힘들면 잠자거나 쉬고 싶은 욕구, 성욕 등으로 가장 강력한 욕구이며, 인간의 생명 유지와 관련이 깊은 욕구이기도 하다.

2단계는 육체적 안전과 심리적 안정과 관련된 욕구다. 위험으로부터 몸을 보호하려는 욕구나 건강하게 오래 살고 싶은 욕구, 경제적으로 직업적으로 안정감을 가지려는 욕구 등이기 때문에 인간이면 1단계 욕구에 이어 기본적으로 갖게 되는 욕구다(기본적 욕구). 건강식품에 관심을 갖게 되거나 직업적 안정을 위해 공무원을 선호하는 것도 이러한 욕구가 반영된 결과이다.

3단계 소속과 애정욕구는 사회 속에서 다른 사람과 함께 살아가는 사회적 인간이 갖게 되는 욕구다. 타인과 인간관계를 맺고 살아가고 싶은 욕구, 친구와 관계를 유지하고 싶은 욕구, 직장이나 학교 등에 소속되어 사회의 일원이 되려는 욕구를 말한다. 타인과 관계가 단절되어 이런 욕구가 결핍되면, 고립감, 소외감, 심리적 우울감 등으로 나타나기도 한다.

4단계는 존중과 명예에 대한 욕구다. 모든 인간에게 해당되는 것은 아니며, 상당한 수준의 차원이 높은 단계로 사람에 따라 편차가 큰 욕구라 할 수 있다. 다른 사람으로부터 인정을 받거나 좋은 평가를 받고 싶어 하는 마음을 대변한다. 사회의 일원으로 좋은 평가를 받지 못하거나 다른 사람으로부터 감정에 상처를 받게 되면 개인의 자존심, 자존감, 그리고 자아존중감에 타격을 받게 되는 상황을 맞을 수 있기 때문에 이런 욕구가 마음속에 중요하게 자리 잡고 있다. 또한 이런 욕구가 있기 때문에 열심히 일을 하기도 하고, 목표를 달성하기 위해 최선을 다하기도 한다. 3단계와 4단계 욕구는 모두 인간의 심리적 결핍을 해소하려는 욕구를 반영하고 있다.

마지막으로 자아실현의 욕구 단계가 있다. 이 욕구는 앞의 욕구들과 달리 부족하다고 해서 문제가 되는 것은 아니다. 스스로 발전하고 성장하고자 하는 욕구이며, 끝없이 자기 자신의 발전을 위해 노력하는 욕구이기 때문에 매슬로우가 말하는 욕구단계 중 가장 고차원적이며, 내적으로 강인한 모습을 상징하는 욕구를 의미한다.

이 이론은 동기부여를 욕구의 관점에서 분류하여 인간이 갖는 동기를 설명하는 기본적인 개념의 틀을 제공했다. 그러나 인간의 욕구를 너무 단순하게 본 점과 하위 욕구가 충족되면 다음 상위 단계의 욕구로 이어진다는 가설을 과학적으로 입증해내지 못한 한계점이 있다.

1972년 미국의 심리학자 앨더퍼는 인간의 욕구는 매슬로우가 말한 것과 달리 욕구에는 순서가 있는 것이 아니며, 채워야 할 욕구의 양이 한정되어 있는 것도 아니고, 만약 못 채운 욕구가 있다면 그만큼 그 욕구가 증대될 수 있다면서 EGR Existence, Relatedness, Growth 이론을 제시했다. 그는 매슬로우의 5단계 욕구를 존재, 관계, 성장의 세 가지 욕구로 나누고, 사람마다 세 가지 욕구에 대한 크기가 상대적으로 다르며, 고차원적 욕구가 만족되지 않거나 좌절되면 저차원적 욕구를 더 많이 충족시켜서 이를 해소하려 한다고 했다. 내적 존경을 위해 노력한 것이 좌절되면 외적 존경을 가져올 수 있는 부분에 더 집착하는 인간의 모습을 잘 설명해준다.

　인간이 갖고 있는 욕구가 충족되는 상태를 행복이라고 한다면 개인의 입장에서 이러한 욕구를 충족시키는 노력이 바람직한 것으로 간주될 수 있다. 그런데 이러한 개인의 욕구가 사회적으로 어떻게 조화를 이루며 실현될 수 있을지는 사회의 숙제가 되고 있다. 매슬로우의 욕구이론에 대입해보면 우리 사회는 1단계, 2단계 욕구, 즉 국민의 생리적 욕구와 안전에 대한 욕구를 충족시키는 것도 버겁기 때문이다. 최근 청년취업의 어려움, 저소득층의 생존, 아동 및 학교폭력 등을 보면 우리 사회가 개인에게 허용해줄 수 있는 욕구가 여전히 1단계와 2단계 수준에 머무르고 있는 것은 아닌가, 어쩌면 그것조차 해결해주지 못하고 있는 것은 아닐지 되돌아볼 필요가 있다. 건강한 사회는 어떤 상황에서도 개별적 인간이 희망하는 기초적인 욕구를 충족시켜줄 수 있어야 하지 않을까.

철학

의지의 철학자, 쇼펜하우어
욕구로서의 의지, 모티브

✕
✕
✕

'모티브Motive'는 어떤 것을 하게 되는 동기, 혹은 의도를 의미한다. 일반적으로 동서양을 가리지 않고 삶을 어떻게 살아야 하는가를 생각한 윤리학에서는 동기가 중요했었지만, 철학의 중심에 있는 형이상학은 있는 그대로의 진리를 추구하기 때문에 이것이 중요하지는 않았다. 하지만 여기에도 예외는 있다. 의도와 의지를 중심으로 철학을 한 사람들이 있었으니 쇼펜하우어와 니체가 그들이다.

쇼펜하우어는 널리 알려진 대로 염세 철학자였다. 그는 폴란드 북부의 단치히라는 도서에서 부유한 상인의 아들로 태어났다. 사업가가 되기를 원했던 아버지의 기대와 달리 철학을 공부했는데, 당시 영향력이 컸던 헤겔에 대해 쇼펜하우어는 큰 질투심을 느꼈던 것 같다.

쇼펜하우어의 핵심 저작은 《의지와 표상으로서의 세계》인데, 제목이 말해주듯이 쇼펜하우어는 인간에게 철학적으로 의미 있는 세상의 모든 것은 표상과 의지로 나타난다고 생각했다. 우리가 사과를 본다면, 당연히 그 사과가 내 머릿속에 들어오는 것이 아니라 빨갛고 동그란 형태의 시각적 상이 머릿속에 들어올 것이다. 사과를 먹으면 사과가 내 속에 들어오지 않을까? 그렇지 않다. 사과를 먹을 때의 맛, 포만감 등이 내 머릿속에 들어와서 표상으로 자리 잡는다. 모든 것이 그러하다. 이것이 세상이 표상으로 존재한다는 쇼펜하우어의 철학이다.

이런 내용은 데카르트뿐 아니라 다른 철학자들도 똑같이 생각했다. 단, 쇼펜하우어에게서 가장 특별한 것은 세상이 표상일 뿐만 아니라 '의지'로 존재한다는 생각이었다. 즉 사과는 빨갛고 동그란 형태이며 새콤달콤한 맛의 표상으로 존재하지만 그 바탕에는 우리의 충동적인 의지가 있다. 즉 배가 고프고 사과를 먹고 싶어 하기 때문에 사과에 대해서 관심을 가지고 표상을 형성한다. 세상의 많은 사람들 중에서 자신이 사랑하는 연인이 특별한 표상으로 존재하듯이, 반대로 관심이 없다면 아무것도 인식하지 않듯이 말이다.

그런데 충동적 의지는 맹목적일 뿐 그렇게 합리적이지 않다. 우리의 삶은 충동적 의지에 이끌려 그저 앞으로만 나아갈 뿐이다. 왜 좋은 대학을 가야 하고 왜 취직을 해서 돈을 많이 벌어야 할까? 그 끝에서 무엇을 얻을 수 있을까? 이렇게 살든 저렇게 살든 결국에는 삶은 끝나고 죽음이 기다리고 있을 것이다. 우리는 맹목적인 의지에 따라서 온갖 스트레스 속에서 직장에서 상사의 지시를 따르고 돈을 버는 데 매몰되지만 결국에는 모두 똑같은 죽음에 이를 것이다. 죽음 전의 모든 것은 그때 돌아보면 '괜히 열심히 산 것'에 불과하게 된다는 말이다. 세상의 모든 것을 비관적으로 보는 염세주의는 여기에서 나온다.

이런 비관론을 얻은 쇼펜하우어는 고통스러운 삶을 해결하기 위해, 지금의 삶에 만족하고 더 많은 것을 욕심내지 않는 삶이 이상적이라고 말했다. 쇼펜하우어를 이해하는 순간 '하마터면 열심히 살 뻔 했다'는 깨달음을 얻을 것이다.

인간의 자유의지
모든 건 결정되어 있을까?

╳
╳
╳

인간의 행동에 근본적인 초기 조건을 상정할 수 있을까? 이를 깊이 생각하다 보면 우리는 매우 풀기 어려운 철학적 딜레마를 만나게 된다. 바로 자유의지free will와 결정론의 문제이다. 자유의지는 인간이 자신의 행동과 결정을 스스로 조절할 수 있다고 보는 것이고, 결정론은 우리의 의지와 별개로 세상의 모든 일은 일정한 인과관계에 따라 결정된다고 보는 이론이다.

이 철학적 문제도 핵심은 간단하고 분명하다. 결정론부터 보자. 우리는 모든 일들에 원인이 있다고 생각한다. "아니 땐 굴뚝에 연기 날까?"라는 속담처럼 원인이 없이 일어나는 일은 없다. 사람의 행동에도 마찬가지 아니겠는가. 초기 조건에 의해서 결과가 결정되듯, 사람의 행동은 그 이전의 원인에 의해 결정되고 그러다 보면 그 원인은 그 사람이 태어나기 전부터 있었던 사실에 도달할 것이다. 즉 사람의 행동은 아주 먼 옛날에 이미 결정되어 있고 다만 '그건 내가 한 일이야'라는 착각을 할 뿐이다. 그 착각 조차도 인과관계에 의해 결정된다.

이것은 심신미약자 감형 문제와도 이어진다. 지난 2019년, 경남 진주시의 한 아파트에 거주했던 한 범죄자가 집에 휘발유를 뿌리고 방화한 후 대피하는 주민들에게 흉기를 휘두르는 범죄를 저질렀다. 경찰에 체포된 그는 한때 사형이 선고되었지만 수년 전부터 조현병 치료를 받은 것으로 확인되어 심신미약을 인정받아 무기징역으로 감형되었다. 조현병은 그 범죄자 탓이 아니라는 것이다.

하지만 심신미약 감형에 반대하는 국민청원까지 있었듯이 이에 대한 우리의 반감은 매우 크다. 거기에는 철학적 기반도 있다. 바로 '자유의지'에 대한 개념이다. 나 자신의 행동은 나 자신이 원하고 선택해서 이루어진다는 것이다. 이것은 바로 사람이 다른 사람에게 특별히 존중받는 이유이기도 하다. 윤리학적 용어로 책임의 주체가 되는 것이다. 이 입장에서는 조현병이든 뭐든 자신의 행동에 대해서는 그 자신이 책임을 져야 한다.

이렇게 보면 자유의지와 결정론의 입장은 서로 단순히 배타적인 것처럼 보이지만 문제가 그리 간단하지 않다. 도덕적 책임을 따지기 위해서, 즉 누구의 행동이 옳은지 그른지를 따지기 위해서는 자유의지와 결정론이 모두 필요하다.

결정론의 핵심인 인과관계를 생각해보자. 굴뚝에 불을 땐 것이 연기가 난 원인이다. 이렇게 원인과 결과를 구분할 수 있어야 인과관계라고 할 수 있는데, 그렇다면 행동의 원인에는 바로 어떤 사람이 있을 것이다. 그 사람에게 결과에 대해 책임지라고 할 수 있다. 즉 자유의지는 없고 결정론만 있다는 생각에는 이미 원인으로서의 행위자가 중요하다는 생각이 들어 있다. 이것이 자유의지를 주장하는 사람의 생각이다.

반대로 자유의지가 있다 하더라도 그 사람의 의지와 행동 사이에는 분명한 인과관계가 있어야 한다. 내가 어떤 행동을 하려고 했는데 결정론적 인과관계가 없다면 내가 하려고 한 행동을 할 수 없을 것이다. 남에게 조종당하는 것처럼 말이다. 그러므로 결정론은 틀렸고 자유의지가 있다는 생각에도 이미 결정론이 들어 있다.

철학은 '인간이 어떻게 살아야 하는가' 하는 문제에서 출발했다. 그렇기 때문에 거의 모든 철학자들이 자유의지와 결정론에 대해 생각했다고 해도 과언이 아니다. 그중에서도 고대 원자론을 제시한 데모크리토스는 물리학자들처럼 인간의 행동도 결정론으로 설명할 수 있다고 보았다. 근대 철학자 데카르트는 이런 문제를 해결하기 위해서는 물질과 영혼을 분리해야 한다고 생각했고 그래서 심신이원론을 내세웠다. 하지만 지금까지도 명쾌한 해답은 없는 셈이다.

3부

자구

고립된 스스로를 구하라

9장

고립

로빈슨 크루소의 고립
모험심을 자극하는 제국주의 서사

✕
✕
✕

어릴 때 좋아했던 책 가운데 《로빈슨 크루소》가 있다. 무인도에 고립된 주인공, 로빈슨을 보면 마음속에는 모험심이 가득해졌다. 그는 배를 타고 항해에 나섰다가 난파되어 무인도에서 혼자 살아가게 된다. 그 과정에서 식인종에게 먹힐 위기에 처한 원주민 프라이데이를 구하게 되었고, 그와 친구가 되어 자신의 언어를 가르쳐주기도 한다. 소설의 끝에서 로빈슨은 무인도에 잠시 들른 영국 반란선에 진입해 선장을 구출하고 마침내 28년 만에 영국으로 돌아오게 된다.

이 소설은 당시 제국주의 유럽인들이 실제로 여러 식민지 지역에서 자행했던 일들을 상징적으로 그리고 있다. 이야기의 구조상 로빈슨은 이른바 '문명화된 사람'으로서 불모의 땅인 섬에 들어가서 어떤 질서를 만든다. 이 모든 과정에는 하느님의 계시를 전하고, 흐트러졌던 질서를 정리하고자 하는 메시지가 숨어 있다.

화약이라는 문명의 힘을 통해 땅을 개간하고, 풀이 막 자랐던 구획을 나눠 밭을 만들고, 멋대로 돌아다니는 산양을 잡아 가축으로 만들어 사료를 주면서 키워내는 모습, 기도하기 위해 시계를 만들고, 달력을 만들어내는 등 일련의 모습들은 바로 문명화에 해당한다. 원주민에게 프라이데이Friday라는 이름을 지어주고, 지금까지 자신이 가꾸어왔던 문명화된 노력을 가르쳐주는 장면들은 어떤 우월감이 내재되어 있다. 미개한 프라이데이가 교육을 통해 문명적 삶을 거듭나는 과정이 마치 서구 문명의 우월함으로 비춰지기 때문이다.

1719년 영국의 대니얼 디포가 발표한 장편소설《로빈슨 크루소》에 대한 이러한 해석은 1967년 프랑스 소설가 미셸 투르니에가 쓴《방드르디, 태평양의 끝》이라는 소설을 통해서도 확인할 수 있다. 투르니에는 이 소설에서 새로운 시각으로 로빈슨 크루소를 다시 썼다. 참고로 '방드르디'는 원작《로빈슨 크루소》에 나온 흑인 원주민의 이름, 프라이데이를 프랑스식으로 바꿔 부른 것이다.

난파를 당한 로빈슨은 자신이 머물게 될 무인도를 '스페란차(희망)'로 이름 짓고, 하루빨리 무인도를 벗어나 익숙한 문명세계로 돌아가기 위해 노력한다. 그는 법을 만들고 농사를 짓고, 자신을 총독이라 칭하며 섬을 다스리기 시작한다. 바로 그때 로빈슨은 제물로 바쳐지는 흑인 원주민을 구출해 그를 노예로 삼고 '방드르디'라 부르게 된다. 그는 노예인 방드르디를 처음에는 인격체로 대하지 않고 자신이 영국에서 배운 관습과 문명을 전파하려고 한다. 그러나 방드르디는 로빈슨이 시키는 일을 잘 해내지 않았고, 그가 세운 섬의 질서를 심각하게 흔들어놓는 등 문명화되지 않는다. 원작의 프라이데이가 로빈슨에게 복종하는 충실한 일꾼이었다면 여기서 방드르디는 열심히 문명의 터전을 일궈나가는 로빈슨을 향해 폭소를 보이는 존재로 묘사된다. 자연과 동물과 동화된 삶, 과거와 미래에 집착하지 않고 현재만을 살아가는 방드르디를 보면서 오히려 로빈슨이 그에게 동화되어간다. 이제 로빈슨은 시간과 문명에 얽매이지 않은 삶을 살아가게 된다.

지금까지 로빈슨 크루소의 관점은 크루소섬과 토인 프라이데이를 문명화시켰다면, 이 소설에서 크루소는 '방드르디'에 의해 결국 자연으로 돌아가며, 자연에서 크루소가 오히려 더 평안함을 느끼는 것을 보여준다. 자연으로 돌아선 크루소는 내일을 걱정하지 않고 오늘에 만족하며 사는 자연과 같은 상태다.

이미 우리 모두가 알고 있던 이 소설을 패러디한 '새로운 로빈스 크루소'를 대하면 원작이 가진 서구 중심적 가치를 새삼 이해하게 된다. 한 나라의 발전 수준 정도를 판단하는 데 있어서 문명화 수준의 관점이 중요했다. 그런 사회가 우리가 지향해야 하는 것으로 간주되곤 했다. 방드르디가 보여주는 가치관은 동양적이고 장자가 말하는 자연중심적 사고와 매우 유사하다. 자기중심, 인간중심으로 세상을 살던 로빈슨 크루소가 자연으로 편입되면 된다고 생각하고 보니 모든 걱정들이 사라진 셈이다.

그런 세상이 현실적으로 가능할까? 미셸 투르니에의 시선으로 세상을 바라봐보자. 나아가 이런 시각으로 우리가 현재 서 있는 이 나라와 그 속에서 살고 있는 사람들에 대해 생각해보자.

과학으로 본 고립
생명을 이해한다는 것

✕
✕
✕

대개 물리학에서 연구하는 계는 고립계isolated system다. 주변 환경과의 상호작용까지 고려하면 복잡해지므로, 알고자 하는 대상이 환경과 완벽하게 고립된 상태를 가정하는 경우가 많다.

예를 들어 지구가 태양의 중력에 이끌려서 공전하고 자전하는 태양–지구 시스템(보통 '계'는 우리말 '시스템'으로 옮긴다)을 연구한다고 가정한다면, 태양과 지구 외에 다른 행성과 위성으로부터의 중력이 작용하고 있는 환경을 무시하여 계산하는 식이다. 물론 이는 환경적 영향이 적은 경우에만 현실적으로 의미가 있다.

고립계를 모델로 연구하는 것은, 환경적 영향보다는 계의 특성 자체를 연구할 때 유용하다. 주변 환경과 무관하게 독립적으로 존재하고 특성을 나타낼 수 있는 물리적인 계의 특성을 먼저 알게 되면, 경우에 따라서 환경과 어떠한 상호작용을 하여 변화가 일어나는지도 확장하여 연구할 수 있다. 대개의 경우에 외부환경의 영향 역시 가장 영향력이 큰 것을 먼저 고려하거나 단순화하여 반영하면서 이론을 세우고, 보다 복잡한 환경 요인들을 추가하면서 이론을 발전시키곤 한다.

물론 물리적 계라고 하더라도 환경과 완벽하게 단절된 고립계 외에, 경우에 따라서 에너지를 교환할 수 있지만 물질이 이동하지 않는 닫힌계closed system 그리고 에너지와 물질이 환경에 열려 있는 열린계open system를 적용할 때가 있다. 열을 받아서 증기가 팽창하며 일을 하는 증기기관과 같은 열기관은 닫힌계로 다루는 것이 무난하고, 그릇에 담긴 물은 주변의 공기로 물 분자가 이동할 수 있기 때문에 열린계로 다루는 것이 적정하다. 지구 시스템(계)은 태양으로부터 받는 에너지와 거의 비슷한 정도의 에너지를 방출하므로 때로는 지구를 고립계로 취급하여 지구 시스템에서 일어나는 여러 현상(기상 현상, 해류, 대기권의 운동, 탄소와 물의 순환 등)을 설명할 수 있지만, 우주에서 쏟아져 들어오는 우주 입자들 cosmic ray과 운석 등이 지구에 미치는 영향을 탐구할 때는 지구를 열린계로 생각해야 한다.

생명체 자체를 연구할 때 내부 각 기관의 상호작용을 고려하는 닫힌계로 생명체를 생각할 수도 있겠지만, 생명체는 기본적으로 환경과 분리하여 제대로 알기 힘들기에 통상적으로 생명체를 열린계로 여겨야 한다. 생명을 이해하는 일이 한편으로 더 복잡하고 어려워지는 것은, 생명체가 고립계나 닫힌계가 아니라 열린

계이기 때문이기도 하다.

열린계인 생명체들은 같은 종만이 아니라 다른 생물 종들과 끊임없이 상호작용하며 살아간다. 생물 종이 지리적으로 고립될 때, 그 공간은 독립적인 생태계를 형성하여, 생물 종이 지리적으로 고립될 때 그 공간은 독립적인 생태계를 형성하여 점차 다른 지역의 생태계와 달라진다. 생태계의 고립은 생태계에 의한 자연선택의 결과인 진화가 다르게 일어나도록 하는데, 갈라파고스 제도의 섬들은 오랜 시간 동안 제각각 고립되어 있어서, 비글호를 타고 항해하면서 다윈은 핀치의 부리가 섬마다 많이 다른 것을 관찰했고 다르게 된 이유를 연구하며 진화론의 영감을 갖게 됐다.

생체의 진화만이 아니라 인간의 문화나 언어 역시 지역적으로 고립되는 경우에 세대를 거치면서 제각각 형태로 달라진다. 고립은 생물학적 다양성을 만들기도 하지만 문화 혹은 언어나 가치관과 같이 사회적인 다양성까지도 낳는 원인이 된다. 현대는 전 지구적 소통과 교류가 활발해지고 있다. 이로 인해 다양한 사회적 갈등들이 나타나지만, 긴 시간을 두고 보면 갈등은 어떠한 형식으로든 조화 혹은 사멸의 과정을 거치며 다양성이 줄어들 것이다. 이것은 각기 다른 여러 생태계가 하나의 공동 생태계로 변하면서 발생하는 자연스러운 현상으로 생각할 수도 있을 것 같다.

우리는 어느 대상을 알고자 할 때, 대상을 고립으로 여기기도 하고 주변과 교류하는 정도에 따라서 몇 단계로 나누어 탐구하기도 한다. 이에 따라서 대상을 이해하기 위한 가설의 모델이 달라지고 기술하는 방식과 결론도 달라진다. 자연이 아니라 사회 혹은 생활에서도 고립계에서 닫힌계, 열린계로 관점을 바꿔보면 보다 구체적인 통찰이 나타나기도 한다.

철학의 고립과 지적 사기

혼자가 위험할 때

✕
✕
✕

다른 사람 혹은 다른 분야와 떨어져서 혼자 활동하는 것에는 종종 퇴보의 위험이 따른다. 철학도 마찬가지다. 모든 학문이 다른 분야와 소통하면서 비판과 반박을 통해서 발전하듯이 철학 역시 그래야만 발전한다. 그렇지 못한 사례로는 '지적 사기' 사건을 들 수 있다.

1990년대 말에 벌어진 사건으로, 2000년 초에는 한국에도 알려지면서 많은 지식인들의 관심을 끌었던 지적 사기 사건의 스타는 미국의 물리학자 앨런 소칼 교수다. 뉴욕 대학 물리학과 교수였던 앨런 소칼은 당시 프랑스 철학에 뿌리를 둔 포스트모더니즘 학자들이 문학과 인문학, 예술론 등에서 영향력을 확대하면서 과학의 객관성을 부정하는 모습에 문제의식을 가졌다. 소칼 등이 속한 과학자 집단을 그들은 '학문적 좌파'라 불렀는데, 소칼은 학문적 좌파의 타당성을 확인함과 동시에 비판하고자 작전을 실행했다.

소칼은 먼저 학문적 좌파들이 발행하는 포스트모던 계열 학술지인 〈소셜 텍스트〉에 엉터리로 쓴 논문을 투고했다. "경계를 넘어서: 양자 중력의 변형적 해석학을 지향하며"라는 제목의 논문이었는데, 그 내용은 포스트모더니즘의 경향에 동조하면서 그 근거로는 자신이 잘 아는 현대 물리학을 엉터리로 짜맞추어 쓴 것이었다. 그런데 이 엉터리 논문이 그 학술지에서 크게 주목받으면서 특집호에서 격찬되었다. 즉 포스트모더니즘 학자들이 단체로 이 논문이 매우 학술적으로 가치 있는 논문이라고 공개적으로 발표한 셈이었다.

이에 소칼은 자신의 논문이 엉터리 논문이라고 밝히고, 그 내용이 어떻게 수학과 과학을 엉망으로 섞어 만들어졌는지를 보여주었다. 양자역학의 불합리한 가설이 증명되었다는 명확히 거짓인 내용도 있었고, 고등학교 수학만 공부해도 알 수 있는 '복소수'를 새로운 수학 분야로 언급하는 내용도 있었다. 이로 인해서 학술지 〈소셜 텍스트〉는 1996년에 이그노벨상 문학상을 수상하면서 큰 비웃음을 샀다.

이후 소칼은 벨기에의 과학철학자인 장 브리크몽과 함께 《지적 사기》라는 제목의 책을 저술하여 프랑스에서 출판했는데, 거기에서 자크 라캉, 줄리아 크리스테바, 장 보드리야르, 질 들뢰즈, 폴 비릴리오 등 현대 프랑스 철학에서 영향력 있는 많은 학자들의 사상을 비판했다. 특히 그들이 과학의 개념을 잘못 이해하고 자기 분야에 엉터리로 갖다 쓰는 것을 조목조목 짚어냈다. 그중에는 충분한 설명도 없이 $E=mc^2$을 성욕에 연결시켜서 설명하거나 위상수학을 정신분석학과 연결시켜서 논리를 전개하는 것 등이 포함되었다.

언제나 그렇듯이 이런 학자들 간의 논쟁이 어느 한편의 명확한 승리로 끝나는 일은 없다. 포스트모더니즘 측에서는 소칼의 논문이 '연구의 정직성에 대한 믿음을 배신한' 부도덕한 것이었다고 비판하기도 했고, 좌파 학자들에 대한 우파 학자들의 무자비한 총질이라고 반박하기도 했다. 또 자연과학자들도 신학이나 철학 등의 인문학적 지식을 잘못 가져다 쓰는 경우도 많다는 반론도 있고, 소칼이 과학철학에 대한 오해를 한 점이 있다는 반박도 있었다.

하지만 수학적 계산에 의한 검증도 없고, 실험과 관찰에 의한 실증도 없이 연구되는 인문학이라면 적어도 지적 사기 사건이 지적하듯이 다른 개념을 가져다 쓸 때 정확한 이해를 바탕으로 논의를 전개해야만 객관적 타당성을 담보할 수 있지 않을까. 실제로 이 사건의 충격에 직접적으로 기인한 것은 아닐 수 있지만 이로부터 약 20년이 흐른 지금 포스트모더니즘에 대한 세계적인 인기는 시들해지고 있다.

결론적으로 지적 사기 사건은 비판과 반박을 통한 과학적 소통 없이 자의적으로 고립된 분야에서는 언제든 일어날 수 있는 문제를 보여준 사례였다.

10장

불변

불교와 나만의 길
변하지 않고서는 진리를 깨우칠 수 없다

✕
✕
✕

마음의 다섯 가지 장애물을 벗어던지고 온갖 번뇌를 버리고, 어느 것에도 의지하지 않으며 욕망의 고리를 끊어버리고, 무소의 뿔처럼 혼자서 가라. (중략) 소리에 놀라지 않는 사자처럼, 그물에 걸리지 않는 바람처럼, 진흙에 더럽히지 않는 연꽃처럼, 무소의 뿔처럼 혼자서 가라.

불교 최초의 경전 《숫타니파타》의 번역본 중 일부다. 산스크리트어 숫타니파타는 경經을 의미하는 '숫타'와 모음이라는 뜻의 '니파타'의 합성어로 경전모음집으로 해석할 수 있다. 법정스님이 1991년 한글로 번역한 후 대중에게 알려졌다. 1,000편의 짧은 경구로 이뤄진 숫타니파타는 종교적이거나 철학적인 차원을 초월해 삶과 세상에 대한 본질을 말하고 있다. '무소의 뿔처럼 혼자서 가라'라는 말은 공지영 작가의 동명의 소설(1993)이 베스트셀러가 된 후, 동명의 영화(1995)가 개봉되면서 널리 퍼졌다.

한 자씩 곱씹어보면 울림은 크게 다가온다. 밀림의 왕자 사자가 주위를 경계하는 행동은 본성일 터, 그런 사자가 소리에 놀라지 않고 담대하기란 얼마나 어려운가. 또 그물에 걸리지 않는 바람처럼 모든 잡념과 고통을 벗어던지기란 얼마나 힘든 노릇인가. 진흙탕 같은 세상에서 고고한 연꽃처럼 살아가기란 불가능에 가까운 일일 것이다. 그래서 '무소의 뿔처럼 혼자서 가라'는 말은 그리 녹록지가 않은 가르침이다.

종교적 성찰은 나이가 들면서 관심이 깊어지는 경우가 많다. 로마 최고의 지성으로 불렸던 키케로는 '인싸'에서 '아싸'로 정체성이 바뀐 후 외로움을 달래기 위해 인문을 공부하고 책을 쓰며 노년의 성숙한 삶의 가능성을 강조했다. 또 공자가 제자들과 세상을 떠돌며 '법' 보다는 '덕'으로 세상을 통치해야 한다고 설법하는 과정은 사색과 성찰을 거쳐 진리를 얻었기에 가능했을 것이다.

그렇다면 진리란 무엇일까. 과학과 달리 불교의 진리는 불변이 아니라 가변이다. 변하지 않고는 진리를 깨우치지 못한다는 말이다. 나를 둘러싸고 있는 탁한 기운 혹은 갑옷과 같은 아집이나 집착과 같은 장애물을 걷어내지 않는다면 진리에 가까이 가지 못한다. 특히 불교에서는 진리마저도 변한다고 가르친다. '세상에 변하지 않는 것은 없다'는 그 사실만이 불변이라는 것. 불교의 대표경전 금강경에서는 '깨트리지 못하는 것이 없다'는 본질적인 가르침이 담겨 있다.

마음의 다섯 가지 장애물은 무엇일까. 탐욕, 성냄, 나태, 불안과 근심, 의심이다. 이것만 없앤다면 번뇌와 욕망의 고리를 끊어내고 지혜를 얻게 된다. 지혜를 뜻하는 반야般若를 얻게 되면 완전한 상태인 바라밀婆羅蜜에 이른다. 불경에 자주 등장하는 '반야바라밀'은 지혜를 얻어 완전한 상태인 해탈의 경지에 도달하게 된다는 의미다.

금강경에는 다섯 가지 지혜를 깨닫는 방법을 알려주고 있다. 지혜에는 다섯 가지가 있는데, 실상반야實相般若, 경계반야境界般若, 문자반야文字般若, 방편반야方便般若, 권속반야眷屬般若로 나뉜다. 다섯 가지를 포괄하는 개념이 금강반야. 금강반야를 얻게 되면 역시 바라밀에 이른다고 해 금강경을 '금강반야바라밀경'이라고 부르기도 한다.

실상반야는 눈에 보이는 상에 집착한 나머지 그 너머에 있는 본질을 알지 못해 생기는 집착과 욕망을 벗어던져야 한다는 것이다. 이것을 알게 되면 자기 생명의 뿌리를 깨우치게 되며, 이는 금강반야 중에서 가장 근본이 된다.

방편반야는 상황에 대처하는 능력이 커지게 되는 지혜를 말한다. 마치 천수관음보살처럼 말이다. 천 개의 손과 천 개의 눈으로 상대방의 상황과 수준에 맞춰서 해결책을 제시할 수 있는 정도에 이르게 된다. 방편을 많이 가지면 가질수록 상황에 대처하는 지혜는 커지게 된다.

경계반야는 한계에 이르렀을 때의 깨우침을 말한다. 어려운 상황을 극복하기 위해 자신도 모르는 사이에 새로운 생각이나 방법을 터득하게 된다는 것이다. 보통 사람들의 경계는 번뇌나 질병으로 인한 고통이다. 이를 극복하게 되면 본래 자신의 지혜창고가 열려 학교에서 배운 적이 없는 나만의 지혜가 빅뱅처럼 폭발적으로 솟구치게 된다.

문자반야는 문자로 풀어낸 학문의 이치를 터득하게 된다면 그 이상의 능력을 발휘하게 된다는 의미다. 스스로 자신의 한계를 규정하기보다는 끊임없이 탐구하는 과정에서 새로운 지식을 터득하게 되고 더 큰 능력을 키울 수 있게 된다는 의미다. 한눈에 열 줄을 읽고, 하루에 천 개의 단어도 기억하는 능력이 생기며, 문자반야에 들어서게 되면 이 능력은 줄지 않고 더 왕성해진다는 것이다. 권속반야는 저절로 생기는 도덕과 윤리의 마음으로 지극히 자연스럽게 선한 사람이 되는 것이다. 깨달음을 얻게 되면 자동으로 따라오는 지혜다.

금강이란 금강석, 즉 다이아몬드를 말한다. 보석 중에서 가장 단단한 금강경으로 일체의 법을 깨트릴 수 있다는 의미다. 우리에게 잘 알려진 하버드 대학 출신 현각 스님은 그의 스승 숭산 스님이 쓴 《부처를 쏴라》를 편역하며 금강경의 지혜를 알리기도 했다. 부처의 법마저 깨부수고 스스로의 지혜로 무소의 뿔처럼 뚜벅뚜벅 걸어가라는 것이다.

또한 금강경의 마지막에는 스스로 모든 불법을 깨우칠 수 있다고 적혀 있다. 사교육이 필요한 것이 아니라 삶에서 지혜를 터득하고 이를 실천해나가면 그곳이 바로 피안의 세계라는 것이다. 누구나 지혜를 터득해 깨닫게 되면 모두가 부처가 될 수 있다는 불교의 원리는 여기에서 나온다.

불변하는 재료 우시아

불변의 진리를 찾는 철학

╳
╳
╳

불변을 추구하는 것은 모든 인간의 욕망이다. 오랫동안 세상의 학자들은 불변하는 진리를 추구해왔다. 동양에서의 도道와 법法, 그리고 서양에서의 본질과 실체라는 개념으로 불변하는 진리를 탐구했다. 이 중에서 서양 최초의 철학자가 추구한 불변의 진리를 한번 살펴보자.

서양 최초의 철학자는 탈레스다. 탈레스는 "세상은 물로 되어 있다"라는 말로 자신의 철학을 요약했다. 요즘은 초등학생들도 세상은 원자로 되어 있다는 것을 다 아는 마당에, 이런 옛날 학자의 사상이 얼마나 의미가 있을까 생각할지 모르겠다. 하지만 탈레스의 사상은 여전히 많은 철학자들의 연구 대상으로 남아 있다. 그의 사상이 사상사적으로 중요하고 또 매우 현대적이기 때문이다.

탈레스가 세상은 물로 되어 있다고 생각한 데에는 두 가지 중요한 사고방식의 변화가 있다. 하나는 현상과 본질이 다르다는 것이고, 다른 하나는 현상은 다양하게 변하지만 본질은 단순하고 불변한다는 것이다. 첫째, 탈레스 이전에 현상과 본질이 다르다는 생각을 한 철학자는 알려진 바로는 없다. 그래서 사람들은 왜 낮에는 해가 뜨고 밤에는 달이 뜨는지, 왜 계절이 바뀌고 폭풍우가 치는지에 대해서 '그리스 신화'처럼 인격적인 신을 도입한 이야기로 설명했다. 신화는 인간적 신들의 활동인 '현상'이 다른 현상을 낳는다는 이야기를 다룬다. 이에 반해 탈레스는 그런 사고방식에서 탈피해서 복잡한 설명 방식을 최초로 도입했다.

둘째, 현상 배후에 있는 본질은 단순하고 불변한다는 생각도 탈레스가 최초였다. 탈레스는 이 불변의 본질을 물이라고 생각했다. 왜 하필 물이라고 했는지에 대해서는 학계의 해석이 분분하다. 물은 기체, 액체, 고체로 변화하고 사람들은 쉽게 그것을 보게 된다. 또 모든 생물이 물을 먹어야 살 수 있다. 그래서 겉으로는 다르게 보이는 것이 사실은 모두 물의 변화로 이루어졌다고 생각할 수 있다.

사실 물보다도 중요한 것은 탈레스의 사고방식이다. 그래서 현상 배후에 있는 것으로서 단순하고 불변하는 본질을 다른 것으로 바꾸어도 탈레스의 사상에서 별로 벗어나지 않는다. 현대적으로는 물 대신에 원자를 넣을 수 있다. 현대원자론은 탈레스 철학을 여전히 따르고 있는 셈이다.

당시 원어로는 물과 같은 배후의 대상을 '우시아_{ousia}'라고 했는데, 이것은 '근본적인 재료'라는 뜻이다. 철학자들의 사상이 바뀔 때마다 이 우시아에 해당하는 것이 달라지는데, 플라톤에서는 이데아이고, 아리스토텔레스에서는 본질 혹은 실체라 할 수 있다.

이런 혁신적 철학을 제시한 탈레스는 고대 7현인 중의 한 명으로 꼽힌다. 그는 소아시아의 밀레토스 지역에서 태어났는데, 단순히 학자로서만이 아니라 다방면으로 뛰어났다고 알려져 있다. 그는 수학과 천문학을 연구했고 정치에도 관심이 많았다고 전해지는데 천문학을 이용해서 일식을 예언하고 이집트에서 피라미드의 높이를 측정했다고 알려져 있다. 하지만 그가 쓴 저술들은 너무 오래되어 지금 남아 있는 것이 없다. 그가 '최초의 철학자'로서 알려진 데에는 아리스토텔레스의 언급도 한몫했다.

탈레스에 대한 일화도 몇 가지가 전해진다. 그중 하나는 밤에 별을 관측하면서 걷다가 우물에 빠진 이야기이다. 우물에 빠진 그를 본 영리한 하녀가 "천문학을 연구하면서 발 앞의 우물은 못 보시는군요!"라고 비웃었다고 전해진다. 또 다른 일화로는 탈레스가 돈을 번 이야기다. 한번은 그의 친구가 "네가 정말 똑똑하다면 내가 여행을 다녀올 동안 돈을 많이 벌어서 증명해보게"라고 말했다. 그러자 탈레스는 당시에 귀했던 올리브 생산량이 적을 때 마을을 돌아다니면서 올리브유 압축기를 모두 사들였다고 한다. 이후 다시 올리브 생산량이 많아졌을 때 마을의 모든 압축기는 탈레스가 소유하고 있었고 그것을 대여해서 큰돈을 벌었다고 한다.

과학

불변의 과학적 정의
변하는 것과 변하지 않는 것

✕
✕
✕

살면서 변하지 않는 것들이 소중하고 고마울 때가 많지만, 어떤 것들은 변하지 않아서 힘든 경우도 있다. 변하는 것과 변하지 않는 것들의 뒤섞임은 우리 삶뿐만 아니라 자연이나 수학이라는 추상적이고 논리적인 세계에도 존재한다.

자연이나 수학에서 불변은 어떤 의미를 가질까? 불변不變 invariance은 어떠한 작용이 있더라도 변하지 않는 무엇, 혹은 무엇이 변하는 과정에서 변하지 않는 무엇을 의미한다.

이를테면 원 위를 움직이는 점과 원의 지름 양쪽 끝의 두 점으로 만들어지는 삼각형에서, 원 위를 움직이는 점이 어디에 있다고 하더라도 원주각(지름을 한 변으로 하며 원 위의 점이 이루는 각)은 변하지 않고 직각을 이룬다. 이것은 수학에서 최초의 정리라 불리는 탈레스의 정리로, B.C. 6세기경에 정의되었다. 직각을 갖는 어떤 삼각형에서도 빗변의 제곱은 다른 변의 제곱들의 합과 같다는 피타고라스의 정리도, 직각 삼각형의 불변의 성질이다.

어떤 작용을 가하거나 무엇을 변화시킨다는 것은 수학적으로 '변환'을 의미한다. 반대로 대상의 어떤 속성이 변하지 않는 것은, 대상의 어떤 속성이 변환에 대하여 대칭적이기 때문이다. 가령 들어오는 에너지와 나가는 에너지가 같다면, 즉 에너지의 출입이 대칭적이라면 에너지는 변하지 않는 불변량이 된다. 추상적이고 선뜻 이해하기 어려울 수 있으나, 어느 계가 어느 방향으로 평행 이동 하더라도 물리적인 상태가 변하지 않는 경우에 계의 운동량은 보존된다.

유사하게 어느 계를 어떤 축을 기준으로 회전시켰을 때, 계의 물리적 상태가 변하지 않으면 그 계는 각운동량이 불변량이 된다. 회전에 대한 대칭symmetry이 각운동량 보존법칙으로, 평행이동에 대한 대칭이 선운동량 보존법칙으로, 시간에 대한 대칭이 에너지 보존법칙으로 나타난다. 시간에 대하여 변하지 않는 것을 '보존conservation'이라고 표현하며, 보존되는 물리량은 자연을 이해하는 데 중요한 역할을 한다.

또한 우리가 감각하는 시간이나 공간이 아니라 추상적인 변환이라고 하더라도, 실제 자연에서는 중요하게 나타나기도 한다. 전하량 보존법칙은, 추상적이고 수학적인 온곳 게이지 변환에 대하여 대칭이라는 되기 때문에 성립하는 불변량이다. 전자기 법칙은 추상적 변환인 게이지 변환 중에서 하나의 가상적인 축을 중심으로 회전하는 것에 대칭인 국소적 게이지 대칭성에 대하여 불변이고, 물질을 구성하는 기본입자 중 하나인 쿼크들이 강한 상호작용을 하는 것도 특정한 국소적 게이지 대칭에 따른 것으로 물리학자들은 설명한다.

입자물리학의 표준모형을 이루는 기본입자들은 사실 추상적인 대칭성의 결과로 실체로 존재하게 되며, 자연을 작동시키는 가장 기본적인 힘과 법칙들을 이러한 대칭성의 관점에서 더 깊게 이해할 수 있다.

불변과 보존 그리고 대칭성이 실체를 세상에 존재하게 한다는 것이 어찌 보면 과학의 영역을 넘어서는 것처럼 보이기도 한다. 그러나 현대 물리학은 궁극의 존재에 대한 정체를 밝혀가면서, 만물의 근원이 왜 존재하는지에 대한 철학적 질문에 대해서도 조금씩 더 이해하며 발전하고 있다.

세상을 바꾸는 주체

파레토법칙과 롱테일법칙

✕
✕
✕

백화점 전체 매출의 높은 비중을 차지하는 소수 고객의 존재는 많이 알려진 이야기이다. 소비력이 높은 소수 고객을 위하여 백화점은 VIP룸을 만들거나 특별한 서비스를 제공한다. 선택과 집중 전략을 구사하는 것이다. 파레토법칙은 바로 이러한 경향을 잘 설명해준다.

이는 드러난 결과의 대부분이 일부 원인 때문에 발생한다는 사실을 현실 세계의 관찰을 통해 얻어내는, 일종의 경험적 법칙이다. 전체 매상의 80퍼센트는 상위 20퍼센트의 일부 소비자로부터 나온다거나, 기업 성과의 80퍼센트는 전체 임직원 중 상위 20퍼센트의 일부가 하는 업무 성과 덕분이라는 설명이 이러한 법칙을 설명해준다.

80대 20의 법칙으로 알려진 파레토법칙은 80과 20이 고정된 숫자라기보다는 다수와 소수를 상징하는 숫자로 이해하면 쉽다. 평범한 많은 사람들의 소비나 기여로 백화점의 매출이나 기업의 생산성이 높아진다기보다는, 숫자는 적지만 돈이 많은 소수의 사람들 또는 탁월한 업무 능력을 가진 일부 직원 덕분에 의미 있는 결과가 나타난다는 것이다. 사회 전체의 부가 소수의 사람에게 쏠려 있다는 부의 불평등을 설명할 때도 이 법칙이 적용될 수 있다.

이 법칙은 19세기 이탈리아의 경제학자였던 비프레도 파레토의 이름을 따온 것이다. 그는 1896년 이탈리아 전체 인구의 20퍼센트가 국토의 80퍼센트를 소유하고 있으며, 밭에 심은 완두콩 종자의 20퍼센트에서 전체 완두콩 수확량의 80퍼센트가 나온다고 주장했다. 그의 법칙은 기업경영과 마케팅에 널리 활용되어 핵심적인 문제 20퍼센트를 선택하고 이에 집중하면 나머지 80퍼센트의 문제는 어렵지 않게 해결될 수 있다는 경영의 흐름을 이끌어내는 데 기여하기도 했다.

파레토법칙이 결과물의 80퍼센트가 20퍼센트 소수의 노력과 기여를 통해 생산된다면 이에 정반대되는 내용을 다루고 있는 롱테일법칙이 있다. 80퍼센트의 평범한 다수가 20퍼센트의 핵심적 소수보다 더 많은 가치를 생산한다는 주장이다. 긴꼬리를 뜻하는 롱테일long tail은 마치 뱀의 꼬리처럼 얇지만 길게 이어진 다수가 소수보다 더 큰 역할을 한다는 뜻이다.

물리적, 시간적 제약 없이 상거래가 가능한 인터넷상에서 매출은 기존의 오프라인 거래에서 나타난 것과 다른 결과를 가져다 주었다. 네이버 같은 포털사이트들의 주요 수익원 중 하나인 검색 키워드 광고 매출은 소수의 대기업보다 소기업이나 자영업자들에 의해 주도되고 있다. 인터넷 서점에서 베스트셀러로 선택되는 책은 소수의 네티즌들이 선택하는 주문에 의해 결정되기도 하며, 때로는 오래전에 절판된 책이 다시 베스트셀러로 선택되기도 한다. 오프라인 서점에 없는 책들이나 비인기 도서로 재고 처리되었던 책들도 온라인 서점에서는 주문을 통해 다시 유통되는 경우를 쉽게 볼 수 있다. 실제 아마존 닷컴에서 일반 서점에서 구하지 못해 사지 못했던 책들이 유통되고, 비인기 도서나 희귀본 책들이 전체 서점 매출에서 차지하는 매출 비중이 절반 이상을 넘어서기도 한다.

디지털 시대를 맞이하여 무수히 많은 틈새상품들이 생겨나고 각각의 제품별로 매출액은 크지 않지만 이들의 총합이 모이면 인기 있는 상품과 맞먹는 정도의 규모가 되는 현상을 종종 보게 된다. 틈새상품이 시장에서 사라지지 않고 계속해서 판매되면서 수요곡선의 꼬리 부분이 머리 부분보다 길어져 그동안 무시되었던 상품들이 중요해지게 된다.

온라인을 통한 기업 활동이 활성화되면서 기존의 파레트법칙에 반하는 롱테일법칙이 의미 있게 등장하고 있다. 롱테일법칙은 엔터테인먼트와 미디어산업에서 주로 나타나고 있지만, 경제·사회 전반으로 확산될 수 있는 여지가 있다. 스마트폰의 확산과 팬데믹이 한창이었던 때에는 롱테일법칙이 적용되는 상황이 가파른 증가 추이를 보이기도 했다. 소비자들은 언제 어디서나 자신의 스마트폰으로 원하는 제품에 대한 정보를 쉽게 얻으며, 빠르고 편하게 주문할 수 있기 때문이다.

세상을 바꾸는 주체가 소수인지 다수인지, 어느 쪽도 틀린 이야기는 아니다. 세상에 변하지 않는 것은 오직 '변한다'는 사실뿐이다.

11장

기준

과학

바로미터를 만드는 것
믿음보다 실험일까?

✕
✕
✕

"식욕은 건강의 바로미터" "횡단보도 신호를 지키는 것은 그 사람의 공중도덕심을 알 수 있는 바로미터다" "재래시장이 서민 생활의 바로미터다" "기상 시간이 사람이 얼마나 부지런한지를 알 수 있는 바로미터야." 등과 같이 '바로미터'는 일상생활에서 자주 사용되는 용어다. 바로미터barometer는 '기압, 중량'을 의미하는 baro와 '측정'을 의미하는 meter의 합성어로서, 기압을 측정하는 기압계를 의미한다. 대기의 압력인 기압의 편차에 따라서 바람의 세기와 방향이 결정되고 지역별 기압을 통하여 수증기의 이동과 구름으로의 전환 그리고 찬바람이나 더운 바람의 이동에 따른 온도 변화 등을 예측할 수 있다. 따라서 기상현상에서 기압은 날씨를 알 수 있는 기본적이고 대표적인 물리량이다. 기상현상의 바로미터가 바로 기압인 것이다. 이렇게 보면 일상에서 무엇을 알 수 있는 대표적 지수 혹은 현상을 바로미터라고 부르는 것은 어색하지 않다. 바로미터의 유래를 살펴보자.

바로미터는 1643년 피사에서 과학자 에반젤리스타 토리첼리가 행한 토리첼리의 실험에서 유래되었으며, 이 실험의 목적은 진공眞空 vacuum의 존재를 증명해내는 것이었다. 아무것도 담고 있지 않은 공허한, 물질 없는 순수한 진짜 공간이 과연 존재할 수 없는지 여부를 관념이 아니라 실험으로 알아보는 것은 당시로서는 커다란 도전이었다.

B.C. 4세기에 아리스토텔레스는 정치학, 윤리학, 논리학, 인식론, 형이상학, 수사학, 경제학, 물리학, 천문학, 지질학, 생물학, 심리학 등 당대의 대부분 학문에 있어서 괄목할만한 업적을 남겼으며 서양의 사상과 문화에 지대한 영향을 미쳤다. 아리스토텔레스는 존재의 근원에 대하여 세상의 모든 것들이 '물, 공기, 흙, 불' 네 가지의 기본 재료로 만들어졌다는 4원소설을 주장하며 서구 사람들이 2,000년간 연금술에 매달리는 데 큰 영향을 주었을 뿐만 아니라, "자연은 진공을 싫어한다" 혹은 "자연에는 진공이 없다"라고까지 주장했다. 그러니 토리첼리의 실험은 2,000년 동안이나 믿어온 굳은 신념에 도전하는 검증이었다.

토리첼리는 공기 방울을 제거하고 수은을 채운 유리관을 뒤집는 실험을 했는데, 수은이 내려오며 유리관에 공간이 생겼다. 이로써 진공이 존재할 수 있으며, 수은의 높이는 대기압과 관련 있는 것으로 생각되었다. 대기가 수조의 수은을 누르는 압력과 뒤집어진 유리관에 있는 수은이 중력에 의하여 수조의 수은을 누르는 압력에 차이가 난다면, 같아질 때까지 수은은 이동할 것이다. 대기압이 높다면 대기가 수은 기둥을 밀어 올려서 수은 기둥 높이도 올라가고, 대기압이 약하다면 수은 기둥이 대기를 밀면서 수은 기둥 높이가 낮아지게 된다. 이렇게 해서 보이지 않는 공기들이 층층이 쌓여서 생긴 무형의 대기압을 눈에 보이는 수은의 높이로 측정할 수 있는 것이다.

이것이 기압계(바로미터)의 원리다. 꼭 수은이 아니라 물이나 다른 액체를 유리관에 가득 채웠다가 수조 혹은 액체가 담긴 그릇에서 뒤집어보아도 비슷한 현상이 일어났을 것이다. 그런데 굳이 수은을 사용한 것은, 수은이 물보다 약 11배가량 무겁고 은색의 불투명한 액체 성질을 띠며 물과 달리 유리관과 잘 붙지 않기 때문에 쉽게 현상을 확인할 수 있었기 때문이다. 지금 보면 너무나 쉽게 진공을 만들어냈고, 왜 그렇게나 오랫동안 아리스토텔레스의 주장을 현실에서 검증하지 않았는지가 오히려 의문스러울 정도다. 물론 뒤집어진 유리관에서 수은이 내려오면서 생긴 공간은 사실 완벽한 진공이 아니라 수은의 일부가 기체화되어 수은 증기가 희박한 밀도로 빈 공간을 채우고 있는 것이지만, 이에 대한 미시적인 입자의 개념은 아직 자리 잡지 못했었다.

보일은 토리첼리 실험의 영향을 받아서, 4원소설에 가려져 있던 데모크리토스의 원자설을 소환하는 데 힘을 받았던 것 같다. 우리는 학교에서 보일의 법칙은 "일정한 온도일 때, 기체의 부피는 압력에 반비례한다"고 배운다. 주사기처럼 한 쪽이 막힌 피스톤을 안쪽으로 밀면(혹은 피스톤의 압력을 증가시키면) 피스톤 안의 부피가 줄어든다.

보일은 객관적이고 정확한 실험을 통하여 검증된 지식만이 신뢰할만한 가치가 있다고 생각하며, 연금술에서 화학을 분리했다고 여겨지는 최초의 근대적 화학자였다. 이런 보일은 정확한 실험을 위하여 공기 펌프를 개발하여 매우 정밀한 단위까지 측정했다. 기체의 부피가 압력이 증가할 때 감소한다는 정성적 주장 이상으로, 압력과 부피의 관계를 정량적으로 얻음으로 보일의 법칙을 도출해냈다. 정확하게 반비례 관계가 성립한다는 것을 실험으로 증명한 것이다. 압력과 부피가 정확하게 반비례 관계가 된다면, 이것은 수식으로 표현할 수 있게 되면, 계산이 가능한 영역이 된다는 것을 의미한다. 정량적인 선언과 정성적인 선언의 차이는 질적으로 다르다.

보일은 이렇게 자신의 법칙을 실험을 통해 신뢰할 수 있는 주장으로 만들었다. 그는 기체가 작은 입자들로 구성되어 있고 입자들 사이에 빈 공간이 있어서 압력을 가하면 입자들 사이가 줄어들며 부피가 줄어든다고 생각했다. 즉 보일의 법칙 역시 진공이 없다는 오래된 신념에 대한 반발이며, 물질이 나중에 분자로 밝혀질 아주 작은 입자들로, 물질이 구성되어 있을 것이라는 입자설을 타당성 있게 주장한 것이다. 이렇듯 막연한 믿음은 실증적 지식과 실증적 지식 여부를 가리는 객관적인 실험을 통하여 더 통찰적인 지식과 다음에 더 많은 결실을 줄 수 있는 생산적 지식으로 변할 수 있다.

경제

경제의 바로미터
지표와 지수 읽기

✕
✕
✕

기압계로 알려진 '바로미터'는 날씨나 기후를 분석하기 위해 사용하는 도구지만, 일상적으로는 척도, 지표, 잣대라는 의미로 흔히 사용된다. 바로미터로 측정한 기압이 날씨나 폭풍우를 예측할 수 있는 중요한 지표가 되는 것처럼, 경제현상에서도 그 변화를 설명하고 통계자료를 통해 미래를 예측해주는 바로미터가 있는데, 이를 경제지표 혹은 경제지수라 말한다.

경제뉴스에서 우리는 경제활동을 분야별로 보여주는 통계적 수치로 지표와 지수를 자주 대한다. 지표는 경제활동의 결과를 통계 숫자 그대로 발표하는 것, 즉 특정 경제현상을 통계수치로 나타낸 것을 경제지표라 할 수 있다. 뉴스에서 보는 국내총생산 GDP, 경상수지 흑자 금액 등이 지표에 해당한다. 이에 반해 경제지수라고 할 때 지수는 기준과 비교해서 나온 숫자를 말한다. 소비자물가지수CPI, 코스피KOSPI지수 등 '지수'로 끝나는 경제지표를 경제지수라고 한다. 일반적으로 비교하고자 하는 대상은 동일하나 시점이 다른 경우, 기준일의 수치를 일정하게(보통 100) 잡아 대상이 얼마나 증가 혹은 감소했는지 알아볼 때 이 지수를 활용한다. 이때 대상이 물가나 주가와 같이 경제와 관련 있다면 경제지수가 된다. 이러한 지수는 기준지수를 100 혹은 1,000으로 두고 기준과 비교해서 그 변화의 폭과 속도, 방향성이 어떤지 알아보는 것이다. 예를 들어, 코스피 지수는 1980년 1월 4일을 기준시점으로 하고, 이날의 시가총액을 100으로 정한 후, 이와 비교한 수치를 나타낸 지수다. 따라서 "KOSPI 2,000기록"이라는 기사는 1980년 1월 4일 기준시점의 시가총액보다 20배 커졌다는 것을 의미한다.

결국 경제지표라고 하면 지표와 지수를 모두 포함하는 통계적 수치이며, 특정 시기의 수치만으로는 현재 좋아지고 있는지 혹은 그렇지 않은지를 파악하기란 어렵다. 그래서 다른 시기와 비교를 통해 그 의미가 밝혀진다. 2020년 코로나 19 이전과 이후를 비교해서 경제활동이 얼마나 위축되었는지 등을 비교하는 방식이나, 보통 전월 대비, 전분기 대비, 혹은 전년도 대비 등으로 표현하여 경제의 연속된 흐름과 추세를 볼 수 있게 도와주는 바로미터라 할 것이다.

한 가지 주의할 점은, 뉴스에서 경제지표를 볼 때 기저효과Base Effect를 조심해야 한다. 다른 시기를 비교할 때, 비교되는 시기의 상황이 현재 상황과 너무 큰 차이가 나서 결과가 더 좋아 보이거나 혹은 더 나쁘게 보이는 착시효과가 나타날 수 있기 때문이다. 예를 들어 특정시기의 경제상황을 살펴볼 때, 호황기의 경제상황을 기준시점으로 두고 현재의 경제상황을 비교하면 경제지표는 실제보다 위축된 모습을 보이지만, 불황기의 경제상황을 기준시점으로 비교하면 경제지표가 실제보다 부풀려져 나타날 수 있다. 기준 시점의 선택에 따라 인위적으로 생길 수 있는 통계적 착시효과가 나타나기도 한다. 숫자는 거짓말을 하지 않지만 숫자를 읽는 방식과 의도에 따라 해석이 달라질 수 있기 때문이다.

이외에도 빅맥지수, 스타벅스지수, 이케아지수, 애니콜지수, 신라면지수 등 특정 브랜드나 상품가격을 기준으로 각국의 물가수준이나 환율을 비교하는 데 활용되는 지수도 있다. 빅맥지수는 각국 통화의 구매력을 비교하는 대표적인 지수로, 1986년 이래 영국의 〈이코노미스트〉에서 정기적으로 발표하고 있다. 빅맥의 품질이 세계적으로 표준화되어 있어서 빅맥이 판매되는 어디에서나 그 값이 거의 일정하다는 점을 고려한 것이다. 스타벅스지수는 카페라떼(12온스, 톨 사이즈) 가격을 기준으로 구매력을 평가하여 환율을 비교하는 데 사용된다. 스타벅스 본사는 카페라떼를 통해 각국 매장의 제품 값을 비교 평가하고 내부적으로 '라떼지수'를 산정해 각국의 물가추이와 소비자 구매력의 상관관계를 연구한다. 그리고 실제로 2~3년에 한 번씩 커피 제품의 가격을 조정하는 데 사용한다. 이케아지수는 우리나라 대학생이 만든 구매력지수로 알려져 있다. 이케아의 침대 가격을 기준으로 각국 최저임금 수준을 비교할 수 있도록 만든 것으로, 한국을 포함한 46개국 최저임금을 모두 계산해 얼마나 일하면 각 나라에서 이케아의 침대를 살 수 있는지를 비교했다. 이외에도 2005년 홍콩의 〈아시안월스트리트저널〉에서 아시아와 태평양 11개 도시의 물가수준과 구매력을 비교하기 위해 삼성의 휴대폰 모델을 이용한 애니콜지수를 활용한 바 있으며, 농심에서는 2009년, 2012년 자체적으로 신라면지수를 빅맥지수와 비교하여 발표한 바 있다.

이처럼 우리 주변에서 흔히 보는 사물이 어려운 경제를 쉽게 설명하는 지표로 사용되는 경우는 쉽게 찾아볼 수 있다. 경제활동을 나타내는 통계자료는 가장 객관적인 정보이기 때문에 경제지표를 잘 이해한다는 것은 왜곡된 정보에 속지 않고 경제를 잘 이해할 수 있는 지름길이다.

바로미터와 플라톤의 이데아
세상에서 가장 근본적인

바로미터의 기본 아이디어는 플라톤의 이데아론을 떠올리게 한다. 세상 모든 것에 대한 바로미터가 있다고 생각하는 것이 플라톤의 이데아론이기 때문이다. 어쩌면 모든 것에 대한 가장 근원적인 바로미터일지도 모른다.

이데아론은 세상의 가장 근본적인 존재자는 '이데아들'이라고 생각한다. 이게 무슨 뚱딴지 같은 소린가 싶겠지만, 잘 알고 보면 이 생각에서 벗어나기 힘들다. 특히 자신의 생각을 곰곰이 들여다봤을 때 그렇다. 이 책을 읽는 독자들은 엠지 세대에 속할까? 그렇다면 '엠지 세대'라는 것이 있어야 할 것이다. 그것이 어디에 어떻게 존재하는가? 플라톤의 답은 이데아로서 존재한다는 것이다. 국가 경제라는 것이 존재한다고 생각하는가? 인플레이션은?

독재 혹은 민주주의는? 여러 예를 들 수 있지만, 여러분이 무엇을 생각하든 여러분이 명료하게 어떤 것을 생각하고 그에 따라 행동한다면 여러분은 그것이 존재한다고 생각하는 것이다. 그것이 이데아다.

이데아idea의 원래 뜻은 '모습' 혹은 '형태'였다. 이것이 플라톤에 의해 가장 중요한 철학 개념으로 자리 잡았는데, 다른 철학자들은 이 이데아의 이름을 바꾸어서 각자의 이데아론을 설파했다. 플라톤의 제자 아리스토텔레스에서는 '개념'으로 바뀌고, 중세철학에서는 '보편자', 헤겔 철학에서는 '이념'으로 바뀐다. 현대수학에서는 특히 이데아론이 강력하게 자리 잡고 있다. '수학적 플라톤주의'가 그것인데 그들은 수, 집합 등의 수학적 대상들이 정확히 플라톤이 말한 방식으로, 시공간을 초월한 이데아로서 실제로 존재하며, 또한 이는 진정한 존재라고 생각한다.

이처럼 이데아론에 대한 이야기는 서양사상 전체에 대한 이야기로 뻗어나갈 수 있다. 사람의 생각에 있어서 각각의 바로미터가 이데아다. 플라톤은 어떤 수레바퀴가 원형이라면, 우리는 가장 완벽한 원에 대해서 생각해야만 한다고 말했다. 그래야만 찌그러진 수레바퀴가 다소 원형이 아니라는 것을 이해할 수 있다. 플라톤은 어떤 것이 '크다'라고 말할 때도 '큼'의 이데아가 있다고 말해서, 이해를 좀 난해하게 만들기는 한다.

이데아론이 그럴듯하지만 금방 납득이 되지는 않을 것이다. 그런 사람이 많기 때문에 플라톤은 유명한 '동굴의 비유'를 들어서 훈계를 했다. 동굴의 비유에 등장하는 사람들은 모두 동굴 안쪽만 보도록 묶여 있는 죄수이고 그들은 동굴 바깥의 사물이 빛에 반사되어 동굴 안쪽에 만든 그림자만을 보면서 살고 있다. 이 그림자가 현실의 사물이고 동굴 바깥의 사물이 이데아를 뜻한다. 죄수가 동굴 바깥에 나와서 실제 사물을 보면 금방 받아들이지 않고 오히려 눈이 부셔서 괴로워한다. 하지만 이에 익숙해지고 나면 진리를 인식한 사람으로서 동굴 속의 무지한 사람들을 동굴 밖으로 구출해서 깨우쳐야 한다. 이것이 철학자의 의무다.

이데아론을 제시한 플라톤은 서양의 지성계에서 가장 큰 영향력을 발휘했다. 어떤 철학사 책에서는 플라톤에 대해 이렇게 설명하고 있다. "그리스인의 천재성은 플라톤에 의해 거의 완전하게 실현되었다"

플라톤은 우리의 관심보다 훨씬 더 대단한 철학자다. 이런 플라톤은 대략 2,500년 전에 고대 그리스 아테네에서 태어나 활동했다. 그의 집안은 친가나 외가 모두 엄청난 명문가였고 일찍이 정치적인 야망도 가지고 있었다고 한다. 하지만 스승인 소크라테스가 사형을 당하자 정치에 환멸을 느끼게 되었다. 이후 서양 최초의 대학인 '아카데미아'를 세웠고 아카데미아는 천 년 동안이나 존속했다. 그의 철학은 주로 소크라테스의 행적을 희곡 형식에 가깝게 기록한 대화록과 저서 《국가》를 통해 전해진다.

구리로 미래를 예측하기
닥터코퍼, 경기 전망을 부탁해

✕
✕
✕

톨스토이의 단편소설 《사람은 무엇으로 사는가》에서 미하일 대천사는 하늘의 명을 어겨 천상에서 쫓겨났다. 세 가지 과제를 해결하면 다시 부름을 받으리라는 뜻을 받들고 그는 가난한 구두공 세몬의 집에서 인간세상을 겪게 된다. 곧 죽음을 맞이할 귀족이 구두를 맞추러 와서 거들먹거리는 모습을 보면서 미하일은 인간이란 미래를 예측하지 못하는 존재라는 사실을 알게 된다.

그렇다. 인간은 한 치 앞을 알 수가 없다. 그럼에도 불구하고 과학적·합리적 이성을 바탕으로 미래를 전망해왔다. 특히 현대 이후로 정부와 경제단체는 경기 예측에 심혈을 기울여왔다. 경제 주체들이 미래에 대응하기 위해서는 경기 예측이 반드시 필요하기 때문이다.

가장 일반적인 방법으로는 통계청이 매달 발표하는 경기 종합 지수를 면밀히 살피는 것이다. 경기종합지수는 고용, 생산, 소비, 투자, 무역, 금융 등 경제주체 활동의 주요 부문을 대표하면서 경기 동향을 예측하는 지표다. 경기종합지수는 선행지수, 동행지수, 후행지수로 나뉜다. 선행지수는 3~10개월 이후의 경기를 전망하기 위한 주요 경제지표를 종합한 지수이고, 동행지후는 현재의 경기 흐름을 알 수 있다. 후행지수는 현 경기 흐름보다 3~10개월 늦게 움직이는 주요 경제지표를 종합한 지수다. 경기 흐름의 사후를 확인할 수 있는 지수다.

경기종합지표에 중요한 데이터 중에는 원자재가 있다. 원자재에는 원유, 귀금속, 비철금속, 곡물 등 경제주체의 경제활동에 없어서는 안 되는 원료로, 경기의 바로미터가 되기도 한다. 그중에서 비철금속이 경기를 선도하는 상징으로 꼽힌다. 비철금속으로는 인류가 문명을 일으키는 데 가장 먼저 사용한 금속인 '구리'가 대표적이다. 구리의 영단어 'copper'의 어원을 거슬러 올라가 보면 라틴어 '에스 키프롬'에 이른다. 로마시대 주요한 구리 공급처인 '키프로스 섬의 금속'이라는 의미다. 에스 키프롬은 고대 영어로 스며들어 오늘날의 코퍼copper가 되었다. 한자로는 동銅이라고 한다. 동은 어떤 금속을 섞느냐에 따라 청동(주석), 황동(아연), 백동(니켈) 등 색깔로 구분된다.

구리는 청동기 시대(B.C. 3000~1200)를 상징하며 한 시대를 풍미했던 금속이다. 화폐, 무기, 생활용품 등 널리 사용된 금속이자 세계 경제의 건전성을 보여주는 중요 경제 지표의 기능을 맡고 있다.

구리의 유용성이 오랜 시간 유지되는 이유는 그만큼 전 세계에 널리 퍼져 있고, 다른 금속과 융합이 잘 되며, 항균작용이 있어 미생물의 번식을 막는 특징이 있기 때문이다. 이렇게 용도가 다양해 자동차, 전기, 전자, 건설, 해운, 군수, 건축 등 전반적인 산업분야에서 널리 쓰인다. 금이나 석유처럼 정치적이거나 지정학적인 영향도 적게 받다 보니 경기의 바로미터 기능을 얻게 된 것이다. 세계 경기가 나빠지면 구리의 수요가 감소하고, 값도 떨어진다. 경기 둔화의 신호로 볼 수 있다. 반대로 경기가 좋아지면 구리 수요가 증가하면서 값이 오르면서 경기 상승을 점칠 수 있게 된다. 이 같은 구리의 특성 덕분에 증권시장 등 경제 분야에서는 구리를 '닥터 코퍼Dr. Copper'라는 애칭으로 부르기도 한다.

비철금속이 주로 거래되는 시장은 영국 런던금속거래소LME가 대표적이다. 19세기 산업화로 수요가 증가하자 금속상인들이 시장정보를 얻기 위해 런던으로 몰려들면서 1877년 LME를 설립해 150여 년 가까이 전통을 유지하면서 비철금속 상품거래소와 교역시장의 역할을 하고 있다. 그러나 제아무리 박사라는 애칭을 얻었다고 해도 혼자서 경기의 바로미터를 전담하기에는 역부족일 테다. 다만 수많은 지표를 관찰하는 데 있어서, 호경기와 불경기를 판가름하는 데 구리의 수요공급과 가격을 빼놓아서는 안 된다는 의미다.

4부

자력

치우침 없이 힘을 쓰자

12장

에너지

사회

에너지바우처 사업

빛을 나눠 쓸 수 있다면

✕
✕
✕

세계 인구 중 13퍼센트에 달하는 8억 4,000만 명은 전기의 혜택을 받지 못하고 밤이면 어둠 속에서 살고 있다. 그리고 약 백만 명 정도는 아주 제한적으로 전기를 사용하고 있을 뿐이다. 대부분 사하라사막 이남의 아프리카 지역에 해당되는 이야기로 그들에게 에너지는 절대적으로 필요하지만 구하기 어려운 자원이다.

국제연합은 2016년 세계가 함께 살아가기 위한 미션으로, 지속가능 발전 목표Sustainable Development Goal 17개를 설정했다. 그중 7번째가 에너지다. UN은 전 세계에서 누구나 보편타당하게 전기를 사용할 수 있게 되는 시기를 2049년으로 예상하고 다양한 사업을 벌이고 있다.

현대 사회에서 전기는 단순히 불을 밝히는 차원을 넘어 삶의 질과 복지 그리고 생명과 직결되어 있다. 생산설비 등 산업발전에 필요한 에너지는 차치하고라도 건강과 위생을 위한 의료서비스, 자라나는 세대를 위한 교육시설 등 인간의 존엄성을 유지하는 데 없어서는 안 될 자원이다.

우리나라에서는 2015년부터 에너지 빈곤 계층이 에너지를 원활히 공급받을 수 있도록 연간 1,000억 원의 예산을 들여 에너지 바우처 사업을 하고 있다. 바우처voucher란 정부가 일정 기준에 맞춰 개인에게 특정 재화나 서비스를 구매할 수 있는 권리를 제공하는 지불인증권이다. 미국의 식품권, 주택바우처, 호주의 보육바우처, 독일의 문화바우처, 프랑스의 여행바우처 등이 있다.

우리나라의 에너지바우처는 세계적으로 유래를 찾기 어려운 공공서비스 중 하나다. 에너지바우처 비용은 국가가 서비스를 공급하거나 생산자에게 보조금을 지급하는 대신 수급자에게 서비스 구매권을 주고 비용은 국가가 부담하는 형식이다.

'지속가능 발전'은 세계가 하나의 공동체라는 미션 아래 살기 좋은 지구를 후손에게 물려주기 위한 국제사회의 최대 공동 목표다. 그중 국가의 정책과 공공서비스 외에도 기업이 사회적 책임을 다하기 위해서 참가하는 사회공헌 사업이 있다.

자본주의 이론에 따르면 기업의 설립 목표는 이윤창출에 있다. 기업은 이윤창출을 위해 지구의 자본을 고갈시키고, 환경을 파괴하는 데에도 죄의식이 없었다. 산업혁명 이후 지난 200여 년간 고도의 산업화로 지역간, 국가간 부의 격차가 심화되고, 대기 오염과 환경파괴로 지구는 몸살을 앓고 있다. 이 같은 상황에서 기업에 사회적 책임을 물어야 한다는 목소리가 높아졌다. 20세기 미국과 유럽에서는 기업의 사회공헌이 중요한 화두로 떠올랐다. 하버드에서 공부한 스위스 경제학자 클라우스 슈밥은 미국의 자본주의를 유럽에 알려야 한다는 사명감에 사로잡혔다. 그러나 이윤추구에 목매지는 않았다.

슈밥은 1971년 세계를 개선하기 위한 사명을 띠고 비영리재단 세계경제포럼을 설립하게 된다. 글로벌 세계가 직면한 문제는 정부나 기업 혹은 NGO의 힘으로만 해결할 수 없다는 믿음에서 출발했다.

세계경제포럼은 1979년 중국의 개혁개방을 지지했으며, 1988년 그리스와 터키는 다보스 선언에 서명하면서 전쟁 직전으로 치닫던 분쟁을 종식시키고 평화를 찾기도 했다. 한국도 1989년 북한과 다보스에서 첫 번째로 총리급 회담을 개최했고, 같은 시기 동독과 서독은 통일을 논의하기 위해 만나기도 해다. 2016년에는 독일 정부가 주창한 '인더스트리 4.0'을 근간으로 한 4차 산업혁명을 화두로 제시하기도 했다.

클린에너지로 더불어 함께 살아가기를 창업 목표로 세운 기업도 있다. 2012년 태양광 에너지와 디자인을 활용해 사회문제를 해결하겠다는 목표를 세운 국내 스타트업 기업 요크는 휴대용 태양광 충전기 솔라카우, 휴대용 태양광 충전기 솔라페이퍼 등을 개발해 저개발국에 설치하고 있다. 미국, 일본 등에서 크라우드 펀딩으로 자금을 마련한 후 제품을 개발해 아프리카 탄자니아 등에 에너지를 보급하는 사업이다. '솔라카우 프로젝트'는 2015

년 미국 크라우드 펀딩 서비스 킥스타터에서 100만 달러(약 12억 원)를 투자받아 2018년 8월 아프리카 케냐의 체모릴 학교에 솔라카우를 설치했다. 한국국제개발협력단 혁신기술프로그램을 통해 탄자니아 아루샤 지역에 초등학생 500명을 대상으로 파일럿 프로그램을 진행하기도 했다.

케냐나 탄자니아 등의 국가는 전기 공급은 부족하지만 대신 스마트폰의 보급률이 95퍼센트 이상으로 높다. 결제 수단으로, 또는 지역사회 활동을 위한 정보 수집 수단 등으로 사용하다 보니 스마트폰의 보급률이 높은 것이다. 요크는 스마트폰 충전을 위한 전기가 필요하다는 사실을 간파하고 학교에 소의 모양을 딴 태양광 충전 데크 '솔라카우Solar Cow'를 설치했다. 젖소의 우유를 짜듯 아이들은 나눠준 휴대용 배터리(파워밀크)를 솔라카우에 꽂아두면 공부하는 사이에 완전히 충전되는 것이다. 2900mA 리튬전지로 된 파워밀크는 한번 충전하면 6시간 동안 전등을 밝힐 수 있으며, 핸드폰 충전도 할 수 있다. 일손 부족을 핑계로 아이들을 학교에 보내지 않던 부모들은 학교에서 집안에 필요한 전기를 충전해 준다는 소문을 듣고 아이들을 학교로 보내기 시작하면서 다시 공부를 할 수 있게 되었다.

요크는 세계 최대 가전전시회 CES가 선정한 더 나은 세상을 위한 혁신상, 독일의 친환경상인 그린 어워드, 세계 3대 디자인 어워드인 IF소셜임팩트 부문을 수상했으며, 산업통산자원부가 수상하는 신재생에너지 유공자 산업부 장관상(2016), 이달의 기술상(2018)을 수상하기도 했다. 솔라카우는 2019년 타임매거진

이 선정한 세계 100대 발명 중 하나로 선정되기도 했다.

요크는 낮을 밝히던 태양 에너지를 충전지에 가두는 장치를 개발하고 저개발국가의 부모들이 아이들을 학교에 보내지 않을 수 없도록 하는 아이디어를 냈다. 네 시간을 걸어 학교로 온 아이들이 들고 돌아가는 충전기는 어둡고 캄캄한 아프리카 외지의 밤을 밝히는 불빛이 되고 있다.

재생에너지의 미래
바람과 태양에 주목하라

╳
╳
╳

기후변화와 에너지 고갈은 21세기의 인류가 맞닥뜨린 숙명 같은 난제다. 얼핏 다른 이야기처럼 보이지만 결국 이 두 가지는 화석연료의 과다 사용이 불러온 하나의 결과라는 원인 분석까지는 이미 끝났다. 그리고 화석연료의 사용을 줄이기 위한 여러 종류의 시도들이 가시화되고 있다. 태양, 바람, 물, 지열, 심지어 음식물쓰레기와 가축 분료에 이르기까지, 석탄과 석유를 대체할 다양한 에너지들이 연구되고, 그중에서도 재생 가능한 에너지의 연구는 눈부신 발전을 거듭하고 있다.

가장 폭넓게 연구되고 있는 대상은 바람과 태양이다. 바람을 이용한 풍력에너지는 바람을 모으는 터빈에서부터 시작된다. 거대한 바람개비 모양을 한 풍력터빈은 대부분 높은 곳에 설치되어 있다. 이유는 높은 곳일수록 바람이 빠르게 불고, 바람이 빠를수록 전기가 많이 생산되기 때문이다. 풍력터빈이 원하는 것은 일정하게 수평으로 부는 고속풍이다. 따라서 건축물이 많아 바람의 방향이나 속도가 방해받는 도시보다는 외곽의 높다란 언덕이나 해안가를 따라 풍력터빈이 건설되는 것이다. 같은 맥락에서 해풍(바다에서 육지로 부는 바람) 발전이 나은지 육풍 발전이 나은지에 대한 논란이 있었다. 먼 바다로 나갈수록 수평의 고속풍이 불 확률이 높지만 해안과 거리가 멀어질수록 설치비와 유지비용도 함께 늘어난다.

풍력터빈을 조금 더 살펴보자. 풍력터빈의 회전날개는 섬유강화 복합재료, 즉 섬유유리로 만든다. 섬유유리는 용해된 유리에서 추출한 유리섬유 다발을 천처럼 짜서 만든다. 실로 천을 만드는 것과 같다. 이렇게 만든 섬유유리는 끈끈한 접착제에 담가 굳힌다. 원하는 대로 형태를 만들기 쉬운 강하고 가벼운 재료를 만들기 위해서다. 이조차도 점점 커지는 터빈의 크기에 따라가기 위해서는(최근에는 날개가 아예 없는 거대한 막대기 형태의 풍력 발전기도 등장했다) 더 가벼운 재료로 거듭나야 할 과제를 안고 있지만, 현재로서는 이 섬유유리가 인간이 개발할 수 있는 최고 강도 초경량 재료인 것만은 분명하다.

이제 이렇게 어렵게 세운 풍력터빈으로부터 얼마나 많은 에너지를 얻을 수 있는지 의문이 남는다. 쉬운 예로, 2014년 스코틀랜드에서는 풍력터빈을 이용해서 396만 세대에 전력을 공급했다. 약 380만 명(2020년 기준)에 달하는 서울 인구가 쓸 전기를 생산한 셈이다. 또 2015년 7월에는 덴마크의 풍력 발전 단지에서 하루 만에 3.77기가와트의 전력을 생산하기도 했는데, 이는 덴마크 전체 전기 수요량의 40퍼센트를 넘는 수치라고 한다. 이 정도면 풍력발전이 재생에너지의 미래라는 기대가 결코 지나치지 않아 보인다.

태양광의 경우는 전기뿐 아니라 열에너지까지 얻을 수 있다는 점에서 조금 더 고무적이다. 또 해안이나 외곽에 설치하는 풍력 터빈과 달리 도심의 건물 위나 건물 자체에 집열판을 설치할 수 있다는 점에서도 주목을 받는다. 도시가 태양에너지의 주공급원이자 소비원이 된다는 점에서 에너지 이동을 줄이고 저장 수단을 최소화할 수 있는 장점이 있다.

에든버러 대학의 윈 램폰 교수는 "미래 전력망은 지금의 그것과는 확연히 달라진다. 주거지 인근에 발전 설비와 전력 저장 설비가 들어서게 되면서 전력 공급의 판도가 바뀌게 될 것이다"라고 말하며, 이런 '미니 전력망들'은 자체적으로 전기를 생산하고, 모으고, 관리하고, 주변 건물들에 분배할 수도 있다고 말한다. 그 중심에 태양광 에너지가 있다.

생각해보면 인류가 재생에너지를 사용한 역사는 화석연료의 시간보다 훨씬 길다. 불과 수 세기 전까지만 해도 나무를 태워 난방을 하고, 물레방아를 이용해서 기계를 돌리지 않았던가. 19세기 초 유럽에서 석탄을 본격적으로 사용하기 전까지 재생에너지는 이미 인류의 가장 큰 에너지 공급원이었다. 이제 다시 그 시절의 재생에너지원들을 소환하되, 전 인류가 현재와 같은 일상을 영위할 정도의 안정적이고 지속가능한 '대체' '재생' 에너지를 생산해야 한다. 아울러 생산한 에너지를 안정적으로 저장하는 기술 또한 새로운 과제로 떠올랐다.

자연계의 에너지 손실

효율적인 에너지 관리를 위하여

✕
✕
✕

자연계에서 에너지는 다른 형태로 전환될 뿐이고 손실되지 않고 보존되는데도 불구하고 일상에서는 흔히 '에너지 손실'이라는 표현을 쓴다. 에너지가 전환되면서 한 종류의 에너지가 완전하게 다른 형태의 에너지로 온전하게 변하는 예는 거의 없다. 따라서 에너지 손실이라는 개념, 특히 '손실'이라는 개념에는 우리가 원하는 종류의 에너지로 얼마나 효율적으로 전환되는가 하는 의미가 내포되어 있다. 여기에는 경제적인 관념이 적용된다. 즉, 제대로 사용할 수 없는 에너지 형태를 필요에 따라 이용할 수 있는 형태의 에너지로 얼마나 잘 변환할 수 있느냐 하는 것이다.

자동차의 내연기관에서 화석연료는 폭발적으로 팽창하면서 엔진을 구동시키며 피스톤을 움직이고 피스톤은 바퀴와 연결된

축을 회전시키며 차가 움직이게 만든다. 연료의 화학적 에너지가 운동이라는 일 형태의 에너지로 에너지로 전환되는 것이며. 이 과정에서 열에너지 형태로 상당수가 배출된다.

전기 에너지를 생산하는 발전소에서 공장이나 가정과 같은 사용처까지, 송전하는 과정에서 전기 에너지의 손실이 일어나고 손실을 줄이는 것은 전기문명이라 할 수 있는 현대문명에서 매우 중요하다. 전압을 높이거나 송전선의 저항을 줄이려 노력하고 있다. 전기 에너지는 열에너지 형태로 전환되며 손실되지만 에너지 전체는 자연에서 보존된다.

전기 에너지를 효율적으로 송전하여, 손실을 줄이는 것에 국한하여 알아보자. 위에서 송전에서 일어나는 전기 에너지 손실을 줄이기 위하여 전압을 높여서 송전한다고 했는데 이것은 어떤 것일까?

발전소는 시간당 생산할 수 있는 발전용량으로 발전 역량을 나타내는데, 이를 전력이라고 한다. 발전소가 생산하는 전력은 전압과 전류의 곱이 되는 것을 VIP로 기억하자. P는 전력$_{power}$, V는 전압$_{voltage}$, I는 전류의 세기$_{intensity\ of\ current}$를 뜻하며, VIP는 VI=P의 관계를 기억하기 쉽게 표현한 것이다. 발전소에서 생산하는 전력은 발전소마다 한정되기 때문에 전력을 일정하다고 생각할 수 있다. 즉 발전소에서 생산하는 전력을 '전력=전압×전류=일정'이라고 생각하는 것이다.

생산하는 전력이 일정할 때 전압을 높여서 송전하게 되면, 송전선에 흐르는 전류는 더 작아진다. 전압을 두 배 높이면, 전류가 반으로 줄어들어야 전력이 일정하다. 그런데 송전 과정에서 발생하는 전기 에너지는 송전선의 저항 때문에 손실이 발생한다.

저항은 전하가 움직일 때 송전선을 구성하는 금속의 원자로 인한 방해 정도를 의미한다. 송전선을 무엇으로 만드느냐에 따라서 전하가 움직일 때 방해받는 정도가 달라지므로 저항이 낮고 유지보수비가 적게 들며 값이 저렴한 물질을 찾는 것이 중요하다.

전기 저항으로 손실되는 전력은 전류의 제곱과 저항 $R_{resistence}$의 곱(수식으로는 I^2R)이므로, 전류의 세기를 줄이는 것이 효과적으로 송전 손실을 줄이는 방법이 된다.

전압을 두 배로 높여서 송전하는 것이 전류를 반으로 줄이게 되므로, 결과적으로 송전선에서는 더 적은 전류에 의하여 손실 전력이 4분의 1로 줄어드는 효과를 얻게 된다. 그렇다고 계속 전압을 높여서 송전하는 것이 꼭 유리하다고 볼 수는 없다. 전압이 너무 높으면 절연체인 피복 밖으로 전류가 흘러 사고로 이어질 수 있다. 고전압 송전, 송전선을 잘 피복해야 하며 비용이 증가한다.

에너지의 잠재력

보이는 게 다가 아니다

╳
╳
╳

에너지는 변화를 일으킬 수 있는 능력을 뜻한다. 던진 돌이 유리창을 깨뜨리거나 움직이는 물체의 위치가 변하는 것과 같은 운동 에너지도 있고, 높은 곳에 있는 물체가 아래로 떨어지면서 운동 에너지로 변하는 위치 에너지도 있다.

또한 전류가 물질을 통과하면서 열과 빛을 내거나 모터를 작동시키는 등의 전기 에너지, 분자들이 화학 반응으로 열을 방출하거나 흡수하는 화학적 에너지, 식물이 광합성을 하거나 금속 안의 전자를 밖으로 방출시키는 빛 에너지 등 다양한 방식의 에너지는 자연에서 여러 변화를 일으킨다.

이 중에서도 운동 에너지와 위치 에너지를 역학적 에너지 mechanical energy라고 하는데, 역학적 에너지는 운동 에너지와 위치

에너지의 합을 일컫는 말이다. 질량이 m이고 속력이 v인 물체의 운동 에너지는 $\frac{1}{2}mv^2$으로 속력의 제곱에 비례하여 에너지가 증가하기 때문에 속력이 조금 더 빨라지더라도 다른 물체를 변화시키거나 스스로 변화되는 정도는 훨씬 커지게 된다.

위치 에너지는 위치에 따라서 갖는 에너지라는 의미이고, 운동과 무관한 에너지를 뜻하며 움직임으로 드러나지 않기 때문에 퍼텐셜potential(잠재적인) 에너지라고 한다.

'에너지 보존' '역학적 에너지 보존'과 같은 용어를 들어보았을 것이다. 에너지 보존 법칙은 위에서 이야기한 것과 같이 여러 형태의 에너지가 있어서 형태가 전환된다고 하더라도 전체의 에너지는 보존된다는 것이다. 무엇을 변화시킬 수 있는 능력인 에너지의 크기는 감소하거나 증가하지 않고 일정하며, 다른 형태로 변화할 수 있고 다른 형태로 전환된 에너지는 다양한 변화를 만들어낸다.

그러면 역학적 에너지 보존법칙은 무엇일까? 운동 에너지와 위치 에너지의 합을 역학적 에너지라고 했으니, 운동 에너지와 위치 에너지의 합이 일정하다는 것이다. 에너지 보존 법칙은 늘 성립하지만, 역학적 에너지 보존 법칙도 늘 성립하는 것일까? 물론 그렇지 않다. 어느 계(시스템)가 갖고 있는 에너지는 역학적 에너지가 아닌 빛, 소리, 열 등으로 전환될 수 있으므로 위치 에너지와 운동 에너지의 합인 역학적 에너지는 일반적으로 보존되지 않는다.

운동 에너지는 뉴턴 역학의 핵심 법칙인 $F=ma$에서 자연스럽게 유도되는 보편적인 에너지이고, 위치 에너지는 힘이 공간 의존적(즉, 상수 함수를 포함하여 공간에 대한 함수)일 때만 나타나는 에너지 형태다. 움직이는 물체가 공기나 물과 같은 유체 안에서 움직일 때 받는 저항력이 물체의 위치가 아니라 속도의 제곱에 비례한다면, 위치 에너지라는 개념은 정의되지도 않고 정의할 필요도 없는 물리 개념이다.

역학적 에너지 보존 법칙을 이용할 수 있는 사례는 마찰이나 저항과 같은 것을 무시한 것이다. 위치 에너지를 정의할 수 있을 때, 위치 에너지로부터 정의되는 힘을 보존력이라고 한다.

잠재적인 에너지인 위치 에너지는 보존력과 관계되며, 탐구하고자 하는 계가 보존력만 고려해도 되는 경우에만 '운동 에너지 + 위치 에너지 = 역학적 에너지'가 보존된다.

13장

오류

시행착오에 대하여
실패가 아니라 발견이다

여러 가지 방법을 시험해보면서, 해결책에 도달하는 문제해결 방식이 있다. 실시 초기에는 결과를 예측하지 못하는 상태라고 해도 여러 가지 방법을 실험해보고 그 결과로 인과관계를 추론하여 점차 문제를 해결해간다. 문제가 너무 어렵거나 실마리조차 보이지 않는다고 해도 일단 시도해보는 방식, 그것이 바로 시행착오법trial and error이다.

시행착오법은 학습심리학자 손다이크가 고양이의 행동을 실험하던 중 발견한 것이다. 그는 '문제상자puzzle box' 안에 특정한 장치를 두고 굶주린 고양이를 상자 안에 가두었다. 고양이는 그가 설치한 특정한 장치를 밟아야만 상자로부터 빠져나올 수 있다. 상자 안에 갇힌 고양이는 처음에는 물고 뜯고 모든 방법을 동원하여 상자에서 빠져나오기 위해 노력한다. 그러다 우연히 장치를 건드렸고, 밖으로 빠져나올 수 있었다. 그 고양이로 다시 동일한 실험을 반복했다. 두 번째 실험과 세 번째 실험으로 반복해서 실험을 거듭할수록 고양이가 상자 밖으로 나오는 시간은 단축되었다. 고양이는 더 이상 실수하지 않고 상자에서 빠져나오게 된 것이다.

이처럼 시행착오법은 학습자가 목표에 도달하는 확실한 방법을 모르는 채 본능, 습관 따위에 의해 시행과 착오를 되풀이하다가 우연히 성공한 동작을 계속함으로써 점차 문제를 해결하는 시간을 절약하여 목표에 도달하는 방법이다. 시행착오법은 일종의 지식을 얻는 방법으로 어떤 것이 작동하는지를 알기 위해 하나의 옵션을 시행해보고 제대로 작동하면 해결되는 것이지만 작동하지 않으면(즉, 에러가 발생하면) 또 다른 옵션을 시행한다. 가장 먼저 선험적인a priori 옵션을 가장 가능성이 있다고 보고 시행해보고, 다음으로 가능성이 큰 것을 시행해보는 방식으로 해법을 발견할 때까지 또는 옵션이 다할 때까지 시행한다.

이 방법을 사용한 가장 유명한 사람은 아마도 에디슨일 것이다. 누구나 에디슨이 전구를 발명한 역사를 알고 있다. 그는 그것이 효과가 있을 때까지 실험을 계속했다. 그리고 이 방법을 완성하여 해결책을 찾을 때 그는 그를 위해 일한 사람들 사이에서 일을 나누었다. 따라서 주제에 관한 자료는 한 사람의 작업보다 훨씬 더 중요했다. 그리고 얻은 데이터를 토대로 실행한 시행착오법은 에디슨의 활동에서 커다란 성공을 거두었다. 에디슨은 다음과 같은 말을 남겼다.

> 성공의 진정한 잣대는 24시간 안에 얼마나 많은 실험을 할 수 있
> 느냐이다. 나는 실패하지 않았다. 안 되는 방법 1만 가지를 찾아냈
> 을 뿐이다.

구글의 '20퍼센트 시간정책'은 성공을 거두는 데 계획보다 시
행착오가 낫다는 예로 거론된다. 기술자들은 업무시간의 5분의
1을 자신이 하고 싶은 프로젝트에 마음껏 쓸 수 있다. 무엇을 계
획하든, 어떤 시도를 하든 자기 마음이다. 이런 자유로움 속에서
놀라운 아이디어들이 나왔다. 구글뉴스 애드센스, 소셜네트워크
인 오르커는 이런 개인 프로젝트를 통해 거둔 결과들이다. 그러
나 언제나 구글이 성공만 거둔 것은 아니다. 구글 제품의 80퍼센
트는 실패였다. 다만 구글은 실패에 개의치 않았다. 구글은 진화
론적 조직으로, 숱한 시도와 실패를 수용한다. 안전한 방법, 상식
적인 운영을 고집해서는 혁신을 이루기 어렵다.

확실한 방법을 모를 때는 일단 실시해보고 실패하면 방법을
수정해서 실시하는 것을 되풀이하면 효율적이고 효과적인 방법
을 찾을 수 있다. 특히 아이디어를 실현하는 과정에서 성공할 확
률보다 실패할 확률이 더 높다. 너무 위험하지 않다면 일단 시도
하는 것이 좋다는 조언은 바로 시행착오 원칙을 적용한 사례다.
실패가 두렵다면 철학자 존 듀이의 말을 기억하자.

1온스의 경험이 1톤의 이론보다 중요하다.

도전하기 위해서 수백 개의 추상적 이론보다 몇 번의 구체적인 경험이 낫다. 실패한 사람들이 극복하는 과정에서 보여준 구체적인 행동은 설득력이 매우 높다. 시행착오는 늘 최고의 방법을 찾아낸다. 발전하려면 시행착오를 두려워하지 말아야 한다.

수학

수학의 에러에 관하여
우리에겐 모순이 필요하다

><
><
><

우리는 알아야만 한다. 우리는 알게 될 것이다.

이것은 20세기 초 수학계의 거장인 다비드 힐베르트가 남긴
유명한 말이다. 힐베르트의 업적에는 여러 가지가 있지만 그중
하나는 수학에서 에러를 막기 위해 일생을 바쳤다는 점이다.

다비드 힐베르트는 독일 태생의 수학자다. 생전에 수학계의
지도자로 자리매김했고 사후에도 힐베르트 문제로 수학의 흐름
에 큰 영향을 주어 20세기 초의 가장 위대한 수학자 중의 한 사람
으로 꼽힌다. 그는 독일 쾨니히스베르크에서 태어나 1880년에
쾨니히스베르크 대학에 입학하여 연구를 시작했으며 4년 후에
박사학위까지 마쳤고 30세에 교수가 되었다.

새로운 세기가 시작되던 1900년 파리 수학자 대회에서 힐베르트는 20세기 수학의 가장 큰 과제들을 선별한 스물세 가지 문제를 발표하여 20세기 수학의 미래를 예견하고 새로운 분야의 발달을 촉진시켰다. 그는 수학의 완전한 체계를 구축하는 미래를 계획했다.

1900년에 발표한 힐베르트의 스물세 가지 문제 중 두 번째 문제가 수학의 무모순성을 증명하는 일이었다. 이것은 에러가 없는 수학을 의미한다. 에러는 어디에나 있을 수 있고, 수학에서의 에러란 곧 모순을 의미한다. 하지만 수학은 단 하나의 모순이라도 있다면 매우 심각해지는 분야다. 그래서 힐베르트는 초수학(메타수학)이라는 분야를 발전시키기도 했다.

흔히 산수와 수학을 혼동하지만, 산수는 숫자 계산인데 반해 수학은 그런 계산이 항상 옳은지를 증명하는 학문이다. 증명을 했는데 모순이 있다? 이것은 앞뒤가 안 맞다는 것이므로, 증명 자체가 물거품이 된다. 수학 전체가 물거품이 될 수가 있다. 그래서 수학은 무無모순의 체계, 즉 일관적인 체계를 1차적으로 추구하게 된다.

힐베르트가 수학의 무모순성을 추구하게 된 것은 수학의 역사 때문이다. 수학은 유클리드 기하학 성립 이후 세상에 대한 절대 지식으로 간주되었다가 비유클리드 기하학이 발견되면서 그 절대성에 타격을 입었다. 그 후 칸토르가 집합론으로 다양한 수학 체계를 통합하면서 새롭게 발전시켰지만, 그 직후 수학에서 모순이 발견되었던 것이다.

힐베르트가 시도한 방법은 공리체계라는 수학의 오랜 전통을 현대화하여 사용하는 것이었다. 공리에서 추론된 정리들이 완벽하게 서로 의존하게 함으로써 그 사이에서 앞뒤가 맞지 않는 내용은 나오지 못하도록 하는 것이다. 사실 이것은 힐베르트만이 원한 것이 아니라 모든 수학자들이 원한 것이었다. 수학이 어떤 내용이 옳다는 것을 증명하는 학문이기 때문에 이것은 자연스럽다.

결과적으로 이 부분에서 수학은 점점 발전하고 있다. 1800년대 후반에 비유클리드기하학의 무모순성이 증명되었는데, 그 조건은 유클리드기하학이 무모순일 경우에 한했다. 또 체르멜로-프랭켈 집합론 체계에서 선택 공리를 제외한 체계가 무모순이라면 그 공리를 더한 체계도 무모순이라는 것도 증명되었으며, 전체적으로 수학의 주요 분야에 대한 무모순성은 산술이 무모순적이라는 가정하에서 증명되었다. 그럼 산술은? 산술 자체의 무모순성을 산술에 기반해서 증명하는 것은 불가능하다는 것이 쿠르트 괴델에 의해 증명되었다. 이것이 괴델의 불완전성 정리이다. 오늘날 수학에서 에러를 제거하는 데에는 한계가 있다는 것이 정설이다.

심리

인간의 심리적 오류
정신분석학과 인지심리학의 관점

╳
╳
╳

오스트리아의 정신과 의사이자 정신분석학의 창시자인 프로이트는 심리적 오류에 대해서 심층적으로 연구했다. 그의 대표 저작인 《정신분석학 입문》은 크게 세 부분으로 구성되어 있다. 1장에서는 오류(실수), 2장에서는 꿈, 3장에서는 노이로제(신경증)을 무의식이 관여하는 정신분석적 입장에서 다루었다.

프로이트는 개인의 심리적 오류에 대해서 잘못 말하기, 잘못 읽기, 잘못 듣기, 망각, 분실, 착각 등으로 정의했다. 그리고 오류에 대해 가벼운 장애, 정신적 행위의 부정확함, 피로 상태, 흥분 상태 등이 원인이라고 보았다. 프로이트는 오류는 잘못된 것이 아니라 타당한 행위로 예측했거나 혹은 의도했던 행위와는 다른 상반된 행위로 여겼다.

오류가 발생하는 가장 큰 원인은 다른 의도의 상호작용 때문이라 보고, 오류를 통하여 그 사람의 심리 혹은 정신을 분석할 수 있다고 주장했다. 무의식을 중시한 프로이트는 무의식적으로 어떤 것을 회피하려는 자기 보호적 심리로 인하여 오류가 생겨날 수 있다는 주장이다. 그러나 프로이트의 정신분석학이 현대 심리학에서 차지하는 비중은 크지 않으며, 특히 실험심리학자들(기초 심리학자들) 중 정신분석학을 지지하는 학자는 찾아보기 어렵다. 정신분석학은 과학의 영역보다는, 문학이나 예술 비평 등 심리학이 아닌 다른 분야에서 자주 사용되고 있다. 필자 개인 경험으로는 "무의식적으로 어떤 것을 회피하려는 자기 보호적 심리로 인하여 오류가 생겨난다."는 프로이트의 주장은 설득력 있게 느껴진다.

정신분석학에서 오류는 뇌에 제대로 입력된 정보가 정신 영역의 간섭에 의해 나타나는 행위라면, 인지심리학에서 오류는 다르게 정의하고 있다. 인지과정에서 생기는 오류를 착시Optical_illusion라는 개념으로 설명한다. 스위스 철학자이자 발달심리학자 장 피아제(1896-1980)를 시작으로 지금까지 발전하고 있는 인지심리학에서 착시는 다시 여러 갈래로 구분된다. 생리적 입력이 뇌에서 편의주의적으로 잘못 인지되는 인간의 보편적인 오류, 다른 사람과의 관계나 사회적 현실 등의 사회적 영향에 의해서 생길 수 있는 개인의 정신적 오류 등으로 나뉜다. 인지적 오류 중에서 인지 왜곡은 우울이나 불안과 같이 심리 사회적 요소가 크게 영향을 주어 발현되고 지속되는 비이성적인 사고를 말한다.

"소녀는 아이스크림 한 숟가락을 먹는다. 소녀는 다이어트가 완전히 실패했다고 생각한다" 이분법적 사고로 일상에서 벌어지기 쉬운 인지 왜곡의 대표적인 사례다. 이는 '과잉 일반화'로 설명할 수 있다. '과잉 일반화'는 불충분한 증거로 성급한 일반화를 해버려 비슷한 사례가 몇 번 반복되는 것을 지나치게 믿어버려 사고의 유연성을 잃고 잘못된 관념이 고착될 수 있다.

'다이어트에 들인 노력이 부분적으로 성공을 거두었다'고 생각할 수도 있는데 과잉 일반화 탓에 '다이어트 완전 실패'라고 단정 짓고 포기해버린 것이다.

원하는 정보만 선택적으로 모으거나 어떤 것을 설명하거나 주장할 때 편향된 방법을 동원하는 확증 편향과 비슷하지만, 어느 한 상황에 있어서 부정적인 부분에만 집중하고 긍정적인 부분을 간과하는 '필터링'도 우울이나 불안에 의하여 인지가 왜곡되는 사례이다. 그리고 긍정적인 경험들이 아무런 동기나 명분이 되지 않는다고 고집하면서 긍정적인 경험을 거부하는 '긍정 격하', 자신의 감정과 연결된 사고가 외부의 현실 세계에 꽤 반영된다고 믿는 '감정적 추리'도 현대 심리학에서는 인지 왜곡의 대표적 사례로 꼽고 있다.

이 밖에도 여러 인지 왜곡 사례가 있겠지만, 자동으로 일어나는 사고 범주이며 이성적으로 검토할 수 있는 논리적 오류와 다르기에 인지 왜곡은 벗어나기가 쉽지 않다. 그러나 왜곡된 결론과 편향된 결론에 대한 믿음의 오류가 반복되는 굴레가 나에게 내재할 수 있다는 객관적 사고와 보다 합리적인 근거를 두고 결론을 내리려고 노력함으로써 우리는 진실에 다가서고 건강한 정신을 유지할 수 있을 것이다.

14장

편향

녀 또 코끼리 생각해?
생각을 가두는 언어의 감옥

✕
✕
✕

코끼리는 생각하지 말라니까!

미국의 인지언어학자 조지 레이코프가 쓴 《코끼리는 생각하지마》에서는 '프레임frame'을 설명하면서 코끼리를 이용했다. 사람들은 생각하지 말라는 특정 대상을 말하는 순간 생각하지 말라고 해도 제일 먼저 그것이 떠오르게 된다. 즉, 코끼리를 생각하지 말라고 하면 사람들은 이내 코끼리를 생각해버린다. 그는 다음과 같이 덧붙인다.

사람들이 진실을 알려주면 옳은 결론을 내릴 것이라는 것은 막연한 믿음이다. 현실은 그렇게 단순하지 않다. 진실이 사람들에게 받아들여지려면 그것은 사람들이 가지고 있는 기존의 프레임에 부합해야 하며, 그렇지 않을 경우 진실은 버려진다.

'프레임'은 액자, 틀 등의 사전적 의미 이외에 인지과학에서 우리가 세상을 바라보는 방식을 형성하는 정신적 구조물이라는 의미가 있다. 우리가 추구하는 목적, 우리가 설계한 계획, 우리가 행동하는 방식, 그리고 우리 행동의 좋고 나쁜 결과를 결정하는 것 등이 바로 프레임이다. 특히 정치에서 프레임은 사회정책과 그 정책을 수행하고 수립하는 제도를 형성하기 때문에 프레임을 바꾸는 것은 이 모두를 바꾸는 것이며, 이를 재구성하는 일이 바로 사회적 변화다.

프레임을 구성하는 일에서 가장 중요한 것이 바로 '언어'다. 레이코프는 "자신의 세계관에 부합하는 언어를 취합하는 것"으로 설명한다. 세금을 의무라고 강조하기보다는 '일종의 투자'라고 설명하는 화법이 바로 그것이다. 미국의 조지 부시 대통령이 프레임 전쟁에서 이긴 얘기다. "바보야! 문제는 경제야"라는 구호로 부시 행정부가 놓치고 있던 경제문제를 집요하게 파고들었다. 보수의 담론을 진보의 담론으로 바꾸어놓은 성공적인 프레임 전환이었다. 빌 클린턴을 대통령으로 만든 성공적인 구호였다. "경제를 살려주겠지" 바로 이명박 대통령을 선택하게 된 프레임이었다.

오늘날 프레임이라는 말은 사회 전반적으로 광범위하게 사용되고 있다. 상대방을 내가 만들어 놓은 프레임에 가둬서 담론에서 유리한 위치를 차지하기 위해 많은 노력을 기울인다. 이른바 프레임 전쟁이다. 코끼리에 대한 주제에서 벗어나고 싶은데, 생각하지 말라고 하면 할수록 더욱 코끼리를 생각하게 만드는 것이다. 코끼리가 하나의 프레임이 되어 모든 담론이 코끼리를 중심으로 논의가 이어진다. 이때는 아예 코끼리를 언급조차 하지 말아야 하고 다른 주제를 꺼내서 화제를 전환해야 한다. 이것이 바로 프레임 전환이다.

우리는 믿는 것을 본다

주의 선택성을 주의하라

✕
✕
✕

백문이 불여일견 百聞이 不如一見

본다는 것이 우리의 인식에 직접적으로 영향을 미치고 있다는 의미다. 우리는 무엇인가를 확신하여 말할 때 "내 두 눈으로 똑똑히 보았다"라고 흔히 말하면서 눈에 보이는 것을 강하게 확신한다. 과연 우리가 본 게 다 맞을까?

눈으로 본다는 것은 과학적으로 설명하면 "사물에서 방출되거나 반사 또는 투과된 빛이 볼록렌즈 구실을 하는 우리 눈의 수정체를 지나 두 개의 망막에 각각 거꾸로 된 상을 형성하고 빛이 망막에서 전기신호로 변환되어 뇌에 전달되고 뇌가 그 정보를 처리하여 사물을 인식하는 것"을 의미한다.

전자기 파동인 빛은 사물과 인간의 눈을 연결하는 매체다. 인간의 눈으로 볼 수 있는 가시광선은 1초에 430조~750조 번 진동하는 전자기 파동으로 1초에 대략 1억 번 정도 진동하는 FM 방송 전파보다 약 500만 배나 빠르게 진동한다. 우리의 눈과 사물을 이어주는 가시광선도 파동이므로 굴절이나 회절, 간섭 등의 현상이 일어나는데 물에 잠긴 막대가 꺾여 보인다든지 빗물 위의 기름막이 무지갯빛을 나타내는 것이 그 일례다.

이러한 파동의 기본성질 때문에 우리가 파동을 이용하여 사물을 관찰하고자 할 때 그 파동의 파장보다 작은 물체를 구분하기 어려운 근원적인 제한이 있다. 가시광선 영역의 주변에는 파장이 짧은 빛인 자외선과 파장이 긴 빛인 적외선이 있다. 인간의 눈은 가시광선은 볼 수 있지만 적외선이나 자외선은 볼 수 없다.

그렇다면 우리가 보았다고 확신하는 것은 과연 믿을만한 것인가? 그렇지 않다. 가시광선 내에서도 우리는 착시현상으로 인해 정확하게 사물을 보지 못할 때도 있다. 보이는 것이 모두 진짜는 아닌 셈이다. 우리가 사물의 어디에 관심을 두느냐에 따라 존재하는 것은 중심이 될 수도 있고 배경이 될 수도 있다. 때에 따라 정답을 알고 있다고 제대로 볼 수 있는 것도 아니다. 예를 들어, 막대의 길이가 동일한 막대들을 세워둘 경우라도 뒤에 있는 막대가 길어 보인다. 멀리 있는 것은 실제보다 작아 보인다는 원근법을 추론의 근거로 한 착각이다. 이처럼 학습이 가장 큰 착각의 요소가 되기도 한다.

사람들은 보는 것을 믿을까? 아니면 믿는 것을 볼까? 여러분은 이제 어떤 것이 타당하다고 생각하는가? 사회과학자들은 보는 것을 믿는 것이 아니라 이제 '믿는 것을 보는' 세상이 오고 있다고 한다. 많은 연구에서도 믿는 것을 보는 경향이 있다고 한다. 일상에서도 이런 경향을 찾아볼 수 있다.

이를테면 내 아이가 공부를 잘하면 머리가 좋다고 생각하지만 남의 아이가 공부를 잘하면 과외공부 등을 했다고 생각하는 식이다. 반대로 자기 아이가 공부를 못하면 친구를 잘못 만났다고 생각한다. 그러나 남의 아이가 공부를 못하면 원래 머리가 나쁘다고 생각한다. 이 역시 공부를 못한다는 사실은 동일하지만 그에 대한 해석이 다르다. 이는 실제 존재하는 사실을 있는 것 그대로 보기보다는 자기 자신의 관점에서 해석하는 경향성을 보여준다.

이런 경향은 여러 사례에서 발견된다. 사람들은 여러 정보 중에서 일정한 정보에 우선적으로 주의를 기울이게 되는데 이를 주의 선택성selectivity이라고 한다. 사람의 주의 능력은 매우 제한되어 동시에 여러 가지 일에 주의를 기울이기 힘든 탓에 선택성의 원리에 따라 우선순위가 낮은 정보는 무시하는 경향이 있다. 우리는 믿는 것만 보거나 듣는 경향이 있기 때문이다.

심리

선택과 집중 능력
칵테일파티 효과를 아십니까

✕
✕
✕

먼저 클럽파티로 이야기로 시작해보자. 클럽에는 진정한 능력자들이 계신다. 쾅쾅거리는 비트와 스피커를 찢을 듯한 고음 속에서도 고객들이 불편할까 영민하게 귀를 쫑긋 세우며 민첩하게 테이블 사이를 오가는 웨이터들이다. 청각과 시각은 물론이고 정신까지 혼미한 광란의 현장에서도 맥주면 맥주, 위스키면 위스키, 한 잔인지 두 잔인지 헷갈리는 일 없이 미션을 완수한다. 내가 하는 주문의 내용이 잘못 들리지 않을까 하는 걱정은 접어두자. 그들에게는 '선택적 지각'이라는 기능이 발달되어 있으니 말이다.

그런데 이 능력은 특별한 사람에게만 허락된 재능이 아니다. 나에게도 당신에게도 탑재되어 있는 보편적인 능력이다. 그렇지 않다면 우리는 정보의 홍수 속에서, 혹은 일상의 소음 속에서 아무 것도 듣지 못하고 판단하지 못하게 될 테니까. 선택적 지각이라는 기능 덕분에 우리 모두는 칵테일파티 효과를 일상적으로 경험한다.

칵테일파티 효과라는 말은 영국의 인지과학자 콜린 체리(1914-1971)가 처음 명명한 이름으로, 시끄러운 환경에서도 자기에게 필요한 정보를 선택적으로 받아들이는 현상을 말한다.

지하철을 타고 헤드뱅잉을 하던 사람도 자신이 내릴 역의 이름은 귀신같이 알아듣고 내린다. 사람의 뇌는 수면 중에도 자신에게 의미 있는 정보를 수집하려는 의지를 보이기 때문이다. 기차 철로 옆에 사는 사람들은 다른 사람들에게는 심각할 수 있는 기차 소리에 비교적 무감각하다. 일상적 소음을 선택적으로 무시하기 때문이다. 이처럼 인간의 지각 능력 가운데 가장 신비로운 것 중 하나가 바로 선택과 집중의 능력이다. 필요한 정보에는 귀가 크게 열리고, 불필요한 정보는 무시할 수 있는 능력. 모두 일상 속에서 겪는 칵테일파티 효과다.

이스라엘의 과학자들은 칵테일파티 효과가 심리적인 이유를 넘어 두뇌 움직임과 관련이 있다는 증거를 과학적으로 입증했다. 실험자에게 여러 목소리를 들려주었다. 실험자는 여러 목소리 가운데 단 한 가지 음성에 반응했는데, 이때 소리에 반응하는 두뇌 스펙트럼이 비디오 영상에 촬영된 것이다. 실험을 주관한 이스라엘 출신 인지신경과학자 엘라나 지온 골룸빅 박사는 저서 《뉴런의 발견》에서 다음과 같이 밝혔다.

눈이 보고 싶은 것이 있는 방향으로 움직일 수 있는 것과 달리, 귀는 듣고 싶은 소리가 있는 쪽으로 움직일 수 없다. 그러므로 원하는 소리를 걸러내는 작업은 근육세포가 아닌 신경세포의 일인 것이다. 공학자들은 지난 수십 년간 주변 소음을 줄이고 중요한 소리만을 부각시키기 위한 노력을 해왔다. 원하는 소리만을 증폭시키는 작업은 쉽지 않다. 하지만 인체는 이러한 작업을 훌륭히 해내고 있었다.

이로써 전지전능한 스마트폰보다 인간의 두뇌가 뛰어난 점 하나가 입증되었다. 음성인식 기능이 탑재된 스마트폰이나 가정용 인공지능의 경우 원하는 소리를 선택해서 듣는 기능이 영 미흡하다. 나를 주인으로 섬기고 내 말만 듣기로 했지만 주변의 소음과 섞여버리면 주인의 목소리도 구분하지 못하지 않는가. 선택과 집중할 수 있는 능력, 선택하고 무시할 수 있는 능력, 물론 인공지능에게 이 정도는 시간이 해결해줄 아주 경미한 문제일 수 있다. 이 시점에서 중요한 것은, 인간은 이미 그 능력이 탑재된 채 태어난 존재라는 것이다.

5부

소통

누구와 연결될 것인가

15장

미디어

매혹적인 소셜미디어
어디서부터 어디까지 SNS인가

✕
✕
✕

이것은 서비스 미디어도, 정보 미디어도 아니다. 바로 소셜미디어다. 우리를 만드는 것이 아니라 매혹시키는 미디어다.

1997년 사업가 겸 컨설턴트인 티나 샤키는 커뮤니티와 같이 사람들의 관계를 엮어주는 서비스를 통틀어 '소셜미디어'라고 부르기 시작했다. 그의 예상은 적중했다. 2004년에는 사업가 크리스 시플리가 개념화하면서 참여, 공유, 개방을 지향하는 웹2.0 기술에 기반한 사람과 사람의 관계를 지향하는 서비스로 자리 잡았다. 2000년대 닷컴버블과 함께 소개된 소셜미디어는 2010년 새로운 서비스가 등장하면서 급속도로 확산되었다. 이는 소수의 주요 언론사가 독점적으로 생산한 뉴스, 정보, 오락을 불특정 다수 혹은 수동적 독자층에게 일방적이며 공적으로 전달했던 기존의 '매스미디어'와는 구별된다.

소셜미디어는 저널리즘 환경까지 바꿔놓았다. 뉴스의 생산과 소비, 그리고 언론이 만들어내는 사회적 의제의 확산 과정에도 영향을 주게 된 것이다. 심지어 SNS에서 언급되는 내용만을 바탕으로 언론보도가 이루어지는 사례가 급증하고 있다.

소셜미디어는 이용자에게 다른 이용자와 연결을 원하는지를 즉각적으로 확인시켜준다. 이용자들끼리 소통할 수 있으며, 정보와 콘텐츠도 쉽게 공유할 수 있다. 그 덕분에 의견이나 정보가 쉽고 빠르게 퍼져나갈 수 있게 되었다. 일반적으로 개인이 유지할 수 있는 집단의 규모는 제한되지만, 소셜미디어는 이보다 훨씬 크고 또 집단도 많이 형성할 수 있다. 연결된 친구의 수나 좋아하는 글의 수 등으로 타자에 대한 평판체계를 갖추고, 이용자들이 자신의 정체성을 다양하게 노출할 수 있다. 이를 통해 이용자들 간의 관계를 확장할 수 있는 플랫폼이 되고 있다.

소셜미디어는 이용자 간 관계망을 통해 이용자가 적극적으로 참여해 정보와 지식을 생산, 공유, 소비하는 서비스를 제공할 수 있는 웹 기반의 플랫폼이라는 관점에서 끊임없이 진화하고 있다. 현재 한국을 제외한 대부분의 나라에서 소셜미디어는 SNS, 블로그, 위키, UCC, 마이크로 블로그를 아우르는 개념으로 이해된다.

우리나라에서는 SNS와 소셜미디어를 혼용하기도 한다. 구분하자면 이렇다. SNS는 온라인 인맥 구축 서비스로 1인 미디어, 1

인 커뮤니티, 정보 공유 등을 포괄하는 개념이다. 참가자가 서로에게 친구를 소개해 친구 관계를 넓히는 것을 목적으로 개설된 커뮤니티형 웹사이트를 말한다. SNS는 소셜미디어에 포함되는 개념이라는 측면에서 '포괄적인 의미를 갖고 있는 소셜미디어'라는 것이 정확한 표현이다, 우리나라에서 SNS는 주로 페이스북, 인스타그램, 링크드인, 트위터, 카카오스토리 등의 서비스가 여기에 해당된다. 이용자의 생각이나 뉴스 등을 실시간으로 작성해 공개하는 마이크로 블로그를 가리키기도 한다.

일부에서는 블로그와 마이크로 블로그 등이 SNS에 속한다고 보는 견해도 있다. 영미권에서는 일상생활에서 대부분 소셜미디어라는 표현을 주로 사용하며, SNS는 보통 문자메시지의 뜻을 가진 SMS Short Message Service와 연결지어 생각하는 경우가 있다.

소셜미디어는 이용자의 입장에서 자신의 생각을 배포하고 소통한다는 측면이 강조되는 반면, SNS는 서비스 제공자가 마련한 플랫폼 및 이 플랫폼이 열어둔 가능성에 초점을 맞춘다. 실제 두 개념은 거의 차이가 없지만 SNS라는 용어에는 '서비스'의 측면에서 플랫폼 제공자 또는 인프라로서의 매체라는 의미가 포함되어 있다. 한편 소셜미디어는 기존의 대중매체나 온라인매체를 넘어서 개인이 독립된 저널리스트 역할을 능동적으로 수행할 수 있는 매체로 주목받는다.

소셜미디어가 저널리즘의 작동 방식에 대한 변화를 의미한다는 견해도 있다. TV, 신문, 잡지, 라디오 등과 같은 전통적 매체가 일 대 다 one-to-many의 일방적 관계형에 기초한 커뮤니케이션의 속성을 가졌다면, 소셜미디어는 다양한 형태의 콘텐츠가 다양한 이용자들에 의해 생성되고 공유되는 다 대 다many-to-many의 쌍방향적 관계성을 토대로 하기 때문에 1인 미디어, 1인 커뮤니티의 특징을 지닌다. 따라서 소셜미디어는 사람과의 관계를 생성하고 강화하는 것은 물론 더 나아가 방송매체의 일방적 독백을 사회적 매체의 대화로 변환시킨다. 나아가 이용자들이 콘텐츠 소비자이자 콘텐츠 생산자가 될 수 있어, 이제는 정보의 민주화와 개방화를 촉진시키는 기반이 되고 있다는 점에서 더욱 주목된다.

상식

미디어의 어원
무엇을 누구에게 퍼뜨릴 것인가

✕
✕
✕

1818년 영국의 소설가 메리 셸리는 소설 《프랑켄슈타인》으로 일약 스타덤에 올랐다. 괴기, 미스터리, 공포를 주제로 한 고딕소설의 전형이자 과학기술 만능주의를 통렬하게 비판한 소설로, 문학은 물론 대중문화에 이르기까지 널리 영향을 끼친 고전이다. 고딕소설은 죽은 자의 환생, 유령의 집 등 음산한 분위기를 설정하고 보이지 않는 혼령에 대한 이야기를 전형적으로 다룬다.

과학기술이 발전하던 19세기에 왜 이런 괴기스러운 고딕소설 장르가 유행했을까. 전신(축음기)(1877), 전구(1879), 무선통신기(1895), 영화(1895), 전화(1876) 등 눈부신 발전을 이루었던 19세기 서양 사회의 한편에는 심령술이 유행하고 있었다. 메리 셸리도 심령회에 자주 참석했던 것으로 알려졌다. 중세까지 막강한 영향력을 발휘했던 종교는 19세기까지 영향을 미쳐, 유럽과 미국에는 신과 직접 만나고자 하는 붐이 일어났던 것이다.

심령술은 교회를 중심으로 신과 소통하고자 하는 과학적인 접근법 중 하나였다. 구리와 아연으로 만든 물통에 자석으로 만든 줄을 담근 기상천외한 심령장치가 발명되고, 이를 이용하면 영적인 존재와 소통할 수 있다고 믿었던 사람들이 적지 않았다. 영혼과의 교신 혹은 영적인 존재와 연결해주는 매개체를 영매靈媒라고 한다. 영어로는 미디어media, 미디엄medium의 복수형이다.

미국의 화가 겸 발명가인 새뮤얼 모스가 한 줄로 된 전신 시스템을 완성하고 1844년 5월 24일 워싱턴 D.C.와 볼티모어 간 전신을 개통했다. 이때 발생하는 길고 짧은 리듬으로 이루어진 모스 부호조차 영혼과 연결하는 소리로 인식하는 사람들이 적지 않았다.

보이지 않는 무엇과의 연결을 원했던 대중들의 바람을 뒤로하고 미디어는 첨단기술을 적용해 순식간에 발전하기 시작했다. 전신국이 미국 전역을 뒤덮고, 1814년 영국에서 발명된 증기 인쇄기를 도입해 신문의 발행 부수를 획기적으로 늘릴 수 있었다. 한 시간에 300장을 찍던 신문이 증기 인쇄기의 도입으로 10배나 늘어난 3,000부가 너끈히 발행되었다. 정보가 산업생산물이 된 것이다. 게다가 토머스 제퍼슨은 언론 자유를 헌법으로 보장하면서 영국보다 훨씬 개방적인 미디어 환경을 갖췄다.

전문직으로 기자가 등장한 시기도 이때다. 이전까지는 인쇄업자가 기사를 작성하는 경우가 대부분이었다. 1770년대에는 영국의회의 토론을 신문을 통해 보도하기 시작했는데, 이 기사를 쓴 사람이 최초의 전문기자라고 할 수 있다. 당시 영국 의회에서는 메모를 허락하지 않아 기자가 되려면 기억력이 매우 뛰어나야 했다. 19세기가 되자 런던의 신문들은 중요한 재판과 유럽의 전쟁터에도 기자를 보내기 시작했다. 미국에서는 처리해야 할 기사가 쏟아지면서 취재하고 원고를 작성하는 전문가가 필요했다.

시작은 속보경쟁이었다. 1835년 〈뉴욕 헤럴드〉를 창간한 제임스 고든 베넷은 유럽의 뉴스를 경쟁지보다 한 시간 먼저 알아내는 정보원에게 500달러를 주겠다고 선언했다. 그 덕분에 뉴욕 헤럴드는 성공적인 미디어로 자리 잡았다. 유럽의 신문이 정치 소식 중심이었다면 미국은 19세기 초까지 편지, 연설, 시 등으로 지면을 채웠다. 신문을 독자들에게 더욱 많이 팔기 위해 선정적인 내용을 취재해 대중의 눈길을 끄는 기사를 채워나가기 시작했다. 미디어의 선정성에 관한 이야기다.

미디어는 여론을 조성하고 교육과 계몽의 역할을 한다. 그러나 일방적인 선전도구로 전락할 수도 있다. 영매와 어원이 같다고 해서 미디어가 영매의 역할을 하도록 내버려둬서는 안 된다. 사실을 있는 그대로 대중에게 전달하고 공동체가 나아가고자 하는 방향으로 이끄는 미디어가 필요한 시대다.

과학으로 본 미디어
파동과 매질을 보라

╳
╳
╳

파동은 물질이 아니다. 에너지가 흐르는 현상이다. 자연에서 무엇인가를 이동시킬 수 있는 방법은 두 가지다. 직접적인 방법과 간접적인 방법. 이렇게 이야기를 하면, 단지 '직접'과 '간접'이라는 용어만 나열한 것이지 특별히 가치 있는 어떤 정보를 준다고 할 수 없다.

무엇인가를, 공간적으로 멀리 떨어진 두 점 A에서 B까지 이동시키는 경우를 생각하자. 물질이 아니라 에너지(변화를 줄 수 있는 능력)라는 비물질적인 속성을 이동시키고자 한다. A에서 B까지 어떻게 이동시킬 수 있을까?

A에서 B로 이동하는 물질에 담아서 이동하는 방법(직접적 방법)이 있을 수 있고, 물질이 제한된 범위 내에서 운동하더라도 연

속적으로 이웃의 물질을 움직이게 하여 에너지라는 속성을 멀리까지 전달하는 방법(간접적 방법)이 있을 수 있다.

일렬로 늘어서 있는 도미노를 생각해보자. 근접해 서 있는 도미노들의 한쪽 끝을 쓰러뜨리면, 도미노가 직접 이동하지 않더라도 도미노가 연속해서 쓰러지면서 운동 에너지가 멀리 이동한다. 한쪽 끝의 운동을 멀리 있는 곳에서 재현될 수 있던 것은, 도미노들이 인접해서 연속적으로 있었기 때문이다. 파동은 이렇게 전달되는 것이다. 직접 물질이 이동하는 것이 아니라, 매개하는 물질(줄여서 매질)이 제한된 공간에서만 운동하더라도 멀리 에너지를 전달한다. 우리가 일상적으로 이야기하는 고전적인 의미의 파동은, 물질을 구성하는 미시적인 입자들이 집단으로 진동하면서 거시적으로 관찰되는 현상이며 에너지를 전달한다.

물이 제자리에서 진동하더라도, 그 진동은 멀리 퍼질 수 있다. 도미노는 쓰러지면서 다음 도미노를 쓰러뜨린다. 도미노가 자신의 자리에서만 쓰러져도, 쓰러짐은 멀리 전달된다. 에너지는 물질이 아니라 속성이기 때문에, 입자와 달리 자신을 이동시키는 방법이 이렇게 간접적으로도 가능한 것이다. 간접적으로 에너지를 전달하는 방법, 그것이 파동wave의 정의다.

그런데 파동을 통해 에너지가 전달되려면 매질media이라는 매개물질이 있어야 한다. 중간에 도미노 사이의 거리가 멀어서 다음 도미노를 쓰러뜨릴 수 없다면 도미노의 연속적 쓰러짐은 중간에서 멈출 것이다. 즉, 에너지를 전파할 잠재력이 있는 물질이 있다고 하더라도, 이웃한 물질에게 자신이 갖는 속성을 전달할 정도로 연결되어 있어야 한다. 물론 처음의 교란, 매질을 움직이게 하는 시작도 필요하다.

> 조건 1) 매질의 어느 곳에서 운동이 발생한다. (파동의 발생)
>
> 조건 2) 발생한 운동이 옆의 물질을 움직일 수 있도록 연결돼 있다. (매질의 조건)
>
> 조건 3) 운동이 전달될 수 있는 매(개물)질이 있어야 한다. (파동의 전달)

파동이 이동하려면 조건 3)과 같이 매질의 입자들이 서로 연결되어 있어야 한다. 물체를 미시적으로 보면 분자들의 결합이고, 분자들 간에는 마치 용수철이 있는 것처럼 연결되어 있다. 한 곳에서 운동이 일어나면, 연결된 용수철을 통해 주위로 운동이 전달된다. 운동이 전달되는 방향이 파동의 진행 방향이고, 에너지의 이동 방향이다.

입자의 경우에 에너지는 입자에 담겨서 이동하기 때문에 운동은 한 가지만 있지만, 파동의 경우에는 매질의 운동과 에너지 이동의 두 가지 운동이 있다. 매질의 운동과 에너지 이동이 나란한 파동을 '종파'라 부르고, 두 운동이 서로를 횡단하는 파동을 '횡파'라 부른다.

종파에는 대표적으로 음파가 있고, 지진파 중에서 처음에 도달하는 P파primary wave가 있다. 횡파에는 대표적으로 빛, 물결파가 있고, 지진파 중에서 두 번째로 도달하는 S파secondary wave가 있다.

횡파는 물질을 구성하는 미시적 입자가 자유롭게 움직일 수 있는 유체(액체, 기체)에서 잘 전달되지 않기 때문에, S파는 진앙거리 103°보다 큰 영역에서 관찰되지 않는다. 이러한 지진파의 분포를 통하여 지구 내부에 액체 상태의 외핵이 있다는 것을 알아낼 수 있었다.

용수철에 매달린 물체는 단순한 진동을 하며, 진동운동이 질량 및 용수철 상수에 따라 달라지는 것을 보았다. 마찬가지로, 파동의 이동은 매질의 운동에 의해서 결정되기 때문에, 파동의 전달 속도는 매질의 밀도와 탄성에 의존할 것을 예측할 수 있다. 일반적으로 파동은 물질이 밀착하여 연결된 높은 밀도의 매질에서 그리고 물질이 단단히 연결된 탄성이 큰 매질에서 전달 속도가 크다.

음파는 공기보다 물에서 그리고 고체에서 훨씬 빨리 이동한다. 그러나 흔히 파동이라고 취급받는 빛은 실질적으로 고전적인 파동과 달리 스스로 진동하며 전달되기 때문에 매질이 불필요하며 오히려 매질의 밀도가 높은 곳에서 느려진다. 빛과 물질의 상호작용이 커지기 때문이다. 마찬가지로 빛은 진동수가 높은 파란색이 진동수가 작은 빨간색보다 같은 시간에 더 많이 물질과 접촉하기 때문에 매질을 지나며 속력이 느려져서 파란색이 빨간색보다 더 많이 굴절한다. 이렇게 진동수에 따라서 굴절되는 정도가 달라지기 때문에, 하얀색 혼합 빛은 프리즘을 통과하면서 색깔별로 나뉘는 분광이 일어나고 물방울에 의하여 무지개가 나타난다.

사회

미디어는 메시지다
마셜 맥루언을 기억하기

✕
✕
✕

미디어는 메시지다 the medium is the message

마셜 맥루언(1911-1980)의 이 말은 커뮤니케이션 혹은 미디어 이론에서 가장 혁명적이고 도전적인 명언으로 간주된다. TV는 이미 한물간 미디어라는 느낌이 들 만큼 유튜브, 페이스북 등의 인터넷과 스마트폰이 우리 삶의 모든 곳을 채우고 있으니, 미디어에 대한 이런 말도 어디선가 우리 뇌리에 이미 들어왔을 수도 있다.

왜 이것이 왜 자주 회자될까? 미디어에 대한 일반적인 이해에서, '미디어'는 '중간' 혹은 '가운데 놓이는 것'으로서 발신자와 수신자 사이에서 메시지를 전달하는 도구다. 그런데 맥루언의 주장은 이 관계를 허물고, 미디어 자체가 메시지라고 주장한 것이다. 도구가 그 자체로서 내용이 되는 것이다.

맥루언의 미디어에 대한 이런 견해는 기술과 도구에 대한 통념을 뒤집는 것이다. 기존의 사고방식에서 현대 과학의 산물인 도구는 좋은 것도 나쁜 것도 아니며 사용방식에 따라 의미가 달라진다는 생각이다. 그런데 맥루언은 기술문명의 중립성을 주장하는 이런 이해가 피상적인 오해며, 기술문명의 본성에 대해 깊은 이해가 결여된 것이라고 보았다. 즉 미디어이자 과학의 산물인 도구 자체가 원래의 쓰임새와 상관없이 의미를 갖는다는 말이다.

그밖에도 맥루언의 "미디어는 인간의 확장이다"라는 주장도 비중이 있다. 이 주장은 그의 저서인 《미디어의 이해: 인간의 확장》에서도 보이는데 여기서 미디어는 단순히 커뮤니케이션을 위한 매체에 한정되는 것이 아니라 옷, 주택, 자동차 등의 모든 도구들을 의미한다. 그렇게 본다면 이런 도구들이 인간의 확장이라는 맥루언의 말은 쉽게 납득할 수 있다.

마셜 맥루언은 캐나다에서 태어났으며 영국 케임브리지 대학 영문과를 졸업하고 캐나다의 토론토 대학 영문과 교수가 되었다. 《구텐베르크 은하계》라는 저서에서 '지구촌global village' 개념을 최초로 제시했으며, 월드와이드웹의 탄생을 예언하기도 했다.

이런 맥루언의 입장을 발전시켜 포스트모더니즘 철학을 이끈 프랑스의 철학자이자 사회학자인 장 보드리야르는 현대의 미디어 문명을 성찰하면서 미디어에서는 그것이 전달하는 메시지보다 미디어 자체의 형식이 궁극적인 요소라고 주장했다. 그리고는 미디어 자체가 메시지라는 점을 소비 분석을 위한 기본 특징으로 간주하고 기술 사회를 거쳐 자본주의 비판으로 확장했다.

또한 철학적으로는 미디어와 메시지의 관계를 언어학적인 기표signifiant가 기의signifié의 관계로 전환해서 철학적 사고를 이어나갔다. 기표란 상징 혹은 언어이고 기의란 그 지시체 혹은 의미인데, 포스트모더니즘의 사고방식에서는 이런 언어철학적 기반을 확장해서 기표에 자동차 등의 모든 도구를, 그리고 기의에는 탈 것이라는 등의 그 쓰임새를 부여한다. 그리고는 "미디어는 메시지다"라는 명제를 결합하면 자동차와 같은 도구가 '타고 이동한다'는 쓰임새를 위해 존재하는 것이 아니라 자동차 그 자체로서 쓰임새가 된다는 결론이 나온다. 요즘 사람들이 강조하는 고급차의 '하차감'에서 드러나듯이 자동차가 신분을 나타내는 상징으로 사용되는 것이 한 예이다.

'미디어는 메시지다' 우리는 이 말을 어떻게 받아들일 수 있을까?

16장

연결

연결하는 인간, 호모 커넥투스
초연결 사회에도 사람이 먼저다

╳
╳
╳

"우리는 단 한 순간도 연결되지 않은 적이 없었다!"

인류 문명을 연결이라는 개념으로 해석한다면 인간을 '호모 커넥투스Homo-Connectus(연결하는 인간)'로 정의할 수 있다. 인간은 누군가와 끊임없이 소통하고 연결하고자 한다. 인간은 연결의 고도화로 언어를 만들어냈고, 예술을 창조하고 촌락과 도시를 형성했으며 산업을 일으켰다. 이젠 인간과의 연결을 넘어 사물이 말을 거는 세상이 되었다. 인공지능을 탑재한 바비인형이 아이들과 대화를 나누고 네이버, 아마존 등에서 선보인 스마트 스피커AI Speaker가 음성으로 쇼핑을 대신해준다. 냉장고가 보관된 음식물과 재료의 유통기한 등을 실시간으로 표시해주고, 옥외광고는 지나가는 사람의 표정을 읽어내 맞춤식 광고를 내보낸다. 미래의 모습이 아니라 첨단기술로 이미 현실이 되었다.

호모 커넥투스로서 인간은 진화를 거듭하고 있다. 변화의 바탕에는 전기, 전자, 통신, 사물인터넷IoT 등 급속한 기술 발전으로 사람 간의 연결은 물론 사람과 사물, 심지어 사물 간 연결 등 말 그대로 연결의 영역 초월로 이동성mobility과 연결성connectivity을 극대화하는 데 있다. 이제는 정보기술과 다양한 혁신기술을 바탕으로 사람과 제품 및 서비스가 언제 어디서건 유기적으로 연결되는 소위 초연결사회hyper-connected society를 경험하고 있다.

전 세계가 24시간 인터넷에 연결되어 있고 디지털 기기도 세계 인구를 뛰어넘을 만큼 많이 보급되었다. 정보 확인은 기본이며 사람, 사물, 공간 등 세상 만물이 인터넷으로 연결되었다. 거의 모든 것에 대한 정보가 생성 및 수집, 공유 그리고 활용된다.

컴퓨터, 스마트폰으로 소통하던 과거의 정보화 사회와 달리 초연결 사회에서는 오프라인과 온라인이 융합해 새로운 성장과 가치 창출의 기회가 더욱 증가하고 있다. 막히는 교통 상황에서 어떤 길로 가야할까? 택시기사가 그 답을 알고 있었던 예전과 달리 이제는 내비게이션이 제공하는 실시간 교통상황 데이터를 믿고 따른다. 사람들은 점점 수동적으로 기계에 의존하게 된다.

호모 커넥투스가 살아가는 사회에서 일자리는 점점 인공지능을 탑재한 기계에 의해 대체될 것이다. 빈부격차는 더욱 벌어지고, 디지털 격차로 인한 갈등 및 소외 현상은 더욱 심화될 것이다. 전문가들은 사물인터넷, 인공지능, 센서 등 기술발달과 교육, 의료, 금융, 교통, 공공, 제조, 유통 등 다양한 분야에서 지능적이고 혁신적인 서비스가 제공될 것이라고 예상한다.

모든 일에는 밝음과 어두움이 있듯이, 기술발달에 힘입어 등장하는 새로운 서비스에는 혜택뿐 아니라 부작용도 분명히 있을 것이다. 한 가지 분명한 사실은 우리가 살아가는 방식 전체에 빅뱅의 변화가 머지않았다는 것이다. 4차 산업혁명을 정의한 세계경제포럼 회장 클라우스 슈밥은 혁명적 변화의 핵심은 '휴머니즘'이라고 주장했다. 인간 본질과 사고방식, 인간관계, 그리고 생활양식을 포함한 전반적인 변화는 인간 중심적 혁명이어야 한다.

'컴퓨터에게 쉬운 문제는 인간에게 어렵고, 컴퓨터에게 어려운 문제는 인간에게 쉽다.' 로봇공학자 한스 모라벡(1948-)의 역설Moravec's Paradox을 다시 생각해보자. 반복되는 규칙을 찾아 효율적으로 처리하는 것은 컴퓨터 혹은 로봇이 강하지만, 창의적이고 직관적이며 혁신적인 부분은 여전히 인간의 몫이다.

초연결 사회를 가져온 기술 진보는 인간의 삶을 편리하고 윤택하게 해주지만, 새로운 변화는 모든 것에서 인간의 존엄을 우선하여 무한한 상상력과 창의력을 핵심으로 하는 인간중심에 초점을 두어야 한다, 우리가 지향하는 호모 커넥투스는 바로 인간과 기술이 협업하되, 인간 중심의 공존사회를 살아가는 존재여야 한다.

도시의 연결관 하수도
인간다운 삶을 위한 설계

✕
✕
✕

화려함과 사치의 상징인 베르사유 궁전에는 화장실이 없다. 품위와 위엄을 생명처럼 생각했던 귀족들에게도 분명 생리활동은 일상이었을 텐데, 그 시절 프랑스에서는 최고의 건축물인 궁전에서조차 화장실이 없었다니. 베르사유 궁전을 둘러싼 풀숲과 나무밑은 오물 천지였고, 악취는 왕과 왕비도 피해갈 수 없는 숙명이었다. 평민들의 삶도 다르지 않았다. 화장실이 따로 없으니 오물을 모아 창밖으로 내다 버리는 일이 허다했다. 길을 걷다 오물을 뒤집어쓰지 않도록 파라솔이 발명되었고, 오물을 최소한으로 밟기 위해 고안된 것이 하이힐이다.

잉글랜드에서는 헨리 8세(1491-1547) 시대에 '하수구'로 알려진 배수로가 거리 곳곳에 설치되었는데, 이로 인한 악취는 말로 표현할 수 없을 지경이었다. 급기야 사람의 배설물을 하수구에 버리는 것이 법으로 금지되었고, 사람들은 집안에 오물통을 두고 각자 배설물을 처리해야 했다.

1810년대에 이르러 런던의 오물통은 무려 20만 개로 불어났다. 사정이 이렇다 보니 19세기 초 개발된 수세식 화장실은 그야말로 신의 축복과 같았으리라. 하지만 이것으로 문제가 말끔하게 해결되지는 않았다. 수세식 화장실은 오물뿐 아니라 많은 양의 물까지 오물통으로 흘려보냈기 때문에 용량을 초과한 오물들이 흘러넘치기 일쑤였다. 하수구를 통해 템스강으로 빠져나간 오수로 인해 눈 뜨고 볼 수 없는 광경과 악취가 만연했으며, 급기야 콜레라와 장티푸스까지 창궐했다.

1858년 여름은 기록적인 폭염으로 유럽이 통째로 익어가는 듯했다. 그해 여름 템스 강변의 악취는 폭염과 버무려져 더 이상 인내할 수 없는 저세상 악취가 되어가고 있었다. 템스 강변의 웨스트민스턴에서 일하던 국회의원들은 정부기관을 통째로 시골로 옮길 궁리까지 했다.

궁하면 통하는 법. 코를 움켜진 채 대책을 논의했고, 결국 거대한 하수도 체계를 만드는 법률을 제정했다. 법률의 초안이 만들어진 지 이틀도 지나지 않아 국회를 통과했으며, 역사적인 토목계획이 지체 없이 실행되었다.

런던 시민들을 악취로부터 해방시킨 구세주는 도시공학자 조셉 바잘제트였다. 그는 새로 설치한 빅토리아 제방과 앨버트 제방 아래쪽의 강변 두 곳에 거대한 배수로 시설을 갖춰 이들 도랑의 오수가 템스강으로 흘러들기 전에 런던 동쪽으로 흘려보냈다. 그곳에서 거대한 탱크에 가둬두었다가 간조 때 강어귀로 방출한다는 계획이었다. 이를 위해 벽돌 3억 1,800장, 콘크리트와 모르타르 67만 2772m^3, 그리고 267만 5799m^3의 굴착작업 등을 감행했다. 거기다가 2만 921킬로미터에 달하는 각 지역의 배수로에서 매일 쏟아져 나오는 어마어마한 양의 오수를 감당할 720킬로미터의 중간급 하수도망도 새로 갖추었다.

바잘게트의 원대한 하수도 건설은 공학적으로도 놀라운 업적이었지만, 효과는 상상 이상이었다. 그의 계획에 따라 수세식 화장실에 길고 널찍한 대규모 터널과 거기에서 갈라져 나온 2차 배수로망을 결합하자 마침내 수세기 동안 떠돌던 도시의 악취가 완전히 사라졌으니 말이다. 모세혈관처럼 연결된 배수관이 정동맥 같은 하수도와 접목되어 이룬, 연결의 힘이다. 콜레라 등의 수인성 전염병이 사라진 것도 당연한 결과였다. 비로소 도시에서 인간다운 삶을 살아가기 위한 가장 기본적이고도 거대한 연결관이 완성되었다.

물론 하수도 체계만으로 오수 문제가 완전히 해결되는 것은 아니다. 이후 바다로 흘러가는 오수를 정화해야 하고, 정화 후 남은 침전물 처리 문제는 여전히 현재진행형의 과제다. 삶의 질이 별거던가. 이 문제를 잘 해결하는 도시와 그렇지 못한 도시의 차이가 바로 삶의 질과 직결되고 있음을 우리는 매일 체험하며 살아간다. 내가 살아가는 이 도시에 하수도 체계가 없다면, 상상만으로도 끔찍한 일일 테니 말이다.

사족 하나. 현대와 같은 하수도 체계를 만든 것은 런던이지만, 이것이 세계 최초라 주장하기는 어려워 보인다. 이미 기원전 3세기경에 인더스 문명은 대규모의 배수관을 갖추고 있었었으며, 기원전 2,600년경 건설된 인더스 문명의 고대도시 모헨조다로 같은 곳에서는 하수도망과 연결된 수세식 화장실을 사용한 기록도 전한다. 기원전 6세기의 로마 역시 '클로아카 막시마'라는 이름의 하수구를 건설해 로마 시내의 오수를 테베레강으로 흘려보냈던 기록이 있다. 오수와 악취로부터 벗어나고자 했던 인류의 염원이 수천 년을 넘어 완성되었음을 확인할 수 있다. 그리고 그 완성의 이면에는 거대한 연결관이 있었다.

에코와 나르시스의 사랑법
사랑으로 연결되기

╳
╳
╳

헬리콘산에 사는 요정 에코는 수다쟁이였다. 조금만 덜 수다스러웠더라면 헤라의 저주도 피할 수 있었고, 사랑하는 나르시스에게 마음을 전할 수도 있었을지도 모른다. 그러나 신화의 세계에 '평범'이란 없다.

그리스인들은 자신들의 신화를 미토스mythos라 불렀는데, 이는 '이야기'라는 의미를 갖고 있다. 신화 속 신과 영웅, 그리고 인간들은 하나같이 평범하기보다는 비범하게 얽히고설켜 이야기를 만들어낸다. 꼬리에 꼬리를 무는 이야기, 그리스 신화 속 인물 관계를 따라가다 보면 혼란스러운 한편, 기시감이 느껴지기도 한다. 사랑과 질투, 음모와 계략, 결혼과 양육, 심지어 혼외정사까지, 인간 세상의 판박이를 보는 듯하다. 어떤 이름은 1인 2역에 다양한 버전의 스토리 전개까지 이어져 난감하지만, 기억해야 할 두 가지를 알면 그나마 수월해진다.

첫 번째, 그리스 신화에서 가장 힘이 센 주신은 제우스다. 최고의 신이자 올림푸스의 지배자로, 하늘과 천둥, 정의의 신이다. 두 번째, 1인자 제우스도 꼼짝 못하는 조강지처의 이름은 헤라. 헤라는 신들과 하늘의 여왕으로, 결혼과 양육을 둘러싼 여성성을 대표한다.

단군 신화에서 환웅과 웅녀를 알아야 하는 것처럼, 그리스 신화에서도 이 두 대표적인 신을 알고 나면 나머지는 그들을 둘러싼 신과 인간, 때로는 요정들의 이야기임을 알 수 있다. 에코 역시 이 둘 사이에 엄하게 끼었다가 벌을 받은 불쌍한 요정이다. 제우스는 호시탐탐 헤라의 눈을 피해 여러 여신들과 바람을 피우고, 이를 눈치 챈 헤라는 현장을 덮치기 위해 기회를 엿보고 있었다. 드디어 조심스럽게 잠복에 나선 헤라. 숨죽이고 있는 헤라 앞에 어떻게 눈치를 챘는지 에코가 나타났다. 눈치가 없는 건지, 본분에 충실한 건지 조잘조잘 수다까지 떨어대는 바람에, 제우스는 헤라의 모든 계획을 눈치 채고 현장을 떠났다.

이후에도 몇 번에 걸쳐 이런 일이 반복되자 헤라는 에코가 제우스의 명을 받고 일부러 자신을 방해한다고 생각했다. 여기서부터는 설이 갈리는데, 정말 에코가 제우스의 명으로 헤라를 방해했다는 설과 그저 에코의 수다스러움과 눈치 없음이 제우스를 돕게 됐다는 설이 있다.

이유야 어쨌든, 헤라는 심하게 화가 났고, 에코에게 다시는 떠들지 못하게 벌을 내렸다. 거기다가 다른 사람이 하는 말의 마지막 부분만 반복해서 말하도록 저주에 가까운 벌을 내렸다. 우리가 알고 있는, '야호~' 하면 '야호~' 하고 되돌아오는 메아리, 에코는 이렇게 생겨났다.

이 산 저 산 골짜기에 숨어서 남의 말만 흉내 내는 에코의 심정은 어땠을까. 슬픔에 빠져 있던 에코에게 기쁘고도 슬픈 일이 일어났다. 한 남자를 사랑하게 된 것이다. 그의 이름은 나르시스. 그는 어릴 때 예언자 테이레시아스로부터 "자기를 모르면 오래 살 수 있다"는 알쏭달쏭한 말을 들었다.

나르시스에게 마음을 빼앗긴 에코는 그의 주변을 맴돌고, 기껏 할 수 있는 말꼬리 따라하기를 반복했다. 짜증이 난 나르시스는 에코에게 화를 내고 더욱 냉담해졌다. 말할 수 없는 사랑에 낙담하고, 냉담한 나르시스에게 실망한 에코는 점점 야위어갔다. 그리고 마침내 복수의 여신 네메시스를 찾아가, 자신의 사랑만큼이나 간곡한 복수를 기원했다.

복수의 여신은 에코의 사랑을 받아들이지 않은 나르시스에게 다른 사람이 아닌, 나르시스 자신과 사랑에 빠지는 벌을 내렸다. 헬리콘 산의 샘에 자신의 모습을 비춰보게 만든 것이다. 예언자 테이레시아스의 예언은 완성되었다. 자기를 몰라야 오래 살 수 있다고 했는데, 그만 자기 자신의 모습을 보고 만 것이다. 샘물에 비친 자신에게 반한 나르시스는 매일 샘가에 나가 하루 종일 자신의 모습만 바라보다 야위어갔다. 끝내 이룰 수 없는 사랑에 말라비틀어진 나르시스의 몸은 사라지고, 그 자리에는 수선화 한

송이가 피어났다.

수선화의 꽃말은 '자아도취.' 자기애가 강한 사람의 성격을 규명할 때 사용되는 용어도 '나르시시즘'이 되었다. 말할 수 없는 사랑과 이룰 수 없는 사랑, 둘 중 어느 쪽이 더 슬픈 걸까.

수학

도형과 수를 연결하다
흥미로운 좌표평면 이야기

⚹
⚹
⚹

어릴 때 수학 공부한 경험을 떠올려보면 이상한 점이 있다. 처음에는 산수를 배운다. 덧셈과 곱셈 그리고 이어 도형을 배운다. 삼각형의 합동 조건과 닮음 조건 등. 여기서 도형과 숫자 계산이 하나의 과목에 묶여 있는 것이 어색하지 않은가?

수학을 아직 배운 적이 없는 사람, 그래서 선입견이 없는 사람들에게, 2차 방정식을 보여주고, 이를 나타내는 도형을 찾으라는 질문을 던지고, 예시로 직선, 원, 포물선을 보여준다. 이때 포물선이 답이라는 것을 알 수 있는 사람은 아무도 없다.

굉장히 이질적이었던 도형과 수 계산을 하나의 분야로 완전히 연결한 것이 좌표평면이다. '나는 생각한다, 고로 나는 존재한다'로 유명한 철학자 르네 데카르트가 좌표평면을 제안하여 도형과 수 계산을 결합한 수학인 '해석기하학'의 토대를 제공했다. 17세기 초반까지 수학은 유클리드 기하학을 중심으로 하는 도형에 대한 논리를 주로 다뤘고 수의 계산은 부속물이었다.

도형을 다룬다고는 하지만 유클리드 기하학은 직선과 원으로 형성되는 형태들에만 제한되어 있었다. 하지만 데카르트 시대에 과학기술이 발전하면서 타원, 포물선 등의 여러 형태도 연구할 필요성이 나타났다. 좌표평면은 이런 점에서도 시대의 요청에 부응하는 발견이었다.

데카르트는 프랑스 투렌 지방의 소도시에서 브르타뉴 주의 고등법원 평정관의 아들로 태어났다. 그의 어머니는 데카르트를 출산한 지 얼마되지 않아 세상을 떠나버렸고 어머니의 특성을 물려받은 데카르트도 병약했다. 그는 학생 때 몸이 약해 수업을 제대로 듣지 못했는데, 대개의 철학자들이 그렇듯 공부는 매우 잘했다고 전해진다. 이런 병약한 데카르트를 두고, 교장 선생님이 데카르트에게 늦잠을 자도 좋다고 허락했고, 데카르트의 늦잠 버릇은 이때부터 시작되었다고 한다.

한편 데카르트는 20대에 용병으로 활동하기도 했다. 당시 유럽 귀족의 자제는 성직자나 군인이 되는 것이 자연스러운 행보였다. 그는 '30년 전쟁' 초기에 참전하게 되었는데, 어릴 때 병약했던 것에 비해 군인으로서 복무도 제법 잘했고 검술 수련도 열심히 했다.

1617년 데카르트가 장교가 되어 네덜란드로 갔던 때의 일이다. 데카르트는 지나가던 행인에게 거리에 있는 네덜란드어를 프랑스어나 라틴어로 번역해달라고 부탁했다. 공교롭게도 그 행인은 네델란드 수학자 아이작 빅만이었다. 그는 기하학 문제를 데카르트에게 내면서 답을 낸다면 번역해주겠다고 역제안을 했다. 아무도 풀지 못했던 문제를 데카르트는 몇 시간에 걸쳐 풀어버렸다. 이후 둘은 친해졌고 데카르트는 군인을 그만두고 수학 연구에 몰두하여 함수의 원리를 처음 계발하게 된다.

이렇게 수학에서 재능을 발휘하게 된 데카르트가 좌표평면을 생각한 것은 사실 어릴 때 늦잠 자며 게으름을 피우던 습관 덕분이기도 하다. 그는 침대에 누워 천장에 붙어 있는 파리를 보고서 파리의 위치를 나타내는 수학적인 방법을 찾으려고 노력하다가 '좌표'라는 발상을 하게 되었다. 데카르트에게는 학창 시절에 침대에서 보낸 조용한 아침의 명상이 철학과 수학 연구의 중요한 역할을 한 셈이다.

그는 수학은 기하나 대수로 분리하지 않고, 종합적인 관점에서 다루어져야 한다고 생각하고, 계산 기호만을 결합한 형식적인 대수학을 만들어서 그 응용을 기하학에 적용했다. 이렇게 기하학과 대수학을 하나로 묶어 생겨난 해석기하학은 이후 미적분학 발전의 중요한 계기가 되었다.

한편 수학자 데카르트가 철학자로 전향하게 된 것은, 1633년 지동설을 주장했던 갈릴레오 갈릴레이가 교회의 심판을 받았다는 소식에 충격을 받은 이후라고 전해진다.

17장

관계

심리

회사도 관계가 중요하다
인간과 경영의 관계

✕
✕
✕

왜 어떤 사람들은 열심히 일하고 어떤 사람은 게으른가? 능률을 높이거나 떨어뜨리는 요인은 무엇일까? 하버드 대학 연구팀은 이런 의문을 해명하기 위해 1924~1932년 미국 시카고 교외에 소재한 전화기회사 웨스턴 일렉트릭사의 호손공장에서 실험을 했다. 연구팀은 한 작업실 안에 설치된 조명의 밝기를 다양하게 조절했고, 다른 작업실에는 조명을 계속 일정하게 유지했다. 그런 뒤 두 집단의 작업 성과를 비교했다. 그러나 결과는 조명에 따른 생산성에 차이는 없었다. 다만 전체적으로 생산성이 향상되었는데, 심지어 조명의 밝기를 낮추었음에도 불구하고 생산성이 향상되었다. 이것이 그 유명한 '호손실험'이다.

오스트레일리아 조직이론가 조지 메이오를 비롯한 연구자들은 1924년부터 1932년까지 8년에 걸쳐 1단계 조명실험에 이어 계전기 실험, 면접조사, 그리고 마지막으로 배전기실험 등 4차례 연구를 수행했다. 1단계 조명실험에 뒤이은 계전기 실험은 보다 정교했다. 여성 실무자를 대상으로 휴식 시간 제공, 간식의 제공, 작업시간 단축 등 특정 작업조건이 작업능률에 미치는 영향을 실험한 것이다. 계전기 실험은 실험이 끝난 후 작업조건을 기존으로 되돌려놓았음에도 여전히 높은 생산성이 유지된다는 점을 발견했다.

세 번째 단계인 면접조사는 면접을 통해 구성원들의 만족과 불만족에 영향을 미치는 요인들에 대한 조사가 진행되었다. 그 결과 작업 의욕이 개인적 감정에 의해서도 영향을 받지만, 그가 속한 집단의 사회적 조건에 따라서도 크게 달라질 수 있음을 확인했다.

그리고 마지막 4단계 배전기 실험에서는 배전기 작업을 하는 14명의 남자 실무자를 대상으로 실험했다. 그 결과 실험 도중 자연스럽게 2개의 비공식집단이 생겨났으며, 업무수행의 과정에서 개인의 능력이나 숙련도, 성과급 등의 제도보다는 오히려 각자의 근로의욕 여하나 암묵적으로 합의된 비공식집단에 의한 규범이 작업능률과 큰 상관관계를 가진다는 것을 확인했다.

사실 호손실험은 의도했던 실험 결과와 다른 결과로 인해 의미 있는 사실을 발견하게 된다. 당시까지 인간은 임금의 많고 적음에 따라 부지런히 일하기도 하고 게으르기도 하는 경제인으로 당연하게 가정했기 때문에 이런 전제가 틀릴 수 있다는 결론에 이른 것이다.

　호손실험이 나오게 되는 1900년대의 시대적 상황은 개인보다는 조직과 기계적인 원칙들이 경영기법에 널리 퍼져 있었고 이러한 기술에 기반한 과학적 관리체계는 공장의 생산성 향상에 기여했으며, 공장의 경영합리화에 기본이 되었다. 그러나 1918년 제1차 세계대전이 끝나고 도전에 직면한다. 전쟁 중에 군수품 생산을 능률적으로 조달하기 위해 도입된 각종 생산관리제도는 비약적으로 발전한 반면, 전시라는 상황에서 노동력은 부족했다. 이에 따라 노동자보다 조직이 우선이라는 논리를 앞세울 수 없었으며, 노동자의 인간적, 인격적 대우를 요구하는 주장을 무시할 수도 없게 되었다. 이로 인해 경영에서 인간관계론이 새로운 경영관리의 초점이 되었다

　그 결과 호손공장에서 일하는 노동자들의 작업능률 혹은 생산성 향상을 좌우하는 결정적인 요인은 노동자들의 사기나 감정과 같은 심리적 태도와 공장 내에 존재하는 비공식적 조직이라는 것이 밝혀졌다. 임금이나 조명의 밝기 같은 환경적 요인도 어느 정도 관계되지만, 그보다는 개인의 사회적 환경과 사내의 인간관계에 따라 작업능률과 생산성 향상이 이어지고 있다는 것이다.

　이 실험은 작업 능률을 향상시키는 것은 물질적 작업 환경이나 경제적 노동조건 이외에 종업원의 태도, 감정에 의한 인간관계, 즉 비공식조직의 중요성을 확인했다. 이 실험을 계기로 경영에서 인간관계론이 중심이 되었으며, 실무자들의 사기를 높여 자발적으로 협력하게 하는 동기유발에 관심을 가지게 되었다. 인간

관계 개선을 위한 제도로 제안제도, 의사소통, 인사상담, 사기조사, 고충처리 등이 논의되었다.

가장 적당한 수준의 조명을 제공하면 노동의 피로를 줄여주고, 노동능률을 높여줄 수 있을 것이라는 가설에서 출발한 호손 실험은 인간이 감정에 의해 움직이는 심리적 존재이며 사회적 존재라는 사실을 밝혀준 의미 있는 실험이다. 이 실험을 계기로 인간관계론은 경영학적 사고에 많은 영향을 미쳤으며, 인간관계를 유지하고 인간적인 배려를 해주는 것이 결국 조직의 생산성 향상에 기여한다는 사고를 형성하는 데 결정적인 기여를 했다.

아부하는 관계에 대하여
역사 속 간신 이야기

✕
✕
✕

온라인 게임으로도 소개된 중국을 대표하는 대하소설 《수호전》
에 간신 캐릭터가 나온다. 채경이다. 실제 인물이기도 한 그가 정
사는 물론 야사 그리고 소설에까지 등장한 까닭은 중국인이면 누
구나 알 수 있는 거물급 간신이자 탐관오리로 역사에 이름을 남
겼기 때문이다.

세상 돌아가는 이치와 인심을 꿰뚫었으며 임기응변에도 강했
던 채경은 벼슬길에 올라 시대에 편승, 승진을 거듭하며 재상의
자리에 올랐다. 역사가 평가하는 그의 행적을 따라가보면 소신이
라고는 찾기 어렵다. 상황이 변하면 유리한 쪽으로 변신해 살길
을 반드시 찾아낸다. 그가 요직에 올라있던 북송 말기 조정은 복
잡했고, 부패했으며 무능했다. 마치 팔색조라도 된 것처럼 채경

은 개혁파와 비개혁파를 낯빛 하나 바꾸지 않고 변신했다. 살길이라고 판단이 되면 누구든 가리지 않고 다가가 그의 마음을 사고 자신의 편으로 만들었다. 또 속내는 감춘 채 사리사욕을 채우고 권력을 유지할 수 있는 방책을 찾는 데 혈안이 되었다. 게다가 자신을 반대하는 정적은 지위고하를 막론하고 죽을 때까지 공격했다. 여기에 한술 더 떠 백성을 가혹하게 착취하는 일에는 눈 하나 깜짝하지 않았다. 대대적인 토목공사를 단행해 민생을 도탄에 빠지게 했으며, 생필품에 가혹한 세금을 부과하는 데 서슴지 않았다. 재상에 올라서는 뇌물을 쉽게 받기 위해 자신의 생일을 널리 알리고 왕이었던 휘종이 궁궐 내 비빈과 궁녀에 만족하지 못하자 변장을 하고 궁궐을 몰래 빠져나와 민가 술집과 창녀촌을 드나들게 했던 비리는 소소한 양념이었다.

막다른 길로 몰린 백성은 '채경을 씻어내면 좋은 세상이 오겠지!'라는 노래를 지어 부를 정도로 그에 대한 분노는 쌓여만 갔다. 그는 여러 차례 유배를 당하고 좌천되었지만 매번 살아나 재기하는 면모를 보였다. 그러나 시작이 있으면 끝도 있는 법. 팔색조 채경은 말년에 지방관으로 좌천되어 가던 중 일생을 마감하게 된다.

5,000년 중국사에는 숱한 간신의 행적이 기록으로 남아 있다. 사람고기를 먹어본 적이 없다는 권력자의 말에 자식을 삶아 바친 제나라 희대의 간신 역아, 외척 간신의 효시로 꼽히는 동한 시대 양, 양귀비의 연줄을 타고 당나라를 뒤흔든 양국충, 환관정치의 원형을 보여준 서한 시대의 석현 등 이루 헤아릴 수 없을 정도이

다. 역사학자 김영수는 저서 《간신》(2009)에 중국의 간신 19명의 행적을 낱낱이 정리해 어떻게 간신이 탄생하고 진화하며 제도권 깊숙이 자리하게 되는지를 설명했다.

간신들은 공통점이 있다. 공사를 구별하지 않고 출세를 위해서라면 어떤 일도 단행한다. 올바르고 정직한 그러나 자신의 출셋길에 방해가 되는 인물이라면 수단과 방법을 가리지 않고 죽을 때까지 그를 공격한다. 또 대체로 달변이며 박학다식할 뿐 아니라 언변이 특출나다. 세상이 변하는 분위기를 재빠르게 감지하고, 변신을 도모한다. 상대방의 마음을 얻는 데 기막힌 기술을 가지고 있다. 특히 방심하는 틈을 파고드는 데 귀신같다. 그러나 백성을 위한 봉사 혹은 공적인 일에는 대개 무능하며 관심이 없다.

공자는 통치자로서 제거해야 할 인물에 다섯 가지 유형이 있다고 했다. 첫째는 마음을 반대로 먹고 있는 음험한 자, 둘째는 사기성이 농후한 말로 감언이설 하는 자, 셋째는 행동이 한쪽으로 치우쳐져 있고 고집만 센 자, 넷째는 뜻은 어리석은 데 지식만 많은 자, 다섯째 비리를 저지르며 혜택만 누리는 자 등이다.

동서양을 막론하고 어느 나라든 충신과 간신이 있었다. 충신이 많은 시기는 통치자가 올바른 방향으로 나라를 이끌어가던 시기였다면, 간신이 득세하면 왕이 무능하거나 부패해 나라가 쇠퇴하는 징조이기도 했다.

사족 하나. 간신의 특징 중에 빠뜨린 게 있다. 연줄을 타고 위로 올라가는 데 특별한 재능이 있다. 실력을 키우기보다 권력자를 감언이설로 구워삶아 안락한 삶을 영위하는 자이다. 간신도 인간이다. 태어나면서부터 간신이라고 낙인이 찍힌 것은 아닐 테다. 결국 인간 내면에 존재하는 악한 기운이 상황에 따라 팔색조로 변신하면 간신이 되고 마는 것이다. 탄탄한 배경과 오랜 공부로 지식이 많은 금수저든 길거리에서 양아치로 배회한 흙수저든 배경과 상관없이 누구든 상황이 닥치면 간신이 될 수도 있다. 소신이 없다면 말이다.

철학

에리히 프롬의 사랑 철학
사랑에도 기술이 필요해

길을 가다 우연히 한 사람을 만났다. 눈길이 그 사람에 걸리고 내 마음이 거기 머문다. 망설임 끝에 "저 실례지만…" 가까이 다가가 말을 건넬 때 그 사람이 내 눈을 바라본다. 바로 그 순간 온몸에 전기가 찌릿찌릿 흐른다. 이것은 사랑의 감정일까?

사랑을 통해서 다른 사람이 내 삶에 들어온다. 그리고 이 사람은 내 삶에서 중요해지고 철학적 존재가 된다. 철학에서는 이를 '타자'라 부른다. 타자와 사랑은 연결되어 있다. 부정적 사랑이든 긍정적 사랑이든 그렇다. 눈길을 돌려 창밖을 보면 눈에 들어오는 행인은 타자가 아니다. 나와 상관없는 사람이고 그래서 타자라 불리지 않는다. 내 인생을 감전시키는 사랑으로 내 삶에 들어온 타자를 어떻게 대해야 할까? 이에 대해 《사랑의 기술》이라는 책으로 답한 철학자가 에리히 프롬이다.

에리히 프롬은 독일 태생의 미국 정신분석학자이자 사회철학자이다. 그는 독일의 프랑크푸르트에서 태어나 엄격한 유대인 가정에서 자랐는데, 젊은 시절에 정신분석학을 공부하면서 유대인으로서의 전통을 버리게 되었다. 이후 하이델베르크 대학에서 사회학과 심리학을 공부했으며 나치 독일의 유대인 탄압을 피해 1933년 미국으로 망명했고 전쟁이 끝난 후에도 미국에서 연구와 저술 활동을 했다. 《소유냐 존재냐》《자유로부터의 도피》《사랑의 기술》등이 널리 알려진 저작들이다. 그의 책은 중요한 논지를 비유와 함께 쉬운 언어로 설명하기 때문에 정신분석학과 철학, 그리고 인문학 서적을 읽기 위한 입문서로 추천되기도 한다.

이 중에서 《사랑의 기술》은 마르크스의 이론과 프로이트의 정신분석학을 결합한 인문서로, 사랑에 대한 우리의 잘못된 태도를 지적하며 사랑의 참다운 의미를 일깨워주고자 한다. '기술art'이라고 해서 연인 간의 호감을 높이는 기교에 대해서 설명한다고 생각하고 이 책을 읽었다가는 낭패를 보기 쉽다.

책의 요지는, 타자와의 사랑을 잘 하기 위해서는 사랑의 본질을 파악해야 하고 이에 맞는 훈련을 해서 기술을 익혀야 한다는 것이다. 프롬에 따르면 사랑은 정서적 감정이나 느낌이 아니라 의지와 노력의 산물인 기술이다. 그의 말을 직접 들어보자.

> 어떤 사람을 사랑한다는 것은 사랑할 줄 아는 힘의 실현이고 집중화이다. 사랑에 내포되어 있는 기본적 긍정은 본질적으로 인간 성

질의 구현으로써 사랑하는 사람을 지향하고 있다. 한 사람에 대한 사랑에는 인간 자체에 대한 사랑이 내포되어 있다.

그 밖에도 그는 도전정신, 모험심, 진취성, 투쟁심, 엄격한 규율을 상징하는 남성성과, 온유함, 예술, 문화, 양보, 관용, 세심함, 배려 등을 상징하는 여성성의 조화가 있어야 완전한 인격체가 될 수 있고, 이것이 사랑의 조건이라고 말한다.

프롬은 동료 심리학자였던 첫 번째 아내와 5년 만에 이혼하고, 두 번째로 결혼했지만 아내는 병약한 여성이었다. 프롬은 그녀를 위해 따뜻한 멕시코로 이사했으나, 얼마 지나지 않아 그녀는 세상을 떠나고 말았다. 이후 프롬은 애니스 프리먼과 1953년에 결혼한 지 3년 만에 이 책을 집필했다. 어쩌면 사랑에 대한 고뇌와 산전수전을 겪은 산물이 책으로 나온 것인지도 모른다.

다만 프롬이 이 책을 쓰던 당시에는 유행하던 프로이트의 정신분석학과 마르크스의 철학이 지금 이 시대에는 그 위세를 잃었다는 점은 염두에 두자. 에리히 프롬의 철학적 바탕을 고려할 때 그의 책이나 주장이 시류에 뒤처진다고 느껴질지도 모르겠다. 그런데 그건 당연한 일이다.

상호 이타주의의 진화
내 등을 긁어주면 나도 긁어줄게

✂
✂
✂

진화론의 전제는, 수많은 생명체들이 생존경쟁과 적자생존을 통해 그 종을 이어왔다는 것이다. 그런데 수많은 생명체가 서로 협력한다는 사실은 진화론의 관점에서 보면 다소 역설적이다. 그래서 이기적 개체로부터 이타적 행동이 출현하는 이유를 밝히는 것이 생물학의 중요한 과제가 되었다.

1971년 미국의 사회생물학자인 로버트 트리버스는 혈연관계가 없는 개체 사이의 협력을 설명하기 위해 상호 이타주의 이론을 발표했다. 상호 이타주의의 기본은 "네가 나의 등을 긁어주면, 내가 너의 등을 긁어준다"는 식의 호혜적 행동이다. 그는 상호 이타주의 주장을 뒷받침하기 위해 유명한 '죄수의 딜레마' 상황을 제시했다.

이 상황은 당신과 당신의 공범자가 범죄혐의로 체포되어 각자 다른 감방에 갇혀 있고 검사가 두 사람에게 각각 제안한 내용은 다음과 같다.

'무죄를 주장하더라도 정황 증거가 충분하므로 모두 2년 징역형을 선고받게 된다. 그러나 만일 당신이 유죄를 자백하고 무죄를 주장하는 공범자에게 유죄 판결을 내리기 쉽도록 협조한다면, 당신을 무죄로 풀어준다. 보복은 두려워 말라. 공범자는 5년을 감옥에서 썩을 테니까. 하지만 둘 다 유죄를 인정하면 똑같이 4년을 선고받게 될 것이다.'

당신이라면 이런 딜레마에서 빠져나오기 위해 어떤 결정을 내려야 유리할까? 공범자가 무죄를 주장하면 당신은 유죄 자백을 하는 것이 유리하다. 당신은 석방이 되고 공범자는 5년형을 받기 때문이다. 그러나 공범자가 유죄를 자백하면 당신의 무죄 주장은 불리하다. 공범자가 풀려나는 대신 당신이 5년형을 살게 되기 때문이다. 이처럼 두 경우 모두 언뜻 보아 유죄 인정이 유리할 것처럼 판단된다. 그러나 반드시 그렇지 않다. 당신과 마찬가지로 공범도 유죄 인정이 좋다고 생각하기 때문이다. 결국 두 사람 모두 석방되기는커녕 4년형을 받게 되므로 무죄를 주장했을 경우보다 옥살이를 2년 더 하게 된다.

이와 같은 죄수의 딜레마 상황은 일상생활에서 자주 반복된다. 이른바 '반복적 죄수의 딜레마'다. 반복적 죄수의 딜레마는 자기중심적인 사람들이 어떤 방식으로 협력할 수 있는가 하는 문제를 제기한다. 이기적 세계로부터 협동이 생겨날 수 있는가 하는 질문이다.

정치학자 로버트 액설로드는 이에 대해 《협력의 진화》에서 가장 설득력 있는 해석을 내놓았다. 반복적 죄수의 딜레마에 빠진 이기적 개체로부터 협력을 이끌어내는 가장 우수한 전략으로 심리학자 아나톨 라포포트가 개발한 보복전략을 제시했다.

'맞받아 쏘아붙이기' 또는 '대갚음'을 뜻하는 팃포탯tit for tat은 "처음에는 협력한다. 그 다음부터는 상대방이 그 전에 행동한대로 따라서 한다"라는 두 개의 규칙이 있다. 팃포탯은 당근과 채찍 정책의 요체를 합쳐놓은 전략으로, 상호협력은 이기주의자들의 세계에서 출현할 수 있으며, 그것은 호혜주의에 입각한 개체들의 기반에서 시작된다고 했다.

그러나 주변에는 호혜주의로 설명하기 어려운 이타적 행동들이 많다. 어려운 사람을 도와주는 사람들, 가끔 타인을 위해 자신의 생명을 던지는 사람들 소식을 듣기도 한다. 인간은 이기적이지만, 항상 그런 것만은 아니며, 그런 측면이 강함과 동시에 더불어 살 줄 아는 지혜를 가진 동물이라는 반증이다. 우리는 그렇게 진화된 것이다.

18장

안팎

정치

세계의 중심을 향하여
신흥 강국과 전쟁의 패턴

✕
✕
✕

열여덟 꽃다운 나이의 '먼로'는 전쟁터에 나간 남편을 대신해 공장으로 갔다. 남성들의 일터였던 공장에는 징집된 남성의 공백을 메우기 위해 차출된 여성들의 노동력이 절대적으로 필요한 시기였다. 먼로를 비롯한 젊은 여성들은 무거운 중장비도 너끈히 다루면서 '전업주부'에서 '직장인'으로 변신했고 저마다의 능력을 과시했다. 제2차 세계대전 당시 미국의 군수품 공장에서 일했던 '리벳공 로지'들의 이야기다. 18살 리벳공 로지, '먼로'는 당시 도허티 부인으로 불렸으며, 훗날 1960년대 미국 영화계에서 일약 스타덤에 오르면서 매릴린 먼로로 불리우게 된다.

리벳공 로지는 전쟁 기간 중 물자와 군수품을 조달하는 주역이 되었다. 당시 1,850만 명의 노동자들이 미국에서 군수품을 조달했는데 이들 대부분은 여성이었다. 특히 조선산업의 경우 여성 인력 비중이 60퍼센트에 이르렀다. 그들이 제조한 군수품은 함정 6,500여 척, 항공기 약 30만 대, 탱크 8만 대, 상륙용주정 6만 대, 지프와 트럭 등 차량 350만 대, 소총과 카빈총 기관총 1,200만 정 등이다.

후방의 군수품 지원과 전방의 참전으로 제2차 세계대전에서 연합군을 승리로 이끈 장본인은 미국이었다. '해가 지지 않는 나라' 영국은 세계 1위 국가의 자리를 미국에 내주게 되었다. 1620년 청교도인 130여 명이 메이플라워호를 타고 영국에서 도망치듯 이주해 세운 나라 미국이 세계를 이끄는 리더그룹의 수장이 되는 순간이었다.

미국은 1944년 뉴햄프셔 브레튼우즈에서 44개 동맹국과 식민지에서 온 730여 명의 대표단이 참가한 가운데 3주 만에 협상을 끌어냈다. 세계은행, 국제통화기금, 국제부흥개발은행 등을 설립하기로 한 것이다. 초토화된 유럽의 재건과 자유무역을 근간으로 한 세계경제 체제의 근간을 마련하는 경제관련 국제기구는 이렇게 탄생했다.

미국이 세계 1등 국가의 자리에 오른 데는 '통 큰' 제안이 있었다. 뉴딜정책을 성공적으로 이끌며 3선에 성공한 프랭클린 D. 루즈벨트는 미국 시장 개방과 관세인하 그리고 해상무역 보호를 제안한 것이다. 미국의 체제하에 종속되는 것을 내심 우려했던 유럽의 참가국들은 놀랐다. '이게 웬 떡이냐' 미국의 제안에 유럽대표단은 주저하지 않고 동의해 1944년 7월 22일 마운트 워싱턴

호텔의 골드룸에서는 미국이 제시한 조건을 비준했다. 브레튼우즈 회의가 끝난 이듬해 제2차 세계대전은 끝났다. 유럽의 회생에는 미국의 지원도 큰 역할을 했지만, 스스로 일어설 수 있도록 미국이 큰 장을 만들어준 것이 중요한 계기가 되었다.

브레튼우즈 협정은 기축통화가 파운드에서 달러로 바뀌는 계기가 되었다. 영국이 파운드의 기축통화 자격을 포기하지 않으려 안간힘을 썼으나, 두 차례 세계대전으로 힘이 빠진 영국에게는 역부족이었다. 게다가 미국에 큰 시장이 열리면서 미국을 중심으로 한 글로벌 인적 물적 교류가 활발해지고 세계 경제에 숨통이 트였다. 미국은 시대적 흐름을 타고 자연스럽게 세계의 주인공이 되었다. 브레튼우즈 협정은 한국, 일본, 중국 등이 경제성장을 하고, 유럽경제공동체와 유럽연합의 등장을 촉진시켰으며, 시간이 흐르면서 미국의 무역적자로 이어지게 되었다. 역사를 되돌아보면 어떤 패권국도 영원하지 않았다. 로마, 스페인. 영국 등 한때 세계를 호령했던 국가들은 흥망성쇠를 겪고 역사의 뒤안길로 사라졌다.

새로운 강자가 등장했다. 중국이다. 1978년 12월 덩샤오핑이 중국공산당 제11기 중앙위원회 제3회 전체회의에서 개혁개방을 선언한 지 30여 년이 지난 2010년, 일본을 제치고 GDP 기준 세계 2위의 경제대국에 올랐다. 그리고 코로나 19의 팬데믹으로 전 세계 경제가 주춤하는 사이 서방국가들에게 중국의 위협은 더욱 커지고 있는 모양새다. 2020년 8월 〈월스트리트저널〉은 코로나를 극복한 중국이 세계 1위 경제 국가의 자리에 오르는 시기가 단축될 것이라고 보도하기도 했다.

혁명사를 되돌아보면 자신이 속한 그룹의 이익을 관철하기 위해서는 이기적인 사고가 작동하게 마련이었다. 프랑스 혁명에서 테니스코트 협약으로 모든 사람에게 자유와 평등이 퍼져나가기까지 수차례 계층갈등과 유혈사태를 겪은 사례가 이를 방증한다. 기득권자들이 사다리를 걷어차는 것도 같은 이유다.

중국은 오랜 역사에서 터득한 이치를 알기에 '도광양회_{韜光養晦}(자랑하지 않고 내공을 숨긴 채 실력을 기른다)' 전술을 내세우며 때를 기다리고 있다. '세계의 공장' '메이드인 차이나=저가상품'이라는 치욕을 묵묵히 견디며 경제발전에 집중해왔다. 전략은 통하고 있다. 매년 8퍼센트 이상의 경제성장을 이루면서 상전벽해의 현장이 되고 있다. 또한 경제, 방위까지 세계적인 수준에 이르면서 미국을 위시한 서구 국가들의 경계는 강도를 높이기 시작했다. 2018년 미국의 화웨이 발 무역보복조치 이후 긴장이 계속되고 있다.

역사적으로 강자에게 필적할만한 신흥 국가가 등장하면 전쟁이 벌어진다는 이론이 있다. '투키디테스의 함정'이다. 신흥 강국이 부상하면 기존의 강대국이 이를 견제하는 과정에서 전쟁이 발생한다는 의미를 담고 있다. 중국의 발전이 미국에 위협이 된다면 전쟁이 벌어질 수도 있다는 논리다. 2012년 그레이엄 T 앨리슨 하버드대 교수가 파이낸셜타임즈의 기고문에 처음 쓰면서 주목을 받기 시작했다.

지속되고 있는 미중갈등이 투키디테스의 함정에 빠질지 세계의 이목이 집중되고 있다. 후발주자의 사다리 걷어차기가 성공할지, 중국이 역사의 흐름을 뒤엎을 수 있을지, 최인접 국가인 남북한이 정신을 바짝 차려야 하는 이유이기도 하다.

심리

인싸와 아싸의 관계
나다운 관계의 양과 질

✕
✕
✕

'인싸'와 '아싸'는 더 이상 새로운 용어가 아니다. 인터넷을 아예 가까이 하지 않거나, 세상 돌아가는 일에 대해 문을 닫고 사는 사람이 아니라면 말이다. 우리는 모두 직장이나, 학연, 혈연, 지연 등의 다양한 무리에 속해 있으며, 그 속에서 다양한 인간관계를 맺으며 살고 있다. 스스로 생각하기에 자신이 속한 무리에서 얼마나 소속감을 갖는지, 어느 정도 참여하는지, 얼마나 책임감과 친밀감을 느끼는지, 모두 차이가 있을 것이다. 대체로 그 차이의 정도에 따라 스스로 인싸 혹은 아싸로 평가한다.

'인싸'와 '아싸'는 영어 단어를 한국식으로 축약한 말이다. '아싸'는 아웃사이더outsider의 줄임말로 무리에 어울리지 못하거나 혼자 노는 사람을 의미한다. 영어 단어의 의미와 유사하다. 그런데 '아싸'는 사람들과 어울리지 못하는 외톨이라기보다 스스로 혼자 지내려는 의도가 담겨 있다는 점에서 나홀로족에 가까운 개념이며, 그런 점에서 다른 사람에 의해 만들어지는 왕따와 분명히 구분된다.

그러나 영어 단어 인사이더insider를 줄인 '인싸'는 조직의 내부자 또는 소식통의 의미로 사용되는 영어의 의미가 아니라, 자신이 속한 집단의 일에 적극적으로 참여하며 집단 내 사람들과 두루 알고 지내는 친화력이 좋은 사람을 일컫는다. 그런 점에서 '인싸'는 한국식 영어조어인 셈이다.

대학에서 편입생, 복학생, 그리고 만학도를 보면 선후배와 어울리지 못하고 혼자 도서관에 있거나 학생식당에서 밥을 먹는 경우를 종종 보게 된다. 소수의 동성친구들끼리 몰려다니다가 병역이나 휴학으로 어울려 다닐만한 사람들이 없어지는 경우, 만학도나 장수생처럼 나이 차이가 많이 나서 동기들과 쉽게 공감대를 형성하기 어렵거나 동기들이 나이 많은 사람들을 대하는 것이 어렵기 때문에 해당 집단 내에서 잘 어울리지 못하기도 한다. 이들은 사회성이 떨어지거나 사교성이 없어서 그렇게 홀로 생활하는 것이 아니다. 물론 그럼에도 불구하고 잘 어울리는 경우도 있고 리더로서 주도적인 역할을 하는 경우도 있다.

후자의 경우를 '인싸'라고 한다면 전자의 경우는 '아싸'로 불린다. 기존의 중심과 주변 혹은 중심과 왕따라는 이분적 구분처럼 중심이 무리를 이끌어가며, 이에 속하지 않은 사람들이 주변 혹은 왕따로 이해되는 것이라면 '인싸'는 좋은 것 혹은 '아싸'는 좋지 않은 것 등 선과 악의 문제는 아니다.

이 개념은 취향의 문제이며 본인의 가치관에 따라 스스로의 행동양식을 따르는 행동을 규정할 뿐이다. 한 사람에게도 어떤 경우는 '인싸'로 행동하면서 도전감, 성취감 등에 만족하는 한편, 어떤 경우에는 '아싸'로서 고독을 즐기거나 혼자 생각하고 정적인 활동을 즐기는 것이 가능하다. 외향적인 사람이 때로는 내향적인 행동을 할 수도 있는 것이다. 외톨이나 은둔자에 대한 기존의 인식은 다소 부정적이지만, '아싸'로서의 외톨이 행동이나 은둔자로서의 활동은 본인 스스로 결정하고 그것을 행동으로 이어간다는 점에서 기존의 개념과 다르게 해석할 여지가 있다.

이제 특정인에게 '인싸' 혹은 '아싸'로 간단하게 규정하는 것은 불가능하다. 특정인의 특정한 행동이 '인싸' 혹은 '아싸'의 성격으로 규정될 뿐이다. 최근에는 이 두 개의 개념을 타협한 인간관계로 '반싸' 혹은 '그럴싸'라는 조어도 사용되고 있다. 인싸와 아싸 중간쯤의 인간관계 개념이다. 안과 밖을 경계 짓지 않고, 왔다 갔다 하는 사람으로 때로는 인싸의 무리에 어울리면서도 때로는 한동안 혼자 있는 시간을 즐기는 사람이 여기에 해당된다. 혼밥이 편하지만 괜히 튀는 것이 싫어서 무리에 섞여 식사를 한다거나 친하지 않은데도 경조사에 나타나는 유형의 사람이다. 이런 유형의 사람이 더 많을 수도 있다.

지금까지 우리 사회에서 살아가기 위해서는 관계 맺기가 무엇보다 중요했다. 그런 관점에서 '인싸'로 살아야만 성공할 수 있다고 믿었으며, 혼자 밥을 먹거나 은둔하는 행동은 사회의 낙오자로 낙인찍히기도 했었다. 한때 치열한 경쟁사회에서 관계 맺기에 대한 집착이 경쟁에 대한 압박으로 표출되어 '인싸'를 중요하게 생각했지만, 세상이 변하고 있다.

인간관계의 양과 질이 변하면서 삶의 질이 중요해지고 이에 따라 자신의 행복과 생각의 질을 중요하게 생각하는 행동양식이 자발적인 '아싸'의 모습으로 표출되는 것이다. 이러한 현상은 바로 자기위주로 생각하고 행동하는 MZ 세대의 한 특징이 되고 있다. 'YOLO' '소확행' '가심비' '워라밸' 등 새로운 가치관을 반영한 트렌드와 같은 맥락에서 이해된다. 이제 인싸와 아싸가 되는 것은 모두 내가 결정한다. 관계 맺기의 중심에 내가 있다.

철학

유머에 관한 심오한 생각
누군가를 웃기고 싶다면

✕
✕
✕

먼저 고전적인 유머를 하나 살펴보자.

> 옛날 옛적, 아주 먼 옛날에, 외로운 개구리 한 마리가 전화상담 서비스에 전화를 해서 그의 장래에 대해 물었다. 상담 전화를 받은 사람은 이렇게 말했다.
> "당신은 당신에 대해 모든 걸 알고 싶어 하는 아름다운 소녀를 만날 것이오."
> 개구리는 기뻐서 어쩔 줄 몰랐다.
> "우와, 잘 됐네요! 그럼 파티 같은 곳에서 만나게 되나요?"
> 그러자 상담원 왈,
> "아닙니다. 생물 시간에 만나게 될 것입니다."

우리는 대체로 이 유머의 같은 포인트에서 실소하게 된다. 이러한 유머는 어떤 원리로 구성될까? 어떻게 하면 나도 재미있는 유머를 만들어낼 수 있을까?

베르그송이라는 철학자는 《웃음》이라는 책에서 생명체가 기계적인 모습을 보일 때 웃음이 발생한다고 말했다. 이현비는 《재미》라는 책에서 다르게 설명하는데, ① 긴장 구조 ② 두 겹 이야기 ③ 공유 경험 ④ 밝은 감정, 이렇게 네 가지 요소가 유머의 조건이라고 설명했다.

먼저 긴장 구조는 긴장이 축적되었다가 해소되는 과정을 말한다. 옛날에 외로운 개구리 한 마리가 아름다운 소녀를 만날 것이라는 기대를 하게 된다. 긴장이 축적되었다. 어디에서 만날까? 파티에서? 그러다가 긴장이 해소된다. 생물 시간에 만나게 된다는 것이다.

두 겹 이야기는 서로 다른 두 개의 맥락이 결합되어 있다는 것이다. 외로운 개구리가 소녀를 만난다? 이건 개구리 왕자의 이야기를 떠올리게 한다. 아름다운 소녀를 만나서 키스를 받으면 왕자가 되지 않을까. 이렇게 긴장의 축적 단계에서는 개구리 왕자 이야기가 있지만 긴장의 해소 단계에서는 생물학 시간에 개구리를 해부하는 이야기가 숨어 있다.

공유 경험은 화자와 청자 사이의 관계다. 유머를 듣는 사람이 유머 속에 있는 '생물시간의 해부 실습'에 대한 경험을 가지고 있어야 한다. 직접 해부를 해보지 않았더라도 그것을 잘 알고 있어야 한다. 생물학 시간의 해부 실습은 토끼도 다람쥐도 아닌, 항상 개구리로 한다는 것을 말이다. 그래야, 맨 마지막 문장인 '생물 시간에 만나게 될 것입니다'를 들었을 때 웃음을 터뜨리게 된다.

밝은 감정은 긴장 해소 단계에서 가볍고 유쾌한 감정을 느껴야 한다는 조건을 의미한다. 어떤 사람은 생명을 신성시해서 개구리 해부에 대해 극도의 불쾌감을 가질 수 있다. 그럴 경우 이 이야기는 유머라기보다는 불쾌한 인생의 쓴맛을 느끼게 해주는 이야기일지도 모른다. 그래도 일정 정도 재미있다고 말할 수는 있을 것이다. 밝은 감정을 뺀 세 요소가 '재미'의 조건이고 네 번째 밝은 감정까지 합쳐져야 유머가 된다.

이런 유머의 조건을 결합하면 마치 안쪽과 바깥쪽이 하나로 연결되는 뫼비우스의 띠 같다. 우리의 삶도, 안쪽과 바깥쪽이 이어지고 반전하는 데서 바로 그 재미가 있다.

세포막은 생명의 경계

지구 생명체의 안팎

×
×
×

지구의 모든 생명체는 세포 단위로 구성되어 있다. 그리고 이 세포는 세포막에 의하여 세포 안과 밖이 구분된다. 세포의 경계를 이루는 세포막에서는 세포의 활동(성장, 분열, 각종 물질대사)에 필요한 영양소를 외부에서 내부로 갖고 와야 하며, 세포에 불필요하거나 해로운 물질을 외부로 배출하는 등 다양한 물질의 수송이 일어난다. 또한 신경세포는 세포막을 통해서 전기신호와 화학신호를 전달하며 생명체의 감각과 운동 그리고 정신활동이 일어나도록 한다. 그리고 바이러스는 세포막에 붙은 단백질 수용체와 결합하여 세포 안으로 자기의 유전 물질을 주입시켜서 증식한 후에 세포막을 파괴하고 다른 세포들을 또 공격하면서 생명체의 건강을 위협한다.

세포막은 세포의 생존과 활동을 유지하고 보호하는 막으로서, 핵이 제거된 세포는 상당기간 생존할 수도 있지만 세포막에 문제가 있는 경우 짧은 시간에 세포는 사멸한다. 이렇듯 세포막은 생명체의 기반이 되는 세포의 생존에 절대적으로 중요하고 물질의 수송, 신호의 전달, 외부 환경에 대한 대응과 같이 다양한 기능을 수행한다.

세포막이라고 하면 공기 방울처럼 매끄러운 막이 연상될 수도 있지만, 세포막은 이러한 여러 기능을 수행하기 위하여 여러 단백질들이 세포막에 박혀 있으며 이 단백질들은 세포막에서 유동적으로 움직인다. 마치 세포막의 바다에 수많은 배들처럼 여러 단백질이 떠다니면서 동적으로 기능을 수행하는데, 이러한 세포막 단백질은 인간 유전자의 30퍼센트 이상을 차지할 정도로 중요하고 종류도 다양하다.

세포막은 물과 친한 친수성 머리와 물과 친하지 않은 소수성 꼬리를 갖는 지질 분자로 구성된다. 세포의 안과 밖이 기본적으로 수용액 상태이므로 지질 분자는 자발적으로 친수성 머리가 바깥(세포 내부와 외부)으로 향하고 소수성 꼬리가 막 안쪽으로 모이는 이중 구조가 형성된다.

지질에 잘 녹는 물질들(탄산가스, 에탄올, 요소 등)은 세포막의 지질 이중층을 쉽게 통과할 수 있기 때문에 수송 단백질을 통하지 않고 쉽게 막을 통과하여 이동하기도 한다. 그러나 Na+, K+와 같은 이온은 지질층을 통과하지 못하기 때문에, 세포막을 관통하고 있는 세포막 단백질 중에서 수송 단백질을 통해서 이동할 수 있고, 세포막에 존재하는 대부분의 세포막 단백질은 운반체로서 작용하여 각종 분자나 이온을 수송한다.

세포막 단백질은 당이나 비타민을 에너지원으로 흡수하거나 세포 내 독성 물질을 세포 밖으로 배출시키며, 각종 질병과 직접적인 관련이 있다는 연구 결과들이 발표되면서 신약 개발 프로그램의 가장 주요한 표적이 되고 있다. 세포막의 탄수화물도 예외 없이 단백질이나 지질에 연결되어 당단백질 혹은 당지질의 형태로 존재하며, 이들 분자의 당에 해당하는 부분은 세포의 바깥쪽으로 돌출되어 매달려 있다.

세포막 바깥 표면에 붙어 있는 탄수화물은 몇 가지 중요한 기능을 한다. 대표적으로 세포가 전체적으로 음전하를 띠고 있게 하여 다른 음전하를 띤 물질을 배척하는 역할을 한다. 또한 세포 밖의 당질 층이 다른 세포의 당질 층과 결합하여 세포와 세포를 연결하는 역할도 한다. 호르몬과 결합하는 수용체 역할도 하는데, 세포 내 물질대사를 조절하고 일부는 면역 반응에 관여하면서 의학적으로 중요한 관심을 받기도 한다.

신경세포에서는 세포의 안과 밖의 전위(전기 위치 에너지) 차에 의하여 전기 신호가 세포막을 따라서 전달되며, 축삭 말단까지 도달한 전기 신호는 두 신경 세포가 연접하면서 만드는 구조인 시냅스에서 화학적인 신경전달 물질을 발산하여 다른 신경 세포로 전기 신호가 이어져 전달되도록 한다. 이렇게 세포막은 단지 물질의 수송을 넘어서 세포의 면역과 세포 내 물질대사를 조절하는 역할을 하는 복잡한 나노 로봇과 같은 역할을 한다.

세포막을 이해하는 것은 세포와 세포의 물질대사를 이해하는 출발점이며, 개체의 건강과 직결된다.

6부

우주

우리가 서 있는 세계

19장

우주

최소한의 우주 상식
가장 커다랗고 오래된 세계

✕
✕
✕

우주는 가장 커다란 공간적 실체다. 또한 우주에 담긴 시간은 가장 오래되고 큰 시간적 개념이다. 가장 커다란 시간과 공간을 지닌 우주는 과연 얼마나 큰 것이고 우주의 크기가 있다면 크기 밖의 세상은 도대체 무엇일까? 그리고 오래되었다면 우주의 시작이 있었다는 것인지, 우주의 시작이 있었다면 그 이전은 도대체 무엇이란 말인가?

우주의 크기를 가늠하기 위하여 익숙한 크기부터 출발하자. 성인의 키는 보통 1미터에서 2미터 사이에 있고, 한강 하류의 너비는 약 1킬로미터 정도다. '킬로kilo'는 천 배를 뜻하는 접두사로, 1킬로그램은 1그램보다 1,000배 무겁고, 한강 하류의 너비는 우리 몸길이의 1,000배 정도다. 적도 쪽이 300분의 1 정도 아주 약간 부풀어 오른 모양이지만 거의 구와 같은 형태인 지구의 반지름은 약 6,400킬로미터 정도다. 우리 몸에서 시작하여 1,000배를 두 번 했더니, 우리가 사는 세상의 크기와 비슷해진다.

생각보다 지구의 크기가 그렇게 크지 않다고 생각할 수도 있고, 1,000배를 확장하는 것이 비현실적으로 다가올 수도 있다. 지구의 반지름보다 1,000배 정도 더 나가면 이미 지상에는 견줄 것이 없어진다. 그래서 우주에서 무엇을 찾아야 한다. 우주에서 찾아야 할 무엇은 물론 하늘에 있는 물체라는 뜻을 가진 천체天體일 것이다. 하지만 태양이라고 하더라도 지구보다 반지름이 100배 정도 큰 천체일 뿐이다. 태양계를 지배하는 유일한 별인 태양이 지구보다 겨우 100배 크다고 이야기할 때는 조심해야 할 것이 있다. 단지 길이의 차원에서 그렇다는 것이며, 길이의 차원이 100배이면 겉으로 보이는 면적은 100의 제곱인 1만 배가 될 것이고 부피로는 100의 세제곱인 100만 배가 되기 때문이다.

가까운 곳에서 지구보다 길이의 관점에서 1,000배 큰 물체를 찾을 수는 없으니, 거리로 따져서 살펴보자. 지구에서 가장 가까운 천체라고 여길 수 있는 달까지의 거리는 약 38만 킬로미터 정도 되며, 우주에서 가장 빠르다고 하는 빛의 속력이 1초에 약 30만 킬로미터를 주파할 정도이므로 우리가 보는 달빛은 약 1.3초 전에 달을 출발하여 나의 망막에 도달한 것이다. 지구에서 태양까지의 거리는 약 1억 5,000만 킬로미터 정도 되고 빛의 속력으로 8분 20초 정도 걸린다. 태양계에서 세 번째 행성인 지구와 태양 사이의 거리가 1억 킬로미터가 넘기 때문에, 태양계의 천체들의 거리를 킬로미터로 나타내는 것은 적합지 않다. 그래서 지구와 태양 사이의 거리를 1 천문단위AU로ㅡ태양계의 거리를 나타내는ㅡ새로운 단위를 정했다.

태양에서 화성까지의 거리는 약 1.5AU이고 마지막 행성인 해왕성까지의 거리는 약 29AU가 되므로, 태양계의 천체들에 대하여 천문단위로 표현하는 것은 괜찮아 보인다. 그러나 중력과 뿜어내는 물질로 공간의 주인으로 행사하는 태양계의 크기는 AU로 표현하기에 약간 이상할 정도로 커지는데 약 12.5만AU다.

우주에서 가장 빠른 빛이 1년 동안 가는 거리를 1광년이라고 하는데, 1광년은 약 6.3만AU이므로 태양계의 크기는 길이의 차원으로 약 2광년이 된다. 태양계를 벗어나면서 길이의 단위를 AU에서 광년으로 바꿔야만 지나치게 큰 숫자가 나오지 않는다. 빛의 속력이 우주에서 가장 빠르기 때문에, 길이를 다른 단위로 표현하기가 어색하지만 어쨌든 태양계를 벗어난 천체의 거리를 표현하는 기본 단위를 과학에서는 광년으로 사용한다.

태양계에서 가장 가까운 별인 '프록시마 센타우리'까지의 거리는 약 4.2광년이고, 우리가 보는 별들을 모두 포함하고 있는 우리은하Milky Way의 반지름은 약 10만 광년이다. 우주는 이렇게 방대한 은하를 몇 천 억 개 포함하고 있는 방대한 크기다. 길이의 관점에서 약 450억 광년 그러니까 빛의 속력으로 달린다고 해도 태양계의 나이보다 10배 정도, 우주의 나이 138억 년보다 시간이 더 걸리는 셈이다. 그러나 우주는 점점 팽창하고 있으므로 우주의 크기는 더 커지고 있다.

우주의 나이는 얼마나 되었을까. 우주는 약 138억 년 전에 시작되었다고 현대과학은 말하는데, 꽤 믿을만한 관측과 이론이 뒷받침하고 있다. 우주의 크기나 우주의 나이를 추정할 수 있는 근거에는 인간이 도달한 과학과 기술의 경계가 있다. 이미 인간은 여느 분야의 지식에 못지않은 신뢰성을 주면서 우주의 크기와 나이를 제시할 수 있는 수준에 이르렀다.

우주에 크기가 있다면 우주에 끝도 있다는 것인가? 우주에 끝이라는 경계가 있다면 경계 밖은 무엇이란 말인가? 과학자는 다음과 같이 대답한다.

시간과 공간은 우주가 태어나면서 나타난 것이기 때문에, 우주 탄생 이전에는 시간이나 공간의 개념조차 없다. 우주가 시작하기 전의 시간이란 것은 아예 존재하지 않는다.

우주의 경계도 이렇게 대답할 수 있다.

탁구공보다 농구공이 크지만, 공의 표면에 있는 입장에서는 경계 없이 돌아다닐 수 있고 한 바퀴 돌아서 처음의 위치로 올 수도 있다. 이것은 3차원 공간에서 구球에 대한 이야기지만, 우리가 사는 세상은 시간과 3차원 공간이 얽힌 4차원 구조이며 마치 공처럼 크기가 유한하다.

4차원의 구를 3차원에서 시각화하기 힘들지만, 현재의 우주는 닫혀 있어서 빛보다 빠른 속력으로 가는 여행을 상상한다면 우주를 가로질러 다시 원래의 위치로 돌아오게 될 것이다. 구의 표면에 경계가 없는 것처럼, 4차원 구의 형태를 지닌 우리 우주는 경계가 없기 때문에 경계 밖의 세상이 무엇인가 하는 질문은 성립하지 않는다.

과학

우주의 한 귀퉁이에서
아주 작은 인간의 존재

✕
✕
✕

'우주'라는 말은 지구의 대기권 밖을 의미하기도 하지만, 보통은 세상 전체를 아우르는 의미로서 많이 통용된다. 그러니까 우주는 세상의 모든 것을 포함하고 있는 공간과 그 안에 있는 모든 것들을 포함하는 전체집합이다. 이렇게 가장 커다란 대상인 우주를 안다는 것은 우주 안에 있는 우리에 대한 정체성과 우리 그리고 지구의 의미를 다시 생각할 수 있는 철학적이면서 과학적인 궁금증과도 연결되어 있다.

뉴턴이 《프린키피아》를 발표하기 전까지 사람들은 지구를 중심으로 회전하고 있었으며, 가장 가까운 천체까지를 '지상의 세계', 달 너머의 빛나는 천체들이 있는 세상을 '천상의 세계'로 구분하여 생각해왔다.

별개의 세상이었던 지상의 세계와 천상의 세계가 실제로는 같은 물질과 같은 자연법칙에 의해 작동하고 있는 하나의 세계라는 사실은 인간의 세상에 대한 인식이 가장 비약적으로 확장된 사건이라 볼 수 있다. 우주의 중심이었던 지구가 사실은 태양을 중심으로 공전하고 있다는 사실을 깨달으면서, 인간은 우주의 중심에서 추방되었다. 우주에서 가장 특별한 곳인 중심에 있지 않은 인간의 우주적 위상은 나름 손상되었고, 세계관의 변화는 과학을 넘어 인간의 정체성과 관련된 종교, 철학, 문학과 예술로 파급되었다.

나아가 천문학이 발달하면서 수많은 별들이 우리은하를 이루고 있으며, 태양은 단지 그중의 하나였다는 것을 알게 되었다. 우리가 중심에 모셔두었던 태양이 단지 몇천 억 개의 별들 중의 평범한 하나라는 사실을 깨달으면서 우리는 우주의 중심에서 대폭적으로 더 멀어지게 되었다. 우리은하의 수많은 별들은 우리은하의 중심을 기준으로 공전하고 있으며, 태양은 우리은하의 중심에서 우리은하 반지름의 5분의 3 정도 떨어진 바깥쪽에 위치하여 약 2억 3,000만 년을 주기로 공전하고 있었다. 지구 나이가 45억 년 정도 되니까 지구는 벌써 우리은하를 20바퀴 회전했다.

별들이 모인 우주적 대상을 은하라고 하는데 태양과 같은 별을 수천억 개 갖고 있는 우리은하는 우주에서 어떤 위치에 있을까? 1920년대 중반에 성운이라고도 생각되었던 안드로메다 천체가 우리은하 지름의 25배에 이르는 거리에 있다는 것을 측정할 수 있게 되면서, 우주는 우리은하를 넘어서게 되었다.

맨눈으로 볼 수 있는 천체는 안드로메다 외에 모두 우리은하 내의 별들이며 최대 약 6,000개 정도를 관찰할 수 있다고 한다. 안드로메다은하 역시 수천억 개의 별들이 모여 있고 우리와 가장 이웃해 있기 때문에 맨눈으로 어렴풋하게 볼 수 있는 우리은하 밖 유일한 천체다.

그런데 과학기술이 발달하면서 천체망원경을 통해 전체 우주에 있는 은하들의 개수를 추정할 수 있을 정도로 많은 은하들을 찾아냈다. 관찰된 자료를 바탕으로 계산해보면 우주에는 은하의 개수가 약 10^{23}개 있다고 추정되는데 우리은하에 있는 수천억 개의 별과 비슷한 정도로 우주에는 수천억 개의 은하들이 있는 셈이다.

이렇게 하면 별로 실감이 안 날 것 같으니 비유를 해보자. 지구에 있는 모래알의 개수는 얼마나 될까? 바닷가의 모든 해변에 있는 모래보다 훨씬 많은 모래알들이 사막에 존재한다. 지구에 사막들이 여럿 있지만 아프리카 북쪽에 있는 사하라 사막만 하더라도 한반도 전체 면적의 40배가 훨씬 넘는 방대한 영역에 걸쳐서 수없이 많은 모래알들이 있다. 그러니 지구에 있는 모래알의 개수가 얼마나 많을지 숫자로 나타내기 여려울 것 같지만, 대략 $10^{22} \sim 10^{23}$개 정도로 여겨진다. 우주에는 태양과 같은 별들이 지구의 모든 모래알의 개수보다 적지 않다는 것이니 얼마나 많은가? 더욱이 태양에서 가장 가까운 별이라고 하더라도 지구와 태양 사이의 거리보다 몇십 만 배 정도 멀리 떨어져 있으니 또한 우주는 얼마나 방대한가? 은하들 사이의 거리는 은하보다 수십 배

멀고 별들 사이의 거리 역시 상당히 멀기 때문에 우주 공간 대부분은 공허할 정도로 비어 있다.

과학이 발달할수록 우리는 우주의 중심에서 멀어져 갔다. 지구에서 태양으로 우리은하의 중심에서 다시 수없이 많은 은하들 중의 하나의 변방에 위치한 존재로. 이렇게 우주의 가장 특별한 위치에서 가장 평범한 위치로 인간의 공간적 위상이 떨어진 것 같지만 한편으로는 평범함을 통하여 인간은 우주의 지엽적 존재가 아니라 보편적 존재로 당당히 편입된 것이 아닐까? 과학이 발달하면서 자기중심적 사고가 우주 보편인식으로 성장했다고 말할 수도 있을 것이다.

과학

외계 천체의 거리 재는 법
천문학적 사다리에 대하여

❌
❌
❌

밤하늘의 별을 보면 마치 둥그런 천구에 별이 박힌 것처럼 보이지만, 영롱하게 반짝이는 별까지의 거리는 제각각이다. 어느 별이 얼마나 멀리 떨어져 있는지를 아는 것, 어느 천체가 우리가 사는 세상인 지구와 얼마나 떨어져 있는지 아는 것은 흥미로울 뿐만 아니라 우주에 대한 이해의 폭을 넓히는 데 필요한 기본적인 지식이 된다.

지구에서 가장 가까운 천체인 달까지의 거리는 아폴로 우주선 등이 달에 놓고 온 거울에 레이저를 발사하여 지구로 돌아오는 데 걸리는 시간을 꽤 정확하게 측정할 수 있다. 그런데 다른 별들은 너무나 멀리 떨어져 있다. 빛이 달까지 가는 데는 약 1.3초 정도 걸리지만, 가장 가까운 별인 센타우루스자리 프록시마도 이런 빛의 속력으로 약 4.244년이 걸린다. 즉, 거리는 4.244광년이다.

이렇게 멀리 떨어진 천체들의 거리를 어떻게 알 수 있을까? 우주는 광대하기 때문에 무려 몇 십억 배나 멀리 떨어진 별들도 있다. 태양계를 벗어난 외계 천체와의 거리를 재는 방법을 '우주 거리 사다리cosmic distance ladder'라고 하는데, 먼 곳의 천체를 알 수 있는 방법으로써 사다리처럼 한 계단씩 올라가는 방식이다.

구체적으로 어떤 방법일까? 먼저 지구가 태양 주위를 공전하는 반경이 약 1억 5,000만 킬로미터(지구와 태양 사이의 평균거리를 1천문단위, AU라고 한다)이므로 6개월의 시간을 두고 관측한다면, 가까운 별들의 위치는 천구상에서 좀 달라 보인다. 이것을 연주시차라고 하는데, 가까운 별들은 연주시차를 이용하여 거리를 알 수 있다. 6개월의 시차를 두고 관측했을 때 각도가 약 1초(1도의 60분의 1이 1분이며, 1분의 60분의 1이 1초다. 따라서 1″는 1°의 3,600분의 1로써 아주 작은 값이다)인 거리를 1파섹이라고 부르는데 약 3.26광년의 거리를 나타낸다.

거리가 멀수록 연주시차가 작아지고 지구 대기의 영향으로 100분의 1초의 각도를 측정하기 힘들기 때문에, 100파섹(약 326광년)보다 먼 천체의 거리를 측정하려면 다른 방법이 필요하다. 별도 마찬가지지만 빛나는 물체의 밝기는 눈으로 보는 표면적에 비례하는데, 알다시피 보이는 표면적은 거리의 제곱에 따라 작아진다. 2배 멀어지면 4분의 1의 크기로 보이기 때문에, 밝기도 4분의 1이 된다.

만약에 별들이 모두 10파섹의 거리에 있다고 가정하여 거리와 관계되는 요소를 무시한다면, 각 별들의 밝기는 그 별 자체의 절대 밝기가 될 것이다. 어떤 방법으로 절대 밝기를 알았다면, 관측되는 밝기(거리에 따라 상대적으로 달라지는 상대 밝기)를 바탕으로 별까지의 거리를 쉽게 계산할 수 있다. 상대 밝기가 더 밝은 빛은 10파섹보다 가까운 별일 것이며, 상대 밝기가 절대 밝기의 4분의 1이 되는 별은 10파섹의 두 배인 20파섹의 거리에 위치하는 것이다.

천문학은 수많은 별을 관측하면서 많은 자료들을 축적해왔는데, 절대 밝기를 알 수 있는 관측 자료가 있다. 세페이드 변광성의 변광 주기다. 변광성은 수축과 팽창을 통해 밝기가 주기적으로 변하는 특정 유형으로 변광 주기와 절대광도 사이의 정확한 관계성으로 유명하다. 절대 밝기를 알 수 있는 변광성은 약 1억 광년 이내의 거리를 측정할 수 있다.

1920년대 중반까지 우주의 크기가 우리은하에 국한된다고 생각하는 사람들이 많았으나, 눈으로 볼 수 있는 유일한 천체인 안드로메다 성운이 사실은 우리은하의 크기(지름 약 10만 광년)보다 25배나 멀리 떨어진 천체로써 별들이 모인 은하라는 것을 알게 된 것도 바로 세페이드 변광성의 광도-주기 관계에 의한 것이었다. 그러나 세페이드 변광성 역시 1억 광년을 넘어서면 너무나 희미해서 밝기의 변화를 측정하기 힘들기 때문에 더 먼 거리에 있는 별까지의 거리를 측정하기 위해서는 다른 방법이 필요하다.

1억 광년 이상에 있는 별을 볼 수 있도록 하는 사다리 계단은 초신성의 일종인 1a형 초신성이다. 초신성이므로 절대 밝기가 무척 밝으므로 아주 먼 거리에 있더라도 관측할 수 있다. 1a형 초신성이 제일 밝을 때의 밝기는 거의 일정하다는 것은 이론적으로 유도되었고, 따라서 절대 광도를 알 수 있으므로 상대 밝기를 측정하여 거리를 알 수 있다.

그런데 이 또한 밝기의 변화를 측정하는 것이므로 몇 십 억 광년을 넘어서는 방대한 우주의 천체에 대해서는 적용하기 힘들다. 우주 거리 사다리에서 마지막 단은 적색 편이를 이용해 밝기보다는 스펙트럼선의 변화를 측정하는 방법이다. 우주가 팽창하기 때문에 먼 곳의 별일수록 우리가 관측하기에는 더 빨리 멀어지는 것처럼 보이기 때문에 별빛의 스펙트럼의 적색 편이가 커진다. 이러한 적색 편이의 정도를 측정해 천체의 거리를 가늠할 수 있다. 적색 편이로 우주의 가장 먼 천체까지도 적용할 수 있으며, 지금까지 거리를 측정한 천체는 130억 광년 너머까지 확장되었다. 우주 거리 사다리는 한 단씩 밟아서 올라가면서 보다 멀리 떨어진 별의 거리를 차근차근 알 수 있게 한다. 지식도 이와 같이 사다리를 찬찬히 오르듯이 확장되고 발전한다. 그렇기 때문에 지금 아는 것을 다지고, 지금보다 조금 더 알고자 하는 의지가 지식의 출발점이 된다.

과학

뉴턴의 고전역학
운동을 다스리는 법칙

✕
✕
✕

세상을 설명하는 뉴턴의 프린키피아에서 핵심은 크게 2종류, 4개의 법칙으로 정리할 수 있다. 역학의 체계를 규정하는 운동 법칙 3개와 만물의 변화를 일으키는 힘으로써 등장하는 만유인력의 법칙이 그것이다.

뉴턴이 이룬 성과는 인류 최고의 지성이라고 여겨지며, 세계 어느 교과서든 중등과정 이상에서 중요하게 다루고 있다. 아주 극단적인 상황이 아니라면, 뉴턴이 성취한 고전역학 체계는 너무나 훌륭하게 세상 대부분의 운동을 정확하게, 그리고 관념에 부합하게 설명하고 있다. 한 마디로 고전역학은 믿을만한 것이라는 이야기다. 화성에 보내는 탐사선의 운동을 계산할 때조차 고전역학이면 충분하다고 할 정도니까.

지상의 세계에서 일어나는 운동들이 고전역학의 범주를 넘기는 힘들다. 그러나 고전역학의 체계가 함의하는 바를 따지면, 이것은 계산한 결과가 얼마나 정확하게 맞는지에 대한 유효적 숫자의 문제가 아니다. 자연이 어떻게 작동하는지를 설명하고 있는 고전역학이 본질적으로 올바른 것이냐 아니냐 하는 질적인 문제이지, 양적인 수준의 문제가 아니기 때문이다.

20세기에 들어서며 뉴턴의 체계는 아인슈타인의 상대론과 다수의 물리학자가 기여한 양자역학 체계로 대체되었다. 본질적으로 시간과 공간 그리고 힘과 운동에 대한 고전역학의 관념은 명백히 틀린 것으로 밝혀졌으며 미시세계가 작동하는 기제는 거시세계와 달랐다. 아무리 우리 일상과 감각에 부합한다고 하더라도 본질적으로 고전역학은 현대 물리학의 양대 기둥인 상대론 및 양자역학과 다르다.

그러나 뉴턴의 우주적 법칙은 몇 백 년 동안 과학만이 아니라 세계관에 중대한 영향을 미쳤고 변화를 가져왔으며, 문학과 예술 그리고 사회 곳곳에 남아 있다. 따라서 고전역학이 시사하는 바를 살펴보는 것은 여전히, 여러 면에서 의미가 있다.

뉴턴이 전제한 3개의 운동 법칙 중에서 두 번째인 '힘과 물체의 운동에 대한 법칙'이 핵심이다. 뉴턴은 물체의 질량과 속도를 곱한 것을 운동의 양이라고 먼저 정의했고, 운동의 양을 변화시키는 것을 힘이라고 정의했다. 수학적인 표기로는 $\vec{F} \equiv \frac{d\vec{P}}{dt}$ 이고 여기서 $\vec{P} \equiv m\vec{v}$ 이다. 문자 위의 화살표는 그 물리량이 단지 크기만 갖고 있는 것이 아니라 방향까지 갖는 물리적인 양이라는 것을 말한다. 가령 위치를 이야기할 때 단지 얼마나 떨어져 있는지만이 아니라 어느 방향으로 얼마나 떨어져 있는지 말해야 하는 것이므로, 위치는 크기 외에도 방향을 갖는 물리량이 된다. F는 힘force, t는 시간time, m은 질량mass, v는 속도velocity를 나타내는 기호이고, 등호와 달리 세 줄의 는 '정의한다'라는 것을 나타내는 기호다. 운동의 양을 줄여서 운동량momentum이라 하고 P라는 문자로 표현하는 것이 관습적이다. 나중에 수학자들이 힘을 운동량의 시간 미분이라고 하는 대신에 가속도 $a_{acceleration}$를 이용하여 더 단순하게 표현한 수식 $\vec{F} \equiv m\vec{a}$ 가 우리에게는 더 낯익다. 가속도는 속도가 시간에 따라서 변하는 것을 나타내는 물리량이다. 가속도가 있으면 물체의 운동은 무조건 변한다. 크기만 변하든 방향이 변하든, 크기와 속도를 갖는 물리량인 속도가 어떻게든 얼마나 변하는 지를 나타내는 것이 가속도인 것이고 그렇게 속도에 변화를 주는 것을 힘이라고 정의한 것이 뉴턴의 운동 제2법칙이다.

3개의 운동 법칙 외에 자연에 존재하는 보편적인 힘인 만유인력을 $\vec{F}_g$로 표기하여, 만유인력의 크기와 방향을 모두 수식으로 나타내면 $\vec{F}_g = -G \frac{m_1 m_2}{r^2} \hat{r}$으로 표현된다. 여기서 G는 중력 상수로 약 6.67×10^{-11} 정도로 아주 작은 상수이고, 따라서 우리는 일상적인 질량을 가진 물체들끼리의 만유인력은 느끼지 못하며 지구와 같이 큰 질량을 갖고 있는 물체에 대해서만 만유인력을 감각하게 된다. m_1과 m_2는 각각 두 물체의 질량을, r은 두 물체 사이의 거리를 나타낸다. $\hat{r}$은 한 물체에서 다른 물체로의 방향을 나타내며 크기가 1인 것이며, - 부호는 힘이 작용하는 방향이 서로를 향하는 인력(끌어 당기는 힘)이라는 의미가 된다. 방향까지 나타내기 때문에 더 복잡해 보이는데, 방향을 무시하고서 만유인력을 받는 질량 m₁인 물체의 운동을 하나의 식으로 표현하면, $m_1 a = G\frac{m_1 m_2}{r^2}$ 이 되고 양변에 m₁이 있으므로 양수 m₁을 나눠주면 질량 m₁인 물체의 가속도(속도의 변화) a는 $a = G\frac{m_2}{r^2}$ 가 된다. 이 식의 의미하는 것은 무엇일까?

첫째로 만유인력을 받는 물체의 운동 변화인 가속도는 자신의 질량과 상관없이 상대방의 질량에 의존한다는 것이다. 즉 공기 저항 등 다른 힘들을 무시하고 만유인력 혹은 뉴턴의 중력에 따라서 운동하는 물체는, 자신의 질량과 무관하므로 깃털이든 쇠 공이든 처음의 운동 상태가 같다면 계속해서 같은 운동을 하게 된다.

1971년 아폴로 15호를 타고 달에 착륙한 우주 비행사는 1.3킬로그램짜리 망치와 30그램짜리 깃털을 달 표면 위 1.6미터 높이에서 동시에 떨어뜨리는 재미있는 실험을 했다. 우주에서 펼쳐진 첫 자유낙하 실험으로 기록된 이 실험은 전 세계에 방송되었으며, 공기 저항이 없는 진공 상태에서 이뤄진 진정한 자유낙하 실험이었고 망치와 깃털은 물론 동시에 바닥에 떨어졌다. 만유인력에 따라 운동하는 물체의 속도 변화인 가속도는 자신의 질량에 무관하고 상대방의 질량에 따라서 결정되며, 거리에 따라서 작아진다.

둘째로 가속도와 만유인력의 관계식을 보면, 거리가 아무리 멀다고 하더라도 만유인력의 크기가 0이 아니면 물체의 가속도는 즉시 0이 아니어야 한다. 뉴턴의 고전역학 체계에서 시간은 우주 절대적으로 똑같이 흐르기 때문에, 만유인력이라는 힘이 전달되는 속도는 무한대의 속도로 다른 물체에 영향을 미친다. 뉴턴 자신도 이렇게 무한대의 속도로 거리와 무관하게 즉시 전달되는 힘에 대하여 자연스러운 설명을 하지 못했으며, '신비한 원격 작용occult agencies'이라고 불렀다.

중력이 가까운 곳이든 먼 곳이든 상관없이 동시에 작용한다면 어떤 일이 일어날까? 우주의 크기가 유한하다면 어떨까? 우주의 크기가 유한하다면, 우주에 있는 물체들은 서로 중력에 의해 이끌리며 뭉치게 될 것이다. 중력의 전달 속도가 무한하다면 필연적으로 우주의 크기는 무한해서, 천체들끼리 서로 잡아당기는 힘이 평형을 이루는 수밖에 없다. "그래, 우주의 크기가 무한하다는 것은 당연해 보이니까, 문제는 해결됐어!"라고만 할 것인가?

현대과학에 따르면, 우주의 크기는 무한하지도 않고, 빛보다 빠른 것은 없다. 만유인력 혹은 뉴턴의 중력의 전달 속도가 무한하기 때문에 우주의 크기를 무한하게 봐야 한다는 사실은 올레르스 역설이라고 하는 난처함에 이르게 한다.

올베르스 역설은 우주의 크기가 무한하고 별이 같은 밀도로 우주에 퍼져 있다면 밤하늘이 낮처럼 밝아야 한다는 것인데, 천문학자 및 과학자들이 풀지 못하던 이 난처한 역설은 놀랍게도 미국의 추리소설 작가 에드거 앨런 포가 해결책을 제시했다. 아마추어 천문학자이기도 했던 포는 빛의 속도가 유한하기 때문에, 먼 곳의 천체에서 나온 빛이 아직 우리에게 도달하지 않아서 밤하늘이 어두울 수 있다고 생각했다. 현대과학에 따르면 신비한 원격작용, 즉 전달 속도가 무한대로 즉시 다른 물체에 영향을 미치는 힘은 없다. 힘이든 물체든 빛의 속도를 넘어서는 빠르기는 있을 수 없다. 만유인력이 전달되는 속도도 빛 정도의 빠르기로 여겨진다.

20장

원소

수학과 과학에서의 원소

세상과 관념의 근본

✕
✕
✕

원소元素 element가 수학이나 자연과학에서 어떻게 사용되는 것인지 보자. 수학에서 원소는 어떤 집합을 이루는 구성물로서 다른 구성물과 구별되는 것이다. 원소를 모아 놓은 것이 집합이니, 집합은 원소의 개념에서 출발하며 현대 수학에서 가장 기본적인 개념 중 하나이다.

당연한 말처럼 들리겠지만 집합을 구성하는 원소에 따라서 집합은 달라지며, 집합이 갖는 성질이 달라진다. 가령 자연수를 원소로 하는 자연수 집합은 덧셈과 곱셈이라는 연산에 대하여 닫혀 있고(연산의 결과가 늘 집합의 어떤 원소에 대응되는 경우에, 그 집합은 해당 연산에 대하여 닫혀 있다고 표현한다), 교환법칙과 결합법칙이 성립한다. 자연수의 집합은 뺄셈에 대해서 닫혀 있지 않지만(2에서 3을 빼면 자연수 집합에 속하지 않는 −1이 나오므로, 자연수 집합은 뺄셈에 대해서 닫혀 있지 않다), 정수를 원소로 하는 정수 집합에서 는 뺄셈에 대하여 닫혀 있지만 나눗셈에 대하여 닫혀 있지 않다.

이렇게 원소를 통하여 대수적으로 연산에 대한 성질을 말할 수도 있지만, 기하학적인 대상을 정의할 수도 있다. 공간은 점이 라는 원소들로 무한히 채워진 것으로 정의할 수 있고, 원은 한 점 으로부터 같은 거리에 있는 평면에 있는 원소들의 집합으로 구 는 한 점으로부터 같은 거리에 있는 공간 원소들의 집합이다. 구 를 집합으로 하는, 그러니까 한 점으로부터 같은 거리에 있는 원 소들로만 이루어진 공간은 평평한 공간이 아니기 때문에 유클리 드 기하학과 다르다. 구면 공간에서 삼각형의 내각의 합은 2직각 (180°)보다 크며, 평행한 직선은 존재하지 않고 구면 어디에선가 직선은 만나게 된다. 둥그런 구면이나 우묵한 쌍곡면과 같이 유 클리드 기하학의 다섯 번째 공리인 평행선의 공리(직선 밖의 한 점 을 지나면서 그 직선에 평행한 직선은 단 하나 존재한다)를 만족하지 않는 비유클리드 기하학이라고 하며, 아인슈타인은 비유클리드 기하학의 수학을 배워서 시공간에 대한 위대한 통찰을 담은 일반 상대성 이론을 세울 수 있었다.

과학에서는 세상을 구성하는 기본적인 물질을 원소라고 불렀 다. 따라서 물, 공기, 흙, 불의 네 가지 원소로 만물이 구성된다고 생각했던 고대 그리스에서는 이 네 가지 물질이 원소였으며, 현 대에서는 이들을 고전적 원소classical elements라 부른다. 20세기가 시작되기 전까지 뉴턴의 역학이 절대적으로 옳은 것처럼 생각되었을 때는 고전역학이라고 하지 않았으나, 현대에 와서 뉴턴의 역학 체계가 유용하지만 옳은 것은 아니기 때문에 고전역학 classical mechanics으로 부르는 것과 비슷한 이유다. 그러나 시간이 지나며 더 이상 분해되지 않는 것으로 여겨지는 물질들이 계속하여 발견되었고, 분해되지 않을 것 같았던 어떤 물질들은 시간이 지나며 화학이 발달하면서 다른 물질로 분해되기도 했다.

18세기 말에 라부아지에는 원소를 최종적으로 더 이상 분해되지 않는 무엇이라고 말하는 대신에, '당시의 기술로는 분해할 수 없는 물질'을 원소라 하며 궁극적 물질이 아닐 수 있는 여지를 남겼다. 계속 원소의 종류가 늘어나면서, 멘델레예프가 주기율표를 발표하는 19세기 중반에는 벌써 60종류 이상의 원소들이 알려졌다. "자연의 기본물질이 이렇게나 많아도 되는 것일까?" 하는 과학자들의 불안이 익어갈 무렵에 결정적으로 더는 분해되지 않을 것으로 오랫동안 여겨졌던 원자보다 작은 입자인 전자를 조지프 톰슨이 1987년에 발견했다. 원자가 원소라는 생각은 더 지속될 수 없었다.

톰슨은 1906년에 노벨상을 수상할 정도로 뛰어난 물리학자였지만, 또한 물리학자 후학을 키우는 선생님으로도 큰 공헌을 했다. 원자핵을 발견하는 러더포드, 결정 구조를 분석하는 이론을 낸 브래그도 노벨상을 받았고, 막스 보른이나 오펜하이머와 같은 물리학자들을 키워냈다. 또한 아들 역시 전자의 파동성을 증명함으로써 1937년에 노벨상을 수상했다. 이처럼 톰슨은 물리학자들에게 적지 않은 영향을 끼쳤고 그들의 성공을 도왔다.

현대 과학에서 원소는 수학과 달리 가장 기본적인 무엇이 아니라 분해되지만, 일상의 에너지 수준에서는 분해되지 않는 원자로 개념이 정리되었다. 현대 과학에서 더 분해되지 않는 물질은 원소라는 이름 대신에 기본 입자elementary particle라는 이름으로 불린다.

유클리드 기하학 원론

절대 쉽게 배울 수 없는 것

기하학에 왕도는 없다.

수학 공부에 스트레스 받던 이라면 누구나 한 번쯤 들어보았을 법한 말이다. 그런데 수학사에서 가장 중요한 저작이 《유클리드 기하학 원론》인 만큼 수학에서 기하학은 중요한 존재다. 우리가 과학에서 수학에서 흔히 사용하는 용어, '원소'의 영단어 'element'도 이 책을 통해 유명해졌다. 왜냐하면 이 책의 제목이 《The Elements》이기 때문이다.

원제목이 《The Elements》인 《유클리드 기하학 원론》은 유클리드가 B.C. 3세기에 집필한 총 13권의 책으로, 기하학과 정수론을 다루고 있다. 유클리드가 모두 창작한 것은 아니고 당대에 알려져 있던 수학에 관한 내용을 모아놓은 책이다. 이 책이 수학에서 중요한 까닭은, 수학적 사고를 처음으로 완성된 형태로 보여주어 이후 현대까지의 수학의 발전에 이정표가 되었기 때문이다.

《유클리드 기하학 원론》전후로도 동서양의 곳곳에서 발전된 수학적 지식은 많이 있었다. 이집트와 중국, 그리고 아라비아에서 발전한 수학적 지식은 상당했다. 문제는 그것들이 모두 단편적인 계산 기술로 끝났다는 점이다. 이에 반해서 유클리드 원론에서는 5개의 자명한 공준을 설정하고 그것들을 정교하게 짜맞추어 다른 모든 기하학의 법칙들('정리$_{theorem}$'라고 부른다)을 연역해내는 지식의 체계를 보여주었다. 비유하자면, 목수들 각자가 뛰어난 목공기술로 초가집을 짓고 있는데, 어느 날 건축학자가 나타나서 100층 건물을 짓는 설계와 건축기술을 보여준 것과 같다. 특히 현대 수학의 거의 모든 분야는 원론에서 제안된 체계화 방식인 '공리체계'를 적용하고 있다.

유클리드 원론에 항상 따라붙는 수식어는, 세계에서 성경 다음으로 많이 읽힌 책이라는 것과, '역사상 가장 위대한 수학책'이라는 말이다. 이 책은 1482년에 인쇄된 이후 1,000판 이상 인쇄되었고, 20세기까지 수학 교과서로 사용되었다.

원론을 저술한 유클리드는 그리스 출신의 수학자로 '기하학의 아버지'라고 불리는데, 그의 삶에 관해서 알려진 것은 그리 많지 않다. 그는 당시 이집트 왕이었던 프톨레마이오스의 초청을 받아 알렉산드리아 대학에서 연구와 교수직을 겸임했었다.

이때 프톨레마이오스 왕이 유클리드에게서 기하학을 배우다가 너무 어려워서 "좀 더 쉽게 공부하는 방법이 없소?"라고 불평하며 묻자, 유클리드가 "왕이시여. 길에는 왕께서 다니시도록 만들어놓은 왕도가 있지만, 기하학에는 왕도가 없습니다"라고 대답했다고 전해진다. 하지만 고대 그리스 수학자인 메나이크모스와 알렉산더 대왕 사이에도 비슷한 일화가 전해오는 것으로 볼 때, 이 이야기는 후세의 창작으로 추정된다.

그 밖에도 전해지는 일화에 따르면 어느 날, 유클리드에게 한 제자가 질문하기를 "교수님, 수학은 너무 지루합니다. 도대체 이걸 배워서 어디에 써먹을 수 있나요?"라고 물었다고 한다. 그러자 유클리드는 하인을 불러서 "여봐라, 이 녀석에게 동전 세 닢만 주고 강의실 밖으로 쫓아내라. 이 녀석은 배운 것으로 반드시 이득을 얻으려고 하는 놈이다"라고 말했다. 이 일화에서는 배우는 그 자체를 의미 있다고 생각하는 당시 학자들의 학문관을 잘 보여주고 있다.

실제로 비슷한 시기의 소크라테스나 플라톤 등의 아테네 학자들은 지혜를 그 유용성보다는 그 자체로 가치 있는 것으로 간주하는 전통이 형성되어 있었다. 플라톤이 만든 대학 아카데미아 입구에 "기하학을 모르는 자는 들어오지 말라"라고 씌어 있었던 것도 같은 맥락으로 이해할 수 있다.

처음으로 돌아가자
원점에서 시작할 용기

✕
✕
✕

아드 폰테스Ad Fontes.

기본으로 돌아가라는 뜻의 라틴어다. 'ad'는 영어로 'to'를, 'fontes'는 'fountains(원천)' 또는 'source(근원)'를 뜻한다. 《구약 성서》 시편 141편에 등장하는 '목마른 사슴이 샘물을 찾아 헤매 듯이, 내 영혼이 당신을 향해 있습니다'라는 문장 중, 바로 '샘물 을 향해'라는 문구의 라틴어 표현이다. 가장 근원, 기본, 기초로 돌아가라는 말이다.

르네상스 시대 인문주의 학자들은 시간이 지나면서 문제에 직 면할 때마다 과거 찬란했던 로마나 그리스 문화로 돌아가자는 뜻 으로 '아드 폰테스'를 외쳤다. 그들에게 '아드 폰테스'는 중세에서 근대로 이끈 르네상스의 정신이었다.

에라스무스는 새로운 역사는 '일이 진행된 중간에서'가 아니라 '처음부터' 시작되어야 한다고 주장했다. 에라스무스는 중세를 넘어 새로운 세계로 도약하기 위해서 성서에 대한 새로운 해석이 필요하다고 보았다. 르네상스 시대는 종종 고전시대의 종교 관행들을 재발견한 시대로 이해되고 있지만, 사실은 중세 세계관을 형성한 성서에 대한 재해석에서 시작되었다. 중세시대에는 극소수의 서구인들만 고전 그리스어에 익숙했다. 그러나 15세기 오스만 투르크가 동방 그리스도교의 중심인 콘스탄티노플을 함락시키자, 비잔틴제국의 포로들은 고전 그리스어 문헌들을 가지고 유럽으로 피난했다.

에라스무스는 중세의 라틴어로 번영된 성서만 읽었는데, 처음으로 《신약성서》 그리스어 사본을 보게 되었다. 그는 '원천으로' 돌아가 《구약성서》는 히브리어와 아랍어로, 《신약성서》는 그리스어로 읽어야 한다고 생각했다.

후기 르네상스의 학문적인 이상은 '세 언어(히브리어, 그리스어, 라틴어)의 전문가'가 되는 것이었다. 이후 인쇄술의 발전은 에라스무스가 그리스어로 된 《신약성서》를 출판할 수 있도록 했으며, 그 결과 누구든지 성서를 원래의 언어로 읽을 수 있게 했다. 에라스무스의 노력 덕분에 중세 라틴어 번역본에서 잘못 해석된 부분을 찾아내기도 했다. 에라스무스로 대표되는 당시 인문주의 학자들은 '아드 폰테스'를 통해 중세적 사고를 근대로 이끌어냄으로써 과거의 관행과 당연시되는 기존 질서에 대한 새로운 패러다임을 제시했다.

종교적으로 '아드 폰테스'는 종교개혁에서 잘 나타났다. 1517년 10월 마틴 루터는 당시 로마 가톨릭교회의 타락과 부패에 항거하여 '오직 믿음'을 외치며 '말씀으로 돌아가자'는 신앙 개혁운동으로 종교개혁이 시작되었다.

종교개혁은 역사의 중심인 예수 그리스도의 삶과 가르침을 오늘의 역사 속에 새롭게 해석하여 교회를 변화시킨 사건이다. 루터는 당시 로마 가톨릭교회의 잘못된 관행을 95개 조항으로 작성하여 위텐베르크 교회의 벽에 붙이고 부패하고 타락한 교회에 회개를 촉구했다. 인간의 구원은 인간의 의지나 행위로서 구원받는 것이 아니다. 돈으로 면죄부를 사서 구원을 얻을 수 있는 것은 더욱 아니며, '오직 믿음'으로서만 구원을 얻을 수 있다는 성경의 진리를 따라 '아드 폰테스'를 외쳤다. 바로 기독교 신앙의 원천인 성경의 말씀으로 돌아가자는 의미였다. 이것이 바로 종교개혁의 시작이었다.

요즘도 기본으로 돌아가자는 말을 자주 하곤 한다. 기업경영을 하는 사람들, 운동을 하는 사람들, 음악을 하는 사람들, 최근에는 코로나 방역을 언급하면서도 '기본으로 돌아가자'는 말을 외친다.

로버트 풀검은 '내가 정말 알아야 할 모든 것은 유치원에서 배웠다. 지혜는 산꼭대기의 대학원에 있는 것이 아니라 유치원의 모래성 속에 있었다'고 했다. 생의 기초와 기본이 되는 정신과 지혜를 이미 유치원에서 모두 배웠다는 말이다. 자기 전에는 이를 닦아라, 집에 돌아오면 손을 씻어라, 정직해라, 거짓말을 하면 안된다, 예습과 복습을 잘해라, 편식하면 안 된다, 친구와 사이좋게 지내라 등 너무나 당연하고 상식적인 것이며, 기본적인 것이다. 이와 같이 가장 기본이 되는 것은 유치원에서 배웠지만 지키지 않고, 알고 있는데 하지 않는 것이 문제다.

사람들은 큰일을 하려고 기초적이고 기본적인 것을 얕보는 경향이 있다. 이 세상을 변화시키는 능력은 뜻밖에도 너무도 상식적이고 기초적인 데 있다. 운동이건 악기를 배우는 것이건, 나아가 제대로 된 인간이 되기 위해 가장 중요한 것은 모두 기본에 충실하는 것이다. 특히 안전과 관련하여 모두가 기본으로 돌아갈 필요가 있다. 기본으로 돌아가자는 말을 쉽게 하지만 이를 실제 행동으로 옮기는 것은 쉽지 않다. 기본에서 멀어지고 변질된 상태에서 기본이나 원천으로 다시 돌아가는 데는 엄청난 결단과 에너지가 필요하다.

'기본으로 돌아가자'는 동서양을 막론하고 일이 잘 풀리지 않거나 처음 의도한 것과 다른 방향으로 엇나갈 때 인용하는 구절이다. 사람이든 기업이든 나라든 기본이 제대로 섰을 때 올바른 방향으로 갈 수 있다는 점을 기억하자. 항상 기본에 충실하고 기본에서 시작하자.

가장 궁극의 쿼크 입자

가까울수록 자유롭고, 멀수록 강한

✕
✕
✕

자연에서 물체가 구성되기 위해서는 여러 단계에서 잠겨 있어야 한다. 가령 생명체는 세포를 기반으로 하는 물체이며 세포라는 시스템이 잠겨 있어야 한다. 세포로 잠겨 있지 않은 상태는 세포가 파괴된 상태이거나 세포를 형성하지 못한 상태이므로 생명체가 성립할 수 없다. 또한 세포를 형성하기 위해서는 세포 안에 있는 여러 소기관들—가령 핵이나 미토콘드리아 세포막 등—이 갇힌 상태로 자기 형태와 기능의 항상성을 유지하며 작동돼야 한다. 생명체를 구성하는 여러 생체 분자들 역시 자기 형태와 역할 수행을 위해 닫혀 있다고 할 수 있다.

생명체나 일상의 물체만이 아니라 천체 역시 특정한 계(시스템)에 갇혀 있다. 가령 지구는 태양에 속박되어 공전하면서 자전하기 때문에 생명이 살아갈만한 평형상태를 유지하고, 태양 역시 우리은하에 갇혀서 안정된 궤도로 약 2억 3,000만 년을 주기로 공전하고 있다. 태양계의 나이가 46억 년 정도이니 이미 우리은하를 20바퀴 회전한 셈이다.

원소는 원자핵과 전자로 구성되며 닫혀 있고 양성자와 중성자는 강한 상호작용에 의하여 원자핵에 갇혀 있다. 물질의 기본입자 중의 하나인 쿼크는 양성자나 중성자 혹은 다른 강입자(강한 상호작용을 하는 입자라는 뜻이며, 중間간자와 중重입자로 분류되고 쿼크로 구성된다) 안에 갇혀 있다.

갇혀 있기만 해서는 자연현상이 다채로울 수 없으며 변화는 무미건조해진다. 원자는 잠근 문을 열어서 전자를 밖으로 내보내거나 받아들일 수 있고, 이러한 사건은 화학적 현상으로 나타난다. 단백질은 아미노산으로 분해되어 다른 단백질을 구성할 수 있게 되고, 녹말은 포도당으로 분해되어 뇌에서 사용할 수 있는 형태로 바뀌며 포도당은 세포호흡으로 분해되어 에너지 화폐인 ATP를 형성한다. ATP는 인산을 덜어내 ADP로 바뀌면서 에너지를 방출, 생명체의 각종 물질대사를 가능하게 한다. ADP는 문을 열고 인산을 받아들여 에너지를 축적하면서 재생 가능한 속성을 갖는다.

화학적 현상은 여러 원자가 서로 문을 열고 결합하며 다양한 분자로 변하면서 생기는 자연현상이다. LCD는 일부의 빛들을 투과시키며 다양한 색을 표현한다. 이렇듯 생명체나 물체 혹은 천체들은 잠긴 상태로 작동하면서도 잠김이 풀린 상태가 가능하기 때문에 변화를 유지할 수 있다.

여기에 예외가 있다. 바로 쿼크다. 쿼크는 늘 잠겨 있다. 가령 위 쿼크 2개와 아래 쿼크 1개가 어우러져 3개의 쿼크로 구성되었다면 양성자는 열리지 않는다. '쿼크 속박'이라는 강한 상호작용의 특성 때문에 쿼크는 다른 물질과 달리 독립된 형태로 관측되지 않는다. 결합된 모든 시스템이 열릴 수 있지만, 쿼크는 다른 입자로 변환한다고 하더라도 개별적으로 존재하지 않고 쿼크와 반쿼크 혹은 쿼크와 쿼크들의 결합된 상태로만 존재한다.

쿼크는 자연에서 가장 강력하게 잠겨 있다. 현대물리학의 용어로 표현한다면 이렇다. '쿼크 각각은 색깔이 있으며 색깔을 가진 상태의 입자로 자연에 나타나지 않는다.'

양전하를 띤 원자핵이 음전하를 띤 전자와 저자기력으로 묶여 있는 것처럼, 강한 상호작용은 R(빨강), G(초록), B(파랑)이라고 이름 붙인 3종의 색 전하color charge를 갖고 색이 없는colorless 혹은 흰색(R, G, B가 혼합된 것이 흰색이며 흰색은 단일 색이 아니라 혼합색이다) 상태로 쿼크를 묶는다. 이는 '맛깔'이라고도 불리는데 기본입자에 맛깔이라는 용어를 사용한 것은, 미국의 물리학자 머리 겔만의 작품이다. 그는 현대물리학의 여러 개념들에 직관적이고 멋진 이름들을 붙인 것으로도 유명하다. 그의 연구는 현대 물리학에 큰 발자취를 남겼으며 1969년, 물질의 기본입자인 쿼크의 존재를 증명한 공로로 노벨물리학상을 받기도 했다.

쿼크는 우리가 보고 만지고 우리를 구성하는 물질에 있어서 중심을 차지하며 안쪽에 있다. 쿼크 사이에 작용하는 힘은 자연의 기본적인 힘들 가운데서도 가장 크다고 할 수 있는데, 강력한 양성자와 중성자 밖으로 나오는 힘이지만 핵력이라는 큰 힘으로 전자기적 반발력을 넘어서 원자핵을 구성하며 원소를 안정화시킨다.

　원자 질량의 대부분을 차지하고 원자 중심을 차지하는 원자핵은 핵자(양성자, 중성자)로 구성되고, 핵자는 쿼크로 구성되기 때문에 어찌 보면 물질을 구성하는 중심으로 여겨질 수도 있다. 마치 끊어지지 않는 용수철처럼 쿼크들은 서로 가까울수록 자유롭고 멀수록 강한 힘으로 속박하면서 잠겨 있다.

21장

빛

생명의 시작과 빛

빛에 관한 가장 기초수업

╳
╳
╳

우주가 시작된 태초에 빛은 없었다. 그러나 빛은 자연을 구성하는 가장 궁극적인 물질의 하나로서, 인간을 포함한 어느 생명체도 감각할 수 있는 가장 친근한 기본 입자다. 이토록 친근한 빛의 정체는 도대체 무엇인가?

빛이 기본 입자 중의 하나라고 하더라도, 빛을 고전적 관점에서의 입자로 생각해서는 안 된다. 1687년에 고전역학 체계를 확립한 《프린키피아》를 출간한 후 뉴턴은 빛에 대한 결출한 저서인 《광학》을 1704년에 세상에 내었다.

뉴턴은 결정적 실험을 통하여 태양 빛과 같은 흰색은 여러 색이 혼합된 것임을 확실하게 밝혔으며, 빛을 입자로 주장하며 반사와 굴절 등 빛과 관련한 여러 현상을 설명했다. 동시대에 하위

헌스 등 소수의 과학자들은 빛이 장애물을 만나거나 틈을 지날 때 굽어지는 회절 현상 등을 근거로 하여 빛의 파동성을 주장했으나 뉴턴의 명성에 힘입어 100여 년 동안 빛의 입자설이 과학계의 주류적 생각이었다.

이렇게 빛에 대한 입자와 파동의 논쟁은 양자역학이 나타나면서 혼란스러워진 듯했으나, 더 높은 단계의 물리학 이론이 나타나면서 일단락되었다. 현대물리학의 정점에 있는 양자장론 Quantum field Theory(보통 QFT로 간략하게 표현한다)에 따르면, 기본 입자는 고전적인 개념의 입자나 파동이 아니라 장場 Field으로 보아야 한다.

빛은 우리에게 친숙한 만큼 여러 이름을 갖고 있다. 전자기파, 엑스선, 가시광선, 자외선, 적외선 등은 이미 익숙한 용어다. 아마도 복사輻射 radiation라는 용어 혹은 복사열이나 복사 에너지도 들어봤을 것이고, 광자光子 photon라는 용어도 낯설지는 않을 것이다. 또한 일상적으로 빛을 파동 wave의 한 분류로 취급하는 것이 과학적 견해라는 것도 들어봤을 것이다. 이것은 1803년에 토머스 영이 이중 슬릿으로 빛의 파동성을 의심할 여지없이 증빙했지만, 1860년대에 맥스웰이 빛을 전자기파로 수식화 하면서 비로소 빛의 파동성이 다수의 과학자에게 받아들여지게 된 것에서 유래한다.

빛은 전기장과 자기장을 동반하는 파동이라는 의미에서 전자기파라고 부른다. 가장 파장이 길어서 에너지가 낮은 영역을 전파 radio waves라고 하며, 통상 전파라고 하면 제일 파장이 긴 영역의 빛을 말한다. 전파의 파장은 1미터 이상 수백만 킬로미터를 넘어갈 수도 있다. 몇 십 메가헤르츠(헤르츠는 진동수의 단위다)인 FM 방송보다 몇 백 킬로헤르츠인 AM 방송이 훨씬 파장이 길어서 회절이 잘 되기에, 산간지역에서도 잡음 없이 들을 수 있고 터널을 통과할 때도 잘 끊어지지 않는다.

자기공명영상 촬영은 전파를 사용하는 것이기 때문에 에너지가 크지 않아서, 의학적으로 생체에 직접적 손상을 주지 않는다. 빛은 점점 파장이 짧아지면서 마이크로파 혹은 극초단파로 들어서는데, 파장은 1미터~1밀리미터(10^{-3}미터) 정도 된다.

마이크로파는 분자의 회전운동 에너지 레벨이며, 전자레인지에서 분자의 회전 운동에너지를 증가시켜서 음식을 데울 수 있게 한다. UHF 텔레비전 방송, 휴대폰과 무선인터넷 등 방송과 통신에도 이용되는 빛의 영역이다. 마이크로파의 파장은 이름과 달리, 마이크로(10^{-6}) 미터보다 천 배에서 백만 배 더 길다.

마이크로파보다 더 짧은 파장의 빛은 가시광선에 근접하는데, 가시광선 중에서 가장 긴 파장인 붉은 색의 바깥에 있다고 하여 적외선_{赤外線}(infrared는 아래를 나타내는 infra와 빨간색 red의 합성어이며, 줄여서 IR로 표기한다)이라고 불린다. 적외선은 눈에 보이지 않지만, 열을 잘 전달한다.

적외선이 강한 열 효과를 갖는 것은, 분자의 진동에너지 수준과 비슷하여 분자를 잘 진동시키기 때문이다. 분자가 할 수 있는 진동 모드는 분자의 대칭적 구조에 의하여 결정되기 때문에, 물질에 따라서 적외선 분광으로 분자의 구조를 파악할 수 있다. 빨

주노초파남보의 가시광선을 지나서 파장이 더 짧아지면, 보라색의 바깥에 있는 빛 자외선(ultraviolet은 초과한다는 뜻의 ultra와 보라색의 violet의 합성어로 UV로 줄여서 표기한다)을 만나게 된다.

자외선은 가시광선보다 파장이 짧기에, 에너지가 커서 생체조직을 손상시킬 수도 있고 비타민 D를 합성시킬 수도 있다. 파장은 10밀리미터에서 400밀리미터 정도로 넓게 분포하지만, 300밀리미터보다 짧은 파장의 고에너지 자외선은 오존층과 산소에서 대부분 흡수하며, 수십 나노미터 정도로 극히 짧은 자외선은 에너지가 높아서 대기의 분자들을 이온화시키며 사라진다. 이러한 대기의 자외선 흡수에 의해 지구 생명체들은 자외선의 위협으로부터 보호되며, 자외선 위협이 센 지역의 사람들은 멜라닌 색소를 늘려 스스로 보호하도록 진화했다.

자외선을 지나면서 빛의 에너지는 위험스러울 정도로 높아진다. 파장이 0.01나노미터에서 10나노미터 정도로 짧고 강한 X선은 근육을 뚫고 지나갈 정도로 강하지만, 뼈와 같이 단단한 조직을 통과하지는 못한다. 이러한 X선의 강한 투과성을 이용한 X선 검사는 생명체에게 위험하며, 돌연변이를 유발하기도 한다. 현대 유전학의 선구자인 모건은 초파리에 X선을 쬐어 돌연변이를 인공적으로 유도함으로써 연구를 성공적으로 마칠 수 있었다.

또한 X선은 결정을 이루는 원자, 분자들의 크기와 비슷한 파장을 가졌기 때문에, 결정의 구조를 분석하는 데 사용될 수 있다. 왓슨과 클릭은 DNA 결정의 X선 회절 사진을 분석하여 1953년에 DNA의 구조를 밝혀냈다.

이제 가장 강한 빛과 만나며, 파장에 따른 빛의 이름도 마무리할 수 있게 되었다. 전자기파 중에서 가장 에너지가 높은 빛인 감마선(희랍어의 세 번째 알파벳인 감마 γ로 표기한다)은 핵에서 방출되는 것 중에서 세 번째로 발견되어 감마선이라고 불리게 되었다. 감마선은 에너지가 높기 때문에 쌍생성이라는 과정으로 입자와 반입자의 쌍을 만들어 낼 수 있다.

태양에서부터 오는 빛은 생태계와 지구 에너지의 원천이지만 과학적으로도 빛을 통하여 양자역학과 상대성이론이 세상에 드러나게 되었다. 빛은 정말로 새로운 세계로 들어가는 길을 비추고 있었던 것이다.

역사

인상주의가 말하는 것
반항스러운 화가들의 탄생

✕
✕
✕

인상적이군!Impressivo!

1874년 4월 파리에서 열린 미술전시회에서 모네의 풍경화 〈인상〉 〈해돋이〉를 포함해 피사로, 모네, 드가, 세잔, 르누아르 등의 미술가들의 작품이 전시되었다. 이 전시회의 작품을 본 비평가 루이 르로이가 〈Le Charivari〉지에 그저 인상을 그리는 일당이라고 비꼬듯 야유하면서 이 말을 뱉었다고 한다. "인상적이군!" 이들이 인상파로 널리 알려지게 된 계기가 바로 이 한마디였다.

그가 보기에 모네가 그린 그 그림은 스케치와 같이 미완성 상태였으며, 그림으로 볼 수 있는 수준이 아니었다. 당시 이들의 작품은 오늘날 반항적이고 혁신적이며 충격적인 것이었다고 평가하지만, 당시 비평가들이 보기에는 그림의 범주에 포함될 수도 없는 수준이었다. 주류의 입장을 반영한 비평가로서는 도저히 받아들일 수는 없었던 것이다. 왜냐하면 르네상스 시대의 산물인 원근법, 균형 잡힌 구도, 이상화된 인물, 명암 대조법 등을 모조리 거부한 이들의 시도는 미술 전통에 반하는 접근이었기 때문이다.

당시 프랑스에서는 '살롱'이라 불리는, 한 해에 한 번 개최되는 유일한 전시회가 있었다. 화단 내에서도 다양한 경향이 있었지만 여전히 보수적인 화풍을 강조하는 미술가들이 주류로 자리 잡고 있었다. 그러던 1863년 살롱전에서 당시 혁신적인 작품들이 대량 낙선하는 일이 발생했다. 그해 살롱전에 마네가 출품한 〈풀밭 위의 점심식사〉도 논란의 중심에 섰다. 숲속에 소풍 간 여성을 나체로 그렸기에 미풍양속을 위반했다는 지적이었다. 이어 마네가 3년 후인 1865년 출품한 〈올랭피아〉도 성매매 여성을 노골적으로 묘사해 보수적인 미술가들의 비판을 면하기 어려웠다. 마네나 미국의 휘슬러 등 낙선 작가들은 이에 반발하여 별도로 낙선화가 전시회를 개최했고, 이후 마네의 도전과 과감성에 우호적인 화가들이 모여들어 새로운 화풍을 열게 하는 움직임이 이어졌다. 결국 1874년 파리에서 이들의 첫 번째 전시회가 열린 것이다.

인상주의의는 빛의 변화에 따라 변하는 순간적이고 짧은 순간의 '인상'을 화가가 시각적으로 표현하는 화풍이다. 대상물의 색채가 본질적인 그 대상물의 성질이 아니라 날씨나 빛의 반사작용에 의해 시시각각으로 움직이고 끊임없이 대상물이 변화하는 것을 보여주고자 한 것이다.

빛에 의해 다르게 변화하는 자연을 묘사하거나, 색채나 색조의 순간적 효과를 이용하여 객관적으로 표현했다. 이러한 빛의 순간적인 성질을 표현하고자 인상주의자들은 짧은 붓 터치와 물결 이는듯한 화필을 구사했으며, 순간의 느낌을 포착하고 그것을 빠르게 그려내다 보니 그림이 굉장히 거칠 수밖에 없었다.

빛의 중요성을 이해했기 때문에 빛의 변화를 즉각적으로 표현할 수 있는 야외에서 그림을 그렸으며, 덕분에 야외에서 그림을 그릴 수 있는 물감 튜브가 발명되게 되었다. 또한 일상생활 속 대상물을 순간적으로 포착한 그들은 세부 묘사를 거의 하지 않고 붓 자국을 뚜렷이 남겼으며, 혼합색보다는 순색을 사용했다. 또 색채 표현에 있어서 시각적인 착시효과를 이용한 색채분할법을 사용했다. 결국 이렇게 대상을 표현하는 것이 사실적이라고 생각했다.

인상주의는 19세기 후반에서 20세기 초 프랑스를 중심으로 일어난 근대 예술운동의 한 갈래다. 1860년 초 프랑스에서 시작되어 1886년을 기점으로 순수한 의미의 인상주의는 끝이 났다. 하지만 이후 모든 미술의 방향을 결정하게 되는 중요한 미술사조가 되었는데, 특히 사진술의 발달로 회화의 사실주의적 재현이 의미가 없어진 시대적 상황과 맞물리며 새로운 사조를 만들어내는 시발점이 되기도 했다. 회화만의 특징적인 것을 시도하려는 인상주의 양상이 더 힘을 얻게 되었으며, 빛의 변화에 따라 시시각각 변하는 대상의 변화를 그려내는 것이 사실주의에 부합한다고 생각했다.

인상주의 작품을 보고 싶다면 프랑스 파리의 오르세 미술관을 추천한다. 모네의 〈수련〉 8점을 전시하기 위한 공간으로 설계된 오랑주리 미술관도 포함시키는 것이 좋겠다. 입장권이 비싼 프랑스의 물가를 고려하면 오르세 미술관과 오랑주리 미술관을 함께 볼 수 있는 공동입장권을 구입하는 것이 좋다. 참고로 매달 첫째 일요일은 무료로 입장할 수 있다.

슈뢰딩거의 고양이

죽었을까 살았을까

✕
✕
✕

빛은 현대과학이 발전함에 따라서 심각한 철학적 문제를 유발했다. 그중 하나가 슈뢰딩거의 고양이 문제다. 일종의 사고 실험인 슈뢰딩거의 고양이가 제기된 목적은 양자역학이 불합리하다고 주장하기 위한 것이었다.

내용은 이렇다. 고양이 한 마리가 내부를 들여다볼 수 없는 상자에 들어 있는데 그 상자에는 다시 청산가리가 든 유리병, 방사성물질 라듐, 방사능을 검출하는 가이거 계수기, 망치가 설치되어 있다. 그래서 라듐 핵이 붕괴하면 가이거 계수기가 이를 탐지하고 망치가 유리병을 내려쳐 깨게 돼 청산가리가 유출된다. 그 청산가리를 마신 고양이는 죽게 되어 있다. 양자역학에 따르면 라듐이 붕괴할 확률은 한 시간 뒤 50퍼센트다. 한 시간 뒤 고양이는 죽었을까 살았을까?

여기서 상자 안의 장치가 어떻게 설치되어 있는가 하는 것은 그렇게 중요하지 않다. 중요한 것은 라듐 입자 하나의 운동이 청산가리를 유출시켜서 고양이를 죽일 수 있도록 설치되어 있다는 것, 즉 미세한 입자 하나가 커다란 고양이의 죽음을 결정할 수 있도록 장치가 고안되어 있다는 것이 핵심이다. 그리하여 양자역학에서는 입자 운동이 확률적으로 존재한다고 말하는데 이것이 엉터리라고 주장하려는 것이다. 왜냐하면 고양이는 죽거나 살거나 둘 중 하나일 뿐, 50퍼센트의 확률로 죽은 상태이면서 살아있는 상태로 존재하지는 않을 것이기 때문이다.

이런 문제가 불거진 것은 양자역학의 중요한 주장이 전자와 같은 미세입자가 확률적으로 존재하며, 그것은 단지 우리가 잘 모르고 있기 때문에 확률적으로 존재하는 것이 아니라, 그 자체로 확률적으로 존재한다는 것을 주장하기 때문이다. 그러다가 우리가 그것을 관찰하게 되면 우리의 관찰을 위해 쏘아진 빛이 그 확률을 하나의 구체적인 상태로 확정한다는 것이다. 슈뢰딩거의 고양이 문제에 대해서도 양자역학 과학자들은 똑같이 말한다. 상자를 열어보기 전에는 삶과 죽음의 상태가 중첩되어 있으나 상자를 열어 관찰하는 순간 그것이 하나로 결정된다고.

이런 설명은 근세의 경험론 철학자 조지 버클리의 사상을 떠올리게 만든다. 버클리는 우리가 지각하는 것만이 존재하며 지각하지 못하는 것은 존재할 수 없다는 주장을 했다. 그것을 요약해서 "존재하는 것은 지각되는 것이다"라고 한다. 이런 철학이 나온 것은 그가 경험주의 입장을 견고하게 유지했기 때문인데, 출발점은 우리의 모든 지식은 경험에서 나온다는 것이다.

경험은 보고 듣고 만지는 것과 같은 지각의 결합이므로 모든 지식은 지각에서 나온다는 말이다. 그러면 내가 아직 보고 듣지 못한 안드로메다 끝의 별은 존재한다고 할 수 있을까? 상식적으로는 우리가 모르는 것이 존재할 수 있다고 생각하겠지만 버클리는, 자신의 입장을 일관되게 주장하면서, 그런 것은 존재하지 않는다고 말했다. 왜냐하면 '존재한다'라는 말이 곧 보고 들을 수 있는 어떤 것이라는 말과 같기 때문이다. 즉 우리의 인식을 넘어서는 '실제'의 대상은 없다는 말이다.

조지 버클리는 아일랜드의 귀족가문에서 태어나 트리니티 칼리지에서 석사학위를 받고 그 학교에서 그리스어 강사로 일하면서 철학을 연구했다. 그는《시각에 대한 새로운 이론을 위한 소론》이라는 책을 출판할 정도로 광학에 대해 연구했으며《인간 지식의 원리론》과《힐라스와 필로누스의 대화》라는 책을 써서 자신의 경험론 철학을 발전시켰다.

조명이 문화가 되다
인간을 위한 빛

✕
✕
✕

동양에서 산수화를 그릴 때 자연경관을 있는 그대로 묘사하던 시기는 송나라(960~1279) 때다. 이전까지 자연은 경외의 대상으로, 특히 맹수가 우글거리는 산속은 해가 떨어지면 범접하기조차 어려웠다. 중국 송대에는 화약을 비롯한 과학의 발전과 경제발전에 힘입어 빛을 인공적으로 다루는 데 능숙해지기 시작한 시기다. 이때부터 자연은 경외와 공포의 대상이 아니라 속세를 떠나 유유자적할 수 있는 관조와 수도修道의 공간으로 바뀌게 된다.

빛은 인간에게 문화를 선사했다. 도시의 발달로 건축과 빛이 만나면서 빛 조절은 공간 설계에 없어서는 안 될 계획의 대상이 되었다. 조명계획이란 빛으로 공간을 쾌적하고 매력적으로 바꾸는 작업을 의미한다. 여기엔 조명기구가 주인공이다. 빛의 밝기

조절은 물론 공간별로 빛의 질을 높여 시각적 즐거움과 쾌적함, 심리적인 안정감을 유도하며, 효율적으로 빛을 관리해 에너지 절약까지 이뤄내는 것이다.

과유불급, 빛도 지나치거나 부족해서는 안 된다. 빛은 어둠과 불안을 걷어내고 자신을 보호해 주어 안전하게 다양한 활동을 할 수 있도록 해야 하지만 밤낮 구별 없이 지나치게 빛에 노출되면 휴식을 방해할 뿐 아니라 인체의 시간감각이 혼란스러워져 건강에 적신호가 켜진다.

조명을 계획할 때 고려해야 할 대상은 의외로 많다. 첫째, 눈부심을 방지해야 한다. 또 쾌적하고 안정된 분위기를 연출할 수 있는 색온도(2800K의 전구색이 안정된 분위기를 연출하고, 주광색 6700은 상쾌한 분위기를 만든다)를 고려해야 한다. 그밖에도 광속(광원에서 나오는 빛의 양으로 단위는 루멘 lm), 광도(광원에서 한 방향으로 나오는 빛의 광도로 단위는 칸델라 cd), 조도(광원에서 나온 빛이 한 면에 도달하는 정도를 나타내는 수치로 단위는 럭스 lx), 휘도(광원 자체 혹은 밝기의 가감을 뜻하며 단위는 칸델라/제곱미터 cd/㎡) 등 면밀하게 다뤄야 할 요소가 의외로 많다.

건축에서 조명계획을 세울 때 조명기구의 배치에 따라 전반조명과 국부조명으로 나뉜다. 전반조명이란 원하는 공간 전체를 균등하게 비추는 방식으로 베이스 조명이라고도 한다. 사무실, 학교 등 작업공간에 주로 사용한다. 주택에서는 거실, 주방 등에 주로 사용하지만 거주자의 라이프스타일이 우선적인 고려대상이다.

국부조명은 특정한 범위와 주변부를 비추는 조명을 의미한다.

부분적으로 조도를 높여야 할 경우로 책상 스탠드, 독서등, 연극 무대의 스포트라이트, 작업등과 같은 예가 있다.

조명기구나 램프를 드러나지 않게 하면서도 빛을 조절하는 간접조명도 있다. 조명기구가 인테리어 전체의 설계를 방해하는 것을 막기 위해 천장이나 벽에서만 빛을 노출하는 방식으로, 충분한 빛을 얻으면서도 공간을 깔끔하게 꾸미고 인테리어 디자인의 통일감을 유지할 수 있다는 장점이 있다. 다만 빛을 완성도 있게 연출하지 못하면 되레 간접조명이 실내 조명계획의 실패사례가 될 수도 있으니 주의해야 한다.

간접조명을 할 때 주의해야 할 것은 먼저 램프가 보이지 않아야 한다. 건축 공간 내에서 램프가 보이지 않으면서 조명을 할 수 있어야 하기 때문이다. 만약 실내 구조의 문제로 완벽하게 조명을 가릴 수 없다면 램프 선택에 신경을 써야 한다. 비추는 범위도 주의해야 한다. 매입형 에이컨이나 환기구가 있는 곳에 조명을 비추게 되면 감춰야 할 공간을 도드라지게 할 뿐이다.

무엇보다 조명계획에서 중요한 것은 공간 내에 어떤 빛 환경을 유지할 것인지를 결정해야 한다. 이에 따라 공간별 특징에 맞는 빛 환경을 연출할 수 있기 때문이다. 안전과 휴식 두 가지 모두를 만족하기 위한 빛 관리도 중요해지고 있다.

22장

달

지구와 달의 관계
독보적으로 큰 위성의 탄생

✕
✕
✕

달은 지구의 유일한 자연 위성으로서 160개가 넘는 태양계 위성 중에서 다섯 번째로 크다. 위성 대부분을 거대 행성인 목성과 토성이 거느리고 있어서 지구라는 행성은 부담스러울 정도로 큰 위성을 지니는 셈이다. 따라서 달은 그 기원에 있어서 다른 행성들의 위성과 다르게 형성된 것으로 추측되었다. 지구는 어떻게 다른 행성과 달리 독보적으로 큰 위성을 갖게 되었을까?

큰 위성을 가진 덕분에 지구의 조석 운동은 태양보다 달이 주도한다. 보름달이나 그믐에는 조수 간만의 차이가 최대가 되고, 반달인 상현달과 하현달에는 조수 간만의 차이가 가장 작다. 물론 달이 하루에 약 50분 정도 늦게 떠오르기 때문에, 어느 지역에서든 조수 현상은 매일 50분씩 늦어진다. 다른 천체들이 지구의 자전 주기에 맞춰서 뜨고 지는 것과 달리, 달은 지구 주위를 공전하는 유일한 천체이기 때문에 50분 늦게 나타나는 것이다.

달에 대해 조금 더 소개해보자면, 달의 반지름은 지구 반지름의 4분의 1 정도고 태양 반지름의 약 390분의 1 크기다. 지구 반지름보다 약 60배 멀리 떨어져 있기에 태양은 달보다 약 400배 멀리 떨어져 있기 때문에 지구에서 보는 달의 크기는 태양과 비슷한 크기로 보인다(관측되는 천체의 크기는 반지름의 제곱에 비례하고 거리의 제곱에 반비례하기 때문에, 달이 태양보다 약간 더 크게 보인다).

달은 1년에 약 3.8센티미터 정도 지구에서 멀어지고 있다. 마침 인간의 손톱이 자라는 길이와 달이 멀어지는 길이가 거의 비슷하기 때문에, 우리가 오랫동안 손가락으로 달을 가리킨다고 하더라도 손톱의 길이와 달 사이의 거리는 거의 변하지 않는다.

그렇다면 과거에는 지금보다 달이 더 가까웠을 것이고, 마치 팽창하는 우주에서 과거로 갈수록 우주가 점점 더 작아진 것처럼 언젠가는 달과 지구가 아주 가깝지 않았을까? 아주 오래전 과거에는 달이 지금보다 훨씬 가깝게 있었기 때문에, 밤에는 엄청나게 큰 달이 뿌리는 달빛에 가리워 밤하늘의 별들을 보기도 어려웠을 것이다. 달이 뜨기 전이나 달이 지고 난 후에야 밤하늘에 별들이 나타났을 것이며, 지구의 그림자 속으로 달이 들어오는 월식이 되면 밤하늘에는 갑자기 수많은 별이 찬란하게 빛났을 것이다.

달에서 가져온 암석과 표토의 분석 등 많은 정보를 기반으로 한 다각적인 분석과 검증에 따르면, 초기 지구는 45억 년 전에 거대한 충돌을 겪었다. 지구 역사상 가장 큰 충돌이었던 그 사건이 일어난 사건 개요는 다음과 같다.

현재의 화성(지구 반지름의 반 정도) 크기나 되는 천체가 초기 지구를 빗겨 충돌하면서, 지축이 지금처럼 23.4도 정도 기울어졌고 충돌의 파편들을 끌어당기면서 지구는 충돌 전보다 조금 더 커졌다. 그리고 지구와 충돌한 천체는 지구 가까이에서 다시 부스러기들을 뭉쳤지만 크기가 줄어들어 지금의 달(화성 반지름의 반 정도)이 되었다. 초기 지구와 충돌하여 달을 낳았던 천체는, 그리스 신화에 등장하는 달의 여신 셀레네의 어머니 이름을 따서 테이아Theia라고 부른다.

이렇게 지구는 거대한 충돌을 거쳐 성장했고 태양계의 다른 행성들과 달리 자신에 비하여 엄청나게 큰 위성을 갖게 되었다. 지구는 또한 지축이 기울어지면서 위도에 따라서 공전 주기인 1년 동안에 계절의 변화를 가질 수 있었고, 지구는 태양과 달과 상호작용하면서 현재의 모습으로 진화했다.

마지막으로 달에 대해 떠도는 이야기 한 가지 더, 보름달이 뜬 밤은 음기가 강하다거나 귀신이나 도깨비들이 활발하게 활동한다는 상상은 과학적으로 맞지 않는 것이다. 달빛은 태양 빛이 반사된 것이기 때문에, 보름달에는 음기가 아닌 양기가 더 뿌려지므로 드라큘라도 보름달이 뜨는 밤을 피해야 할 것이다.

달력과 수학의 역사
차오르는 달을 보라

✕
✕
✕

고대 문명은 역법을 통해 수학을 발전시켰다. 역법이란 1년의 길이를 재서 달력을 만드는 일이었다. 이것이 중요하고 어려웠기 때문에 정교한 수학이 필요했던 것이다.

달력을 만든다는 것은 얼핏 쉬워 보인다. 계절의 변화를 봐서 적당히 1년의 길이를 정하고 세어보면서 달을 나누면 될 듯하다. 그리고 설령 달력이 좀 정확하지 않아도 그 뿐이 아니었을까. 하지만 과거에 정확한 달력을 만드는 일은 미래를 예측하기 위한 중요한 일이었다. 주기적으로 변하는 자연 속에서 언제 따뜻해지고 언제 장마가 지는지는 생존을 위해 반드시 알아야 하는 중요한 정보였던 것이다.

역법의 출발점은 월 단위의 시간 측정이었고, 목표는 1년의 길이를 정확히 표시하는 것이었다. 왜냐하면 1년이 계절 변화의 길이였고 이에 따라서 농사와 생활이 주기적으로 준비되어야 했기 때문이다. 하루의 길이는 태양의 움직임으로 분명하지만, 하루와 1년이라는 단위는 차이가 매우 크기 때문에 달의 모양새 변화로 달력을 만들어서 1년의 길이를 잴 수 있었다. 여러 문명권에서 태음력을 사용했다는 자료가 많이 남아 있는 것도 이 때문이다. 특히 마야인들은 1년이 대략 365.242일임을 밝혀냈는데, 현재의 첨단장비를 동원하여 측정한 365.24219879일과 매우 유사하기 때문에 감탄을 자아낸다.

현재 쓰고 있는 태양력의 기원은 고대 이집트까지 올라간다. 이집트는 1년을 365일로 정하고 최초로 태양력을 사용한 민족이었다. 그런데 태양의 공전주기는 365일보다 약간 길어서 이것이 4년 동안 쌓이면 하루 정도의 차이가 나고 40년이면 10일, 400년이면 100일의 차이가 난다. 이쯤 되면 계절의 변화를 놓치게 되므로 원래 역법 사용의 목적에서 벗어나게 된다. 이런 달력을 보고 농사를 짓거나 홍수를 예측한다면 실패하게 되는 것이다. 그래서 지금과 같이 4년에 한 번씩 하루가 더해진 윤년이 생긴다.

나중에 로마 황제 율리우스가 이 달력을 도입하면서 '율리우스 달력'이라 지칭한 뒤 공식적으로 사용했는데 달마다 로마신의 이름을 붙이면서 자신의 생일이 있는 7월에는 자신의 이름을 넣어 "July"라고 불렀다. 이후에 왕이 된 아우구스투스 역시 율리우스 달력을 개혁하면서 자신의 이름을 8월에 넣어서 지금의 "August"가 되었다. 또한 당시에는 홀수 달은 31일, 짝수 달은 30일이었는데, 아우구스투스는 자신의 달이 7월보다 날짜가 적다는 것이 싫어서 2월에서 날짜를 더 가져와 8월을 31일로 만들었다.

이렇게 역법이 정확해지기 위해서 정확한 관찰과 계산이 필요했고, 이것은 수학의 발전에 의해서 가능했다. 천체운동의 관측에도 복잡한 계산이 필요했고, 많은 날짜를 다소 불규칙한 달의 모양 주기와 별의 운동 주기와 결합시키는 데에도 어려운 계산이 적용되었다. 이것은 이집트에서만 일어난 일이 아니라 인도에서도 유사하게 발생했다.

인도의 가장 오래된 수학책 중 하나인 《아리아바티아》는 시 형식으로 엮은 천문학과 수학에 관한 저술인데, 4장으로 구성된 이 책에서 1-3장에서는 천문학과 구면삼각법을 다루고, 4장에서는 산수와 대수의 법칙을 다루고 있다. 그리스 수학에서 《유클리드의 기하학 원론》이 차지하는 위치를 인도 수학에서 이 책이 점하고 있다고 할 수 있는 정도다. 물론 논리적인 체계성은 다르지만 말이다. 이렇게 역법과 수학은 그 태생에서 깊이 연관되어 있음을 알 수 있다.

루나에서 아르테미스까지
달을 향한 인간의 염원

✕
✕
✕

평범한 우리가 기억하는 달에 대한 가장 강렬한 장면은 아폴로 11호와 닐 암스트롱이 하나의 프레임에 잡힌 사진이 아닐까. 이후 음모론과 영화제작으로까지 이어지면서 기억은 각인이 되어 1969년 7월 21일(아폴로11호의 달 착륙일) 이전과 이후의 역사마저 흐릿하게 만들었지만, 달이 45억 년 전부터 그곳에 존재했듯이 지구인의 달을 향한 염원 또한 한 번도 멈춰본 적이 없었다.

시계를 아폴로11호 이전으로 돌려보자. 1921년부터 이미 러시아는 우주 프로그램을 시작했다. 최초의 인공위성인 스푸트니크 1호(1957년 10월)를 쏘아올린 지 한 달 만에, '라이카'라는 이름의 개를 태우고 우주로 날아간 스푸트니크 2호(1957년 11월)도 러시아의 우주선이었다. 놀란 미국이 익스플로러1호(1958년)

로 추격에 나섰지만 여전히 러시아의 독주였다. 1959년 1월 최초의 달 탐사선 루나 1호를 발사한 것이다. 안타깝게도 달에 착륙하지는 못하고 달 옆을 지나간 최초의 인공위성으로 기록되었지만, 곧 이어 9월에 쏘아올린 루나 2호가 인류 최초로 달 표면에 도착해 달의 뒷면 사진까지 보내오는 쾌거를 거뒀다.

1960년대에 들어서며 비로소 미국의 반격이 시작된다. 1961년 케네디 대통령은 '국가의 급무와 현상에 관한 특별 교서'까지 발표하며, "1960년대가 끝날 때까지는 인간을 달세계에 착륙시켰다가 무사히 지구까지 귀환시키는 목표를 달성시키고 싶다"고 말했다. 이른바 아폴로 프로젝트의 시작이다.

아폴로 프로젝트는 첫 우주선이었던 아폴로 1호가 훈련 연습 도중 불이 나고, 이 사고로 유능한 우주비행사 3명의 목숨을 잃는 등 시작부터 난관에 부딪쳤지만, 쉼 없이 계속되었다. 수개월 간격으로 계속 쏘아올린 아폴로 7, 8, 9, 10호가 모두 의미 있는 성과를 내면서 드디어 우주개발의 주도권은 완전히 미국으로 넘어왔다. 그리고 드디어 아폴로 11호, 우리가 기억하는 바로 그 우주선이 1969년 7월 21일 오전 11시 56분 20초에 달 표면에 최초로 인류의 발자국을 남기게 되었다. 닐 암스트롱은 발자국뿐 아니라 "이것은 한 사람에게는 작은 한 걸음에 지나지 않지만, 인류에게 있어서는 위대한 도약이다"라는 가슴 떨리는 명언까지 남겼다.

이후 아폴로 17호까지, 아폴로 프로젝트는 약 10년 동안 250억 달러가 넘는 막대한 비용을 투입하며 수많은 과학적 업적을 이루어냈다. 총 12명의 우주인을 태운 6대의 우주선이 달에 착륙하여 달 표면을 탐사하고 많은 실험과 달의 토양 샘플을 가지고 지구로 귀환했다. 이를 바탕으로 화성과 태양계에 대한 탐사선이 개발되고, 더 넓은 천체로 관심이 옮겨가면서 아폴로 프로젝트는 중단되었다.

한동안 주춤하던 달에 대한 관심이 다시 고조되고 있는 진원지는 2019년 5월 13일에 발표한 '아르테미스 프로젝트'다. NASA를 주축으로 진행되고 있는 아르테미스 프로젝트의 목표는 달에 우주기지를 건설하는 것. 아르테미스라는 이름에는 1960년대의 아폴로 프로젝트를 계승하겠다는 의미와 함께 최초의 여성 우주인을 달에 보내겠다는 목표가 함께 포함되어 있다. 아르테미스는 그리스 신화 속에서 아폴로의 쌍둥이 여동생으로 등장하는 달의 여신 이름이다.

인류가 달에 첫 발을 디딘 지 50년이 지난 지금, 세계 우주강국의 달 탐사 경쟁은 더 치열해졌다. 미국과 소련이 주축이 되었던 냉전시대에는 달 탐사가 국력을 과시하기 위한 경쟁의 상징이었지만, 최근에는 화성 등 심우주탐사를 위한 중간기지 역할이자, 우주기술의 빠른 발전을 견인하는 계기로서의 의미가 더 크다.

아르테미스 프로젝트에서 보듯이 미국은 2024년 인류를 달에 보낼 핵심시설인 달 궤도 국제우주정거장 구축을 진행 중이며, 중국은 2019년에 세계 최초로 달 뒷면에 착륙하는 데 이어 2020년 12월에는 창어 5호를 통해 달 샘플 채취까지 성공했다. 과거의 영광을 되찾고자하는 러시아는 2031년까지 달에 유인우주선을 착륙시킬 예정이며, 유럽은 문 빌리지라는 달 기지를 2040년까지 완공할 예정이다.

한국항공우주연구원의 자료에 따르면, 우리나라도 2016년부터 자력 달 탐사 계획을 추진하고 있다. 1단계와 2단계로 구분하여 진행되며, 연구진은 한국형 달 궤도선 개발사업을 진행하는 동시에 부분적으로 착륙과 개발을 위한 2단계 선행연구를 병행해 왔다. 그 결과 2022년 8월 5일 달 탐사선 다누리를 발사했고, 그해 12월 달 임무궤도 진입에 성공했다. 다누리는 정상적으로 달 탐사임무를 수행 중이며, 당초 2023년 말까지였던 임무 운영 기간을 2025년 말까지로 2년 연장한 상태다.

지금은 선진국들의 화려한 성과들에 가려져 굳이 자료를 찾아야 나오는 정도지만, 머지않은 미래에는 한국 달 탐사선 소식이 찾지 않아도 기억되고 각인되는 글로벌 뉴스가 되길, 달 보며 소망한다.

달에서 부동산을 보다
달나라 땅 팝니다

✕
✕
✕

봉이 김선달이 있다. 닭을 봉이라 속여 팔고, 누구나 퍼갈 수 있는 대동강 물도 팔았던 바로 조선시대 봉이 김선달. 자동차 판매원인 한 사람은 이혼에 실직까지 하고 어느 날 차에 앉아 앞으로 어떻게 돈을 벌까 고민하다, 문득 달을 보고 부동산이란 단어를 떠올리게 된다. 봉이 김선달처럼 달 소유권을 주장해서 팔아먹는 것이었다.

> 달의 땅을 지구에 있는 사람에게 판다.

이 생각을 떠올린 사람은 바로 미국인 데니스 호프다. 그는 1980년부터 달이 본인의 것이라고 주장했다. 호프는 도서관에서

1967년 국제연합 우주조약을 찾아내었다. 이 문서는 미국과 유럽 강대국들의 서명이 있는 정식문서로 국가와 기관이 달과 태양계 등 우주에 대해 어떤 국가도 소유권을 주장하지 못한다는 내용을 담고 있다. 그 후 그는 달에 대한 개인의 소유에 대해서는 제한하는 내용이 없다는 점에 기반하여 국제연합 등에 최초로 자신의 소유권을 주장하는 문서를 보냈다. 그리고 샌프란시스코 지방법원에 소송을 걸어 지속적으로 소유권을 주장했다.

사람들은 국제연합이 그의 주장을 허락한 적이 없다고 비난했지만 호프는 달 소유권을 통보한 것이며, 허락을 받고자 한 것이 아니라고 주장했다. 의외로 샌프란시스코 지방법원은 우주조약은 국가의 소유를 금지할 뿐 개인의 소유를 금지한 것은 아니라는 그의 주장을 인정하는 판결을 내렸다. 그 즉시 그는 '달대사관'이라는 회사를 세웠다.

달대사관은 1에이커(약 1,200평) 당 19.99달러에 달을 분할해서 판매하기 시작했다. 계약자에게는 달 부동산에 대한 토지증서, 토지양도증서, 땅의 위치가 표시된 지적도, 그리고 조약서를 준다. 달 토지증서에는 부동산의 소재지와 대상 등 부동산의 표시와 약정사항을 담은 내용, 그리고 소유자의 인적사항 등이 기재되어 있다.

믿기 어려울지 모르지만, 실제 호프의 달대사관의 한국 홈페이지에는 달에 있는 부동산을 판매하는 유일한 회사로 소개하면서 현재 일반가격 24.99달러, 프리미엄 가격 499.80달러로 판매하고 있다. 그는 태양계 내의 모든 행성도 이런 방식으로 판매하면서 실제 그의 나이 71세까지 약 141억 원의 이익을 얻었다고 한다. 미국의 일부 유명인들은 물론 한국에서도 일부 연예인들이 호프의 달 소유권 이전문서를 선물 받았다는 루머가 있다. 인터넷에는 실제 호프로부터 달 주소가 적힌 땅문서를 구입했다는 내용을 자세하게 소개한 경우도 있다.

전문가들의 견해에 따르면 향후 우주개발 경쟁이 시작되면 개인 소유권은 이슈가 될 수도 있다. 호프가 샌프란시스코 지방법원의 법적 판결 내용은 실제 UN의 우주조약이 개인의 금지조항이 없다는 것이지 개인의 달 소유권을 합법화한 것은 아니다. 실제 소유권은 실질적인 지배나 관리가 가능할 때만 가능하다는 점에서 현재 주인이 없다고 그 소유권을 주장할 수는 없다고 봐야 한다. 미국판 봉이 김선달인 데니스 호프로부터 달에 부동산을 구매한 사람이 있다면 그 땅문서는 그저 재미있는 게임을 한번 해본 것으로 생각해야할 것이다. 실제 달 토지증서를 인터넷에 공개한 사람들은 실제 달의 땅을 구매한 것을 나를 위한 선물로 혹은 누군가를 위한 특별한 선물로 보고, "아깝지 않고 재밌는 소비였다"고 언급하고 있다.

당연히 달 토지분양과 각국의 정부, 기관 등과는 전혀 관련이 없다. 이는 한 개인의 재미있는 상상력을 실제 사업으로 실현시킨 것이다. 상상력을 마음껏 펼칠 수 있는 사회가 지속되는 한 다양하고 재미있는 일을 하는 회사들이 많이 나올 것이다.

23장

지구

과학

최초의 생명체, 루카
모든 생명의 공통 조상

✕
✕
✕

현재 지구의 생명체는 약 1,000만 종이 있다고 추정된다. 멸종된 생명체를 포함하여 지금까지 생명의 역사에 존재했던 생명체들은 약 5억 종에 달한다고 한다. 인간은 그 많은 생물종 중의 하나다. '도대체 어떻게 해서 이렇게 다양한 생명체들이 있는 것일까?'라는 의문은 다윈과 월리스의 '진화론'으로 이해할 수 있다. 참고로 1858년 다윈과 월리스는 '자연 선택'의 개념을 바탕으로 진화의 메카니즘을 서술한 '진화론'을 공동으로 발표했다. 이후 1859년 다윈은 《종의 기원》을 단독으로 출간하게 된다.

시간을 거슬러 과거로 돌아가면 생명의 공통 조상common ancestor을 만나게 된다. 더 오래전 과거로 거슬러 올라가면 결국에는 모든 생명체들의 기원이 되는 생물종에 다다른다. 이렇게 지구에 나타났던 모든 생명체들의 공통조상을 LUCA_Last Universal Common Ancestor(모든 생물의 공통 조상)라고 부른다. 약 40억 년 전에 나타났을 것으로 생각되는 최초의 생명체인 LUCA는 어떤 생명체였을까? 모든 생명체의 어머니인 LUCA의 고향은 어디일까. 즉 생명은 어디서 어떻게 시작한 것일까?

생명이 탄생하기 전 원시지구의 환경은 지금과는 무척 달랐을 것으로 추정된다. 지구가 현재의 모습이 되기까지 지구 생명체는 지구의 진화에 큰 영향을 주었다. 지구의 역사를 구분하는 이름에 생명체의 生자가 들어감을 주목하자. 생명이 시작된 시생대, 눈으로 볼 수 없을 정도로 작은 원시 생명체들의 원생대, 눈으로 형체를 볼 수 있을 정도로 몸집이 커진 생명체들이 나타난 고생대, 지구 역사상 가장 큰 생명체인 공룡들이 활동하던 중생대, 공룡의 멸종 이후에 포유류가 지구 생태계의 최상위 포식자로 자리매김하여 현재에 이르는 신생대…, 이처럼 각 지질시대의 지구의 환경은 생명체와의 긴밀한 상호작용에 따라서 극적으로 변해왔다.

지구 생명체가 어디에서 어떻게 출현했는지 알기 위해서는 당시의 지구환경을 알아야 하고, 지구에 기록된 진화의 흔적을 따라 생명체가 어떻게 진화했는지 정보를 취합해야 한다. 약 45억 년 전에 형성된 뜨거운 지구는 점차 식어가면서, 중력으로 무거운 물질(철, 니켈 등)이 내부에 가라앉고 가벼운 물질(주기율표의 1주기, 2주기 원소 및 이들 원소와 결합하여 가벼운 분자를 이루는 원소들)은 제일 바깥에 머물면서 지각을 형성했다. 약 40억 년 전의 원시지구에는 이미 지각 위로 바다가 형성될 정도로 물이 풍부했고, 원시 지구의 대기는 메탄과 암모니아, 이산화탄소와 수증기로 가득했으며 지구 전체는 현재보다 뜨거웠다. 이러한 환경에서 어떻게 생명체가 형성될 수 있었을까?

1953년에 행해진 유명한 '밀러-유리 실험'은 원시 지구의 대기와 유사한 환경을 구현했다. 실험을 통해 글리신, 알라닌의 아미노산 등 유기물이 형성되는 것을 관찰할 수 있었고, 추후의 분석에서 수십 종의 아미노산까지 확인되었다. 그러나 원시 대기는 실험실과 달리 개방된 상태였으므로 물질들이 확산되었을 것이다. 그렇기 때문에 실제로 생명체가 원시 대기에서 형성될 확률은 그리 높지 않아 보인다.

현대의 광학기기로 별들 사이의 성간물질, 성운의 스펙트럼을 분석하거나 지구에 떨어진 우주의 파편인 유성을 정밀 분석해보면 여러 유기물질이 있는 것을 관찰할 수 있다. 생명체의 기원을 우주로 생각하는 이유이기도 하다. 그러나 우주에서 미량의 유기물들이 발견된다고 하더라도, 우주의 환경이 유전물질을 형성하여 후손을 남길 수 있을 정도의 수준까지 진화하기는 쉽지 않을 것이며, 설령 그러한 생명체가 우주에 있었다고 하더라도, 생명 본질의 시작에 대한 대답을 주지는 못한다.

1977년 2월 17일 미국 우즈홀 해양연구소의 심해 유인 잠수정 앨빈은 갈라파고스 제도에서 북서쪽으로 약 380킬로미터 떨어진 곳, 수심 2,700미터의 심해에서 굴뚝 모양의 열수분출공을 발견했다. 우뚝 솟아오른 분출공에서는 검은 연기와 함께 350℃ 정도의 뜨거운 물이 마구 쏟아져 나오고 있었다. 심해의 뜨거운 이 곳은 극한의 환경이지만 심해의 다른 곳보다도 수천 배나 많은 생명체들이 서식하는 것을 확인했으며, 이후 이러한 심해의 열수 분출공들은 300개 이상 발견되었다. 과학자들은 원시지구에서 도 이런 심해의 환경이 곳곳에 있었을 것이며, 암석 사이 0.1밀리 미터 정도 구멍의 열수분출공은 폐쇄된 환경에서 반응이 지속될 수 있기 때문에 생명체가 시작되기에 적합한 장소라는 생각을 하 게 된다. 도시의 빌딩처럼 보이는 많은 열수분출공의 기둥들 중 에는 10만 년 이상 된 것들도 발견되었다.

또 한편으로 계통수의 공통 조상을 따라가면서 생명체들의 유 전 정보를 분석하다 보면, 어느 생명체에서도 공통으로 나타나 는, 그러니까 아주 오래전 공통 조상의 특징을 추론할 수 있다. 공 통된 유전 정보들을 분석해보면, 최초의 생명체가 어떠한 형질을 지녔을지 정보를 얻을 수 있고 이 형질을 통하여 최초 생명체가 살았던 환경을 추론할 수 있다. 이러한 연구에서도 LUCA는 심해 열수구와 비슷한 환경에서 살았을 것으로 생각된다. 과거로 돌아 가 우리가 직접 확인할 수는 없지만, 전문가들은 최초의 생명체 가 심해의 뜨거운 바닷물이 작은 암석 기둥을 타고 올라오는 환 경에서 시작되었을 것으로 추정한다.

맨틀 대류가 상승하며 새로운 지각이 만들어졌고, 뜨거운 바 닷물이 가열되는 어느 곳에선가 유기물의 반응이 오랫동안 다양 한 시행착오를 거치다가 후손을 남길 수 있을 정도의 수준으로 발달했고, 이후에 이 파리한 생명체는 모든 생명체의 시원이 되어 지구를 변화시키고, 훗날 어느 한 종이 외계의 천체에 발자국을 남길 정도로 진화하게 되었다.

바다의 사막화
기후 변화의 또 다른 패턴

✕
✕
✕

지구온난화와 기후변화를 이야기할 때, 바다의 변화를 빼고 이야기할 수 없다. 바다는 전 지구의 약 70퍼센트를 차지하고 있다. 오늘날 기후변화의 패턴은 인위적인 이유로 빠르게 악화되고 있는데 이미 자연적인 속도를 넘어섰다. 이러한 바다의 오염과 변화를 가장 심각하게 보여주는 것이 바로 바다사막화다.

바다사막화는 수온의 상승과 해양산성화로 인해 산호의 형형색색 빛깔을 띠게 하는 공생조류가 빠져나가 하얗게 변한 산호의 탄산칼슘$_{CaCO_3}$이 바닷속을 덮는 것을 말한다. 우리말로는 '갯녹음' 현상이라 불린다. 탄산칼슘은 수온이 낮고 이산화탄소가 풍부한 물에 잘 녹지만 지구온난화로 수온이 올라가면서 이산화탄소와 탄산칼슘의 용해도가 낮아져 더 이상 녹지 못하고 해저바닥과 바위 등에 딱딱하게 달라붙게 된다. 또한 수온이 높아지면 해조류를 먹는 조식동물(성게, 고동 등)의 활동이 활발해지게 되고, 먹이사슬에 의해 조식동물이 먹는 만큼 엽상해조류가 소멸하게 되고 그 자리를 자연스럽게 석회조류가 메우게 된다. 해조류는 수산자원들의 먹이 역할을 하는 것에 비해, 석회조류는 먹이로서 작용을 하지 못하게 되고, 결국 수산생물들의 개체 수 감소로 이어져 어장이 황폐화되는 것이다.

우리 연안에서도 이러한 바다사막화 현상이 빠르게 진행되고 있다. 1980년대 제주도와 남해안 일부 해역에서 처음 발견된 이후, 1990년대부터 본격화된 것으로 알려지고 있다. 동해 암반의 62퍼센트, 남해의 33퍼센트, 제주 연근해 35퍼센트의 지역에서 바다사막화가 진행되었다고 한다. 현재는 동해 북부해안까지 여의도의 약 70배인 2만ha 규모로 폭넓게 발생했으며, 매년 축구장 크기의 1,500배에 달하는 1,200ha 이상 확산되고 있다. 바다사막화 현상은 기후변화로 인한 수온 상승, 연안 오염, 해조류 남획 등 다양한 원인에 의해 나타나고 있지만 문제는 갈수록 속도가 빨라지고 있다는 점이다.

바다의 사막화가 진행되는 것에 대한 대처방안으로 나온 것이 바로 바다숲을 조성하는 것이다. 바닷속 생태계의 기초를 이루는 것은 바로 해조류로 이루어진 바다숲이다. 바다숲은 해양생물의 기초 먹이를 제공하는 보육장 혹은 산란장이며, 광합성을 통해 산소를 생산하고, 질소나 인 등의 오염물질을 정화하여 해양생태계의 기초 생산자 역할을 한다. 이외에도 이산화탄소를 흡수하여 온실가스를 줄이는 역할까지 담당하는데, 실제로 바다로 녹아드는 온실가스의 10퍼센트를 해조류로 뒤덮인 바다숲이 해결해주는 것으로 알려져 있다.

이 같은 바다숲의 효능이 알려지면서 2009년부터 연안의 바다사막화를 방지하고 생태계를 복원시키기 위해 정부 차원의 노력이 이어지고 있다. 대규모의 바다숲 조성사업이 전국 연안에서 시행된 것. 구체적으로 바다숲 조성사업은 수심 10미터 내외 바다의 암초나 갯벌에 다시마, 감태, 모자반 등의 해조류나 해초류를 심어, 육상의 숲처럼 무성하게 자랄 수 있는 해역을 인위적으로 만드는 것이다.

정부(해양수산부)는 바다숲 조성사업을 진행하면서 식목일처럼 전 국민이 참여하여 함께할 수 있는 캠페인이 필요하다고 판단했다. 2012년 1월 여수엑스포를 기념하여 세계 최초로 바다식목일을 제정했고, 2013년 제주도 서귀포시 운진항에서 열린 제1회 바다식목일을 시작으로 해마다 5월 10일에 바다식목일을 기념하고 있다.

바다 밑은 우리 눈에 잘 보이지 않는다. 모두의 생활 터전이 아니기 때문에 어느 정도 훼손되었는지 일반 국민들은 잘 알지도 못한다. 그러나 우리는 바다자원을 후손에게 물려줘야 한다는 점에서 바다의 사막화를 막을 수 있는 다양한 방법에 대해 관심을 가져야 한다. 5월 10일은 바다식목일이다. 바닷속 생태계의 중요성과 황폐화의 심각성을 함께 기억하자.

지구에서 가장 풍부한 원소, 철

과학적이고 인문학적인 물질

물질을 구성하는 기본 단위는 분자고, 분자를 구성하는 기본은 원자다. 인간을 포함해 일상에서 만나는 거의 모든 물질 그리고 지구를 구성하는 모든 물질 역시 분자를 기반으로 다양한 물질을 구성하고 있다.

그렇다면 지구에서 가장 풍부한 원소는 무엇일까? 지구에서 가장 많은 원자는 다양한 모습으로 존재하고 있을 것이다. 가장 풍부한 원소는 어떻게 우리 곁에 있으며 지구를 구성하고 있을까?

지구 전체 질량을 100이라 하면, 철의 질량은 약 35 정도로 지구 질량에서 가장 많은 부분을 차지한다. 다음으로 지구 질량에 기여하는 원소로는 산소가 30, 실리콘 15, 마그네슘 13 순이다.

철은 원자 번호가 26이고 질량이 약 56이다. 원자 번호 8과 원자 질량이 16인 산소에 비하여 약 3.5배 무겁기 때문에 산소보다 뒤쪽에 있다. 질량이 아니라 원자의 개수로 보면 산소는 철보다 3배 더 많다. 산소는 지구에서 가장 많은 원소이고 반응성이 아주 높기 때문에, 다양한 원소들과 결합하여 다양한 분자를 이루며 다양한 모습으로 존재한다. 수소 두 개와 결합한 물$_{H_2O}$이 산소가 만드는 물질 중에서 가장 친숙하다. 하지만 지구의 산소 대부분은 사실 물보다는 암석을 구성하는 조암 광물의 90퍼센트 이상을 차지하는 규산염 광물 형태로 존재한다. 즉 산소 대부분이 대기가 아닌 지각에 있다.

규소(Si)와 산소 및 약간의 금속 원소로 이루어진 규산염 광물은 정장석, 흑운모, 석영 등을 포함한다. 일반적으로 녹는점이 높으며 냉각할 때 유리로 쉽게 바뀌기 때문에 유리와 도자기는 일찍부터 인류 문명에 사용되었다. 가끔 지표면 위로 흘러나오는 극소량의 맨틀이나 깊이 있는 지구의 외핵과 내핵이 아니라 인간이 거주하는 지상 세계를 구성하는 지각에서 가장 풍부한 원소는 산소다. 중량을 기준으로 볼 때 지각을 구성하는 8대 원소는 다음과 같은 순서이며, '오시알페칼나칼마'(O-Si-Al-Fe-Ca-Na-K-Mg)와 같이 간략하게 외워두면 유용하게 쓸 수 있다.

지구에서 중량을 가장 많이 차지하는 무거운 철 원소는 지구 내부의 핵에서 90퍼센트 정도를 차지하고 지각에서도 네 번째로 풍부하다. 따라서 자연에서 다양한 모습으로 나타나고 생명체에서도 중요한 역할을 하고 있다. 또한 생태계를 자연에서 사회로 발달시킨 인간의 문명에서도, 석기문화와 청동기 문화를 지나 철기문화를 이룰 정도로 인간은 철을 기반으로 다양한 물질과 고층 건물 등을 발명해내며 현대문명을 일궈냈다.

지구에서 가장 중량을 많이 차지하는 철은 지구적으로 어떤 역할을 하고 있을까? 지구에서 철이 가장 풍부한 곳은 지구의 외핵과 내핵이다. 고체인 내핵과 달리 외핵은 액체 상태이며 회전하고 있다. 물질들이 수억 년 동안 중력에 이끌려 태양계를 형성하고 행성들이 태양 주위를 공전하는 것처럼, 원시지구가 식어가면서 무거운 철이 지구 중심으로 모여 들며 액체인 외핵에서 회전하고 있다.

자연적으로 만들어진 모든 광물 중에서 가장 자성이 강한 자철석에서 보듯이 철은 자성을 띤다. 외핵에서 가장 풍부한 철은 강자성체로 지구 깊은 곳에서 회전하며 지구 자기장을 만든다. 지구 자기장은 우주에서 특히 태양으로부터 오는 강력한 우주선 cosmic ray으로부터 지구 대기가 남아 있을 수 있게 했고 생명체가 나타난 이후로는 생명체가 출현하고 진화하고 생존할 수 있도록 보호하며, 현재의 지구 모습을 만들었다.

철은 생명체에서도 다양한 역할을 하고 있다. 인체에서도 철은 공기 중의 산소를 온몸의 세포 곳곳으로 전달하는 역할을 하는 혈액 속의 헤모글로빈 분자를 구성하는 중심에 있다. 또한 철은 우리 인체에서 신경전달물질의 보조인자로도 작용하며 정신작용에 관여하고 근육의 근색소 합성에도 사용되어 근육이 충분한 활동을 할 수 있도록 에너지를 생성해준다.

적정량의 철분은 신체에 필수적이지만 그렇다고 철 조각을 먹는다고 도움이 되지는 않는다. 식별 가능할 정도의 철 조각은 엄청나게 많은 철 원소들이 뭉쳐있는 것일 뿐, 인체가 소화시킬 수가 없다. 음식물에 들어서 소화라는 이화작용을 거쳐 신체가 활용할 수 있는 철 이온 형태로 있어야만 신체에 영향을 줄 수 있기 때문이다. 철은 과학적으로 그리고 인문학적으로 인류와 떼놓을 수 없는 중요한 요소라는 것은 분명하다.

미시세계에서 거시세계로
다양한 크기의 세계

✕
✕
✕

자연은 아주 작은 원자의 세계부터 거대한 우주 천체의 세계까지 이어져 있다. 그리고 우리는 그 중간 크기의 세계에서 다양한 생명체들과 살고 있다. 인간은 이 모든 크기의 자연을 한 번에 그려낼 수 없다. 다만 다양한 크기의 세계를 이해하기 위하여 노력할 뿐이다. 그리고 보고자 하는 크기에 따라서 학문의 분야가 나뉜다.

이를테면 행성이나 별 그리고 별들의 무리인 은하 등을 탐구하는 천문학, 인간이 살고 있는 지구라는 행성과 행성의 자연을 탐구하는 지구과학, 지구에서 살아가는 온갖 생명체들을 연구하는 생물학, 생물학이나 무생물을 구별하지 않고 분자 수준에서 자연현상을 탐구하는 화학, 그리고 가장 미시적인 세계부터 가장 거시적인 우주가 어떻게 작동되는지를 알고자 하는 물리학 등이 있다.

물론 자연은 인간의 분류대로 존재하지 않고, 스스로 하나의 모습으로 존재한다. 단지 인간의 관점, 대상을 이해하려는 인간의 이론 체계에서 자연을 분류하여 기술할 뿐이다. 현재까지 인간이 등정한 과학의 수준에서는 천문학자, 지구과학자, 생물학자, 화학자, 물리학자가 바라보는 세상이 부분적인 세계일 수밖에 없다. 따라서 통합적인 관점에서 자연을 기술하고, 여러 수준의 관점을 융합하며, 인간의 관점을 넘어서 보다 객관적이고 보편적으로 자연을 이해하고자 하는 시도가 나타나는 것은 자연스럽고 바람직하다.

쿼크, 전자, 빛, 힉스, 중성미자 등과 같은 기본 입자 및 약한 상호작용, 강한 상호작용, 전자기 상호작용(물리학자들은 '힘'을 '상호작용'이라고 부르곤 한다)과 같은 기본 힘이 등장하는 가장 미시적이고 근원적인 역학 체계를 좀 떨어져서 보자. 양성자와 중성자같이 강한 상호작용에 의하여 쿼크들이 결합하여 만들어진 복합 입자는 가장 작은 영역에서 힘을 발휘할 수 있는 약한 상호작용으로부터 자유로워진다.

양성자와 중성자(양성자와 중성자를 구분하지 않고 부를 때는 핵자라고 표현할 것이다. 핵을 이루는 입자라는 의미이다)는 원자핵이라는 작은 수준에서 뭉쳐 있는데, 전기적으로 중성인 중성자 외에 전기적으로 양전하를 띤 양전하까지도 아주 작은 영역에 전기적 반발력을 무시하고 뭉치게 할 수 있는 힘이 있다. 원자핵은 내부적으로 약력이 작동함으로써 붕괴하거나 융합하여 다른 원소로 변환될 수 있지만, 원자핵 자체적으로는 핵자를 만든 강한 상호작용이 누출된 핵력이 강하게 핵자를 묶어주고 있다. 핵력에 의한 결합력은 꽤 크고, 원자핵은 원자의 중심 깊숙이 아주 작은 영역에 있기 때문에, 원자핵을 변환시키는 것은 에너지가 아주 많이 드는 일이다. 따라서 원자핵에 영향을 주는 것 이상의 에너지 수준을 연구하는 물리학을 고에너지 물리학이라 하는데, 입자 물리학과 핵물리학이 여기에 속한다고 볼 수 있다.

원자핵을 지나서 원자의 바깥을 향해 가면 원자핵보다 십만 배 정도 큰 세계에서 원자를 구성하는 전자를 만나게 된다. 전자는 원자 바깥을 구성하며, 전자의 분포는 원자의 크기를 나타낸다. 수소 원소와 헬륨 원소 외에 다른 원소들은 안쪽의 원자 분포와 다르게 더 바깥에 전자가 분포하고 있다. 원자의 크기와 원자의 경계는 바로 이러한 최외각 전자에 의하여 결정되며, 최외각 전자는 다른 원자와 만나는 접경인 셈이다.

화학은 원자들 사이의 최외각 전자가 서로 어떻게 결합하고 분리하여 분자를 생성하거나 분해되고 다른 분자를 생성하는지를 연구하는 학문이다. 화학의 연구 대상은 주로 분자이며, 분자는 물질을 구성하는 구성단위로써 물질의 속성을 나타낸다. 수많은 분자가 모인 거시적인 물질은 분자를 연구하는 화학에 의하여 설명될 수 있다.

생물학은 생명체를 구성하고 생명 활동을 하는 생체 분자들에 대한 연구 그리고 더 거시적인 세계로 향하면서 세포 내 여러 소기관과 세포, 세포들이 구성하는 조직, 조직들이 기능적으로 작동하는 기관, 비슷한 기관들이 이루는 기관계, 기관계들 간의 상호작용에 의하여 살아가는 생명체를 대상으로 한다.

생명체 외에 지구를 구성하는 암석과 해수, 암석이 구성하는 지각과 지각의 활동, 해수와 대기의 순환에 의한 기후와 생태계 등 거시적인 수준을 연구하는 지구과학은 지구라는 지상의 세계를 연구 대상으로 한다. 물론 지구과학은 지구를 구성하는 부분적 시스템만이 아니라 지구에 큰 영향을 주는 외부의 천체인 태양과 달의 위력까지 포함하여 연구하며, 우리가 사는 지상의 세계를 이해하고자 한다.

지구를 주된 대상으로 하는 대신에 보편적인 천체로 보며 가장 우주적인 규모에서 점차로 주목하는 대상의 수준을 확장하는 것이 천문학이다. 천문학은 공간적으로 우주적이기도 하지만, 우주의 진화를 연구하는 우주론을 포함하여 시간적으로도 가장 광범위한 영역을 아우른다고 할 수 있다.

그러나 결국 우주의 다양한 천체의 생성과 변화 그리고 우주가 어떻게 시작하여 현재와 같은 모습으로 존재하게 되었는가를 이해하기 위해서는 가장 극미의 세계를 다루는 고에너지 물리학과 만나게 된다. 그것은 우주 초기가 상상할 수 없을 정도로 높은 에너지 상태였고, 스스로 에너지를 생산하여 우주를 다채롭게 하고 우주를 데우는 별의 내부 역시 높은 에너지 상태이기 때문이다.

또한 천체들의 운동을 설명하는 중력 역시 천체들의 배경인 시공간에 대한 이론인 일반 상대성 이론의 틀을 포함하는 입자 물리학의 영역이다. 가장 큰 수준의 세계를 이해하기 위해서, 가장 작은 수준의 세계를 이해해야 한다.